編著
塚田修一
西田善行

国道16号線スタディーズ

二〇〇〇年代の郊外とロードサイドを読む

青弓社

国道16号線スタディーズ 二〇〇〇年代の郊外とロードサイドを読む

目次

第3章 幹線移動者たち

国道十六号線上のトラックドライバーと文化

第4章 「重ね描き」された国道十六号線

「十六号線的ではない」区間としての横須賀・横浜

第5章 「軍都」から「商業集積地」へ

国道十六号線と相模原

第6章

ジューロクゴーが片隅を走る世界で　松下優一……143

第7章

不在の場所　鈴木智之……167

終章

「東京都市圏」の縁をなぞる

装丁——山田信也［スタジオ・ポット］

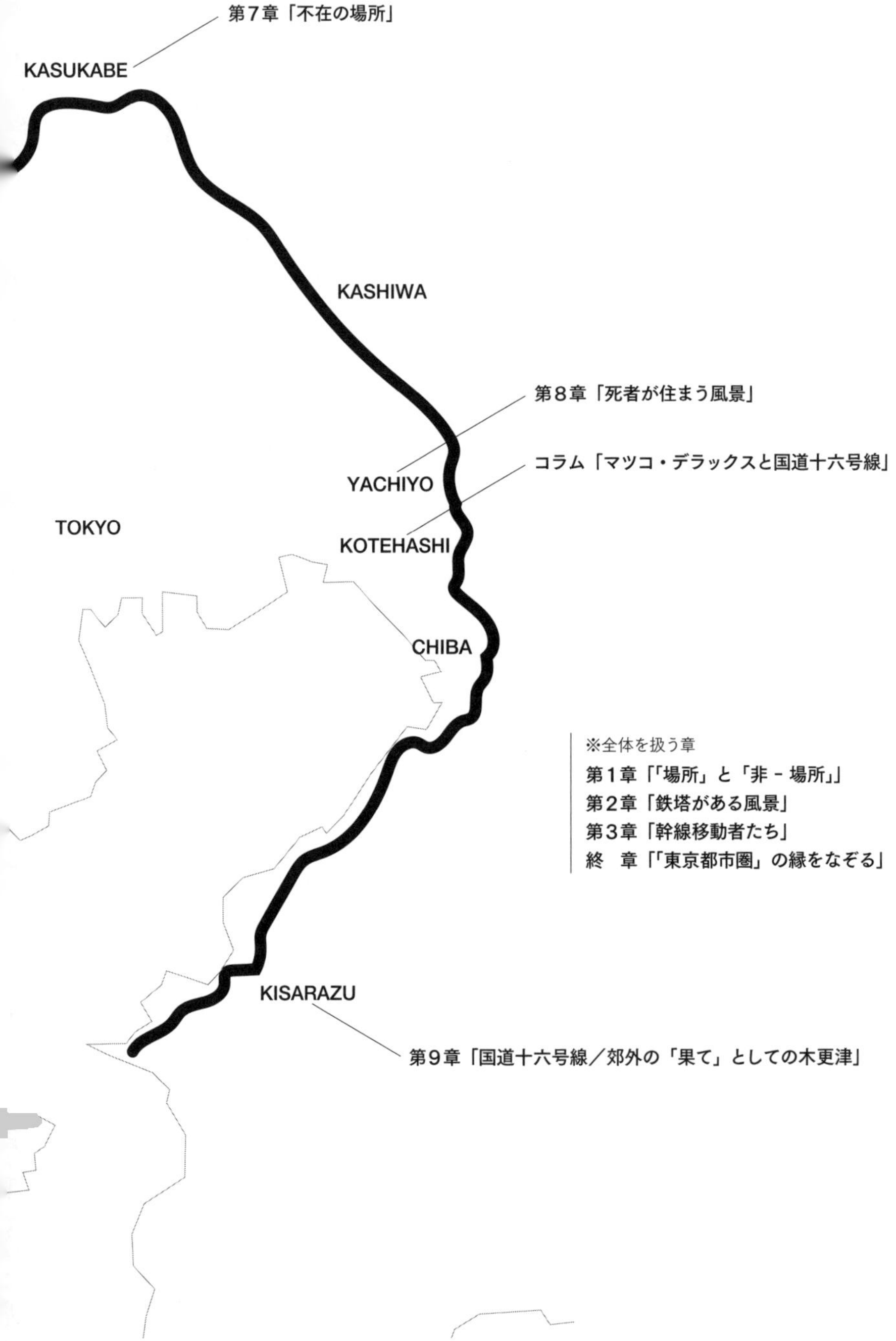
第7章「不在の場所」
KASUKABE
KASHIWA
第8章「死者が住まう風景」
コラム「マツコ・デラックスと国道十六号線」
YACHIYO
TOKYO
KOTEHASHI
CHIBA
※全体を扱う章
第1章「「場所」と「非 - 場所」」
第2章「鉄塔がある風景」
第3章「幹線移動者たち」
終　章「「東京都市圏」の縁をなぞる」
KISARAZU
第9章「国道十六号線／郊外の「果て」としての木更津」

第6章「ジューロクゴーが片隅を走る世界で」
KAWAGOE
SAITAMA
SAYAMA
IRUMA
コラム「「国境」としての国道十六号線」
FUSSA
HACHIOJI
第5章「「軍都」から「商業集積地」へ」
コラム「相模原市緑区巡礼」
MACHIDA
SAGAMIHARA
YAMATO
第4章「「重ね描き」された国道十六号線」
YOKOHAMA
YOKOSUKA

はじめに
本書のナビゲーション

塚田修一

……どういう町なのか？何にゾッとしたのか？ってことを考えてみたんですが、十六号線のあの場所には物語の発生する余地がないのかもしれないと思ったんですよ。(1)

本書は、国道十六号線についての研究書である。

十六号線とは、神奈川県横須賀市と千葉県富津市を結ぶ総延長約三百四十キロの環状国道である。いわゆる「郊外」の都市を結びながら首都圏をぐるりと囲むこの国道は、「東京環状」とも呼ばれている――。

さて、ここまでの説明で、この十六号線のロードサイドの具体的な風景がどの程度イメージできるだろうか。大規模ショッピングモール、レンタルCD・DVD店、新古書店、ファミリーレストラン、紳士服のチェーン店……といったところだろうか。そのイメージはそれなりに正確である。実際、十六号線のロードサイドには、映画監督の富田克也が「物語の発生する余地がない」場所と語るような空漠感が広がり、森山大道の写真集『ROUTE16』（アイセンシア、二〇〇四年）に切り取られているような無機質で殺伐とした光景がある。十六号線についての土地勘がなく、全くイメージが湧かない、という人も、そんな郊外や地方都市の国道沿いにどこにでもあるような均質的な店舗が並ぶロードサイドをさしあたりイメージしておくといいだろう。

これら十六号線によって惹起されるイメージや、十六号線のロードサイドに典型として現れる風景や雰囲気を、ここではひとまず「十六号線的なるもの」と呼んでみることにしよう。

二〇〇〇年代と「十六号線的なるもの」

こうした「十六号線的なるもの」が浮上してくるのは、一体いつ頃からなのだろうか。それはおそらく、二〇〇〇年代以降のことである。なぜならば、少なくとも一九九〇年代まではむしろ、マーケッターたちによって十六号線のロードサイドがいかに可能性に満ちた空間であるかがポジティブに語られていたからである。例えば、経済記者の西村晃は、『日本が読める国道16号』[2]『東京圏が変わる消費が変わる』[3]で、沿線に暮らす団塊ファミリーをマーケットとする、十六号線がもつ消費空間としての可能性を力説していたのである。そうした言説の勢いがついえ、前述のような、均質的でどこか殺伐としたイメージが前景化してくるのが二〇〇〇年代である。

また、まさに十六号線のロードサイドに集積しているような「ジモト」の均質的消費空間に、若者たちがこもり、そこで満足する傾向がみられていることは、二〇〇〇年代以降にしばしば指摘されてきたことである。[4]郊外や地方都市に住み、地元志向が強く、ショッピングモールを好むような若者層を、原田曜平は「マイルドヤンキー」と呼んだが[5]、彼（女）らは確かに「十六号線的なるもの」と親和性が高い。

一方で多くの住宅がスプロール的に開発され、そこに移り住んだ団塊の世代が多く住居を構えるこの十六号線沿いの郊外では二〇〇〇年代以降は高齢化が進行し、人口減少も始まりつつあり、空き家の増加も進んでいる。

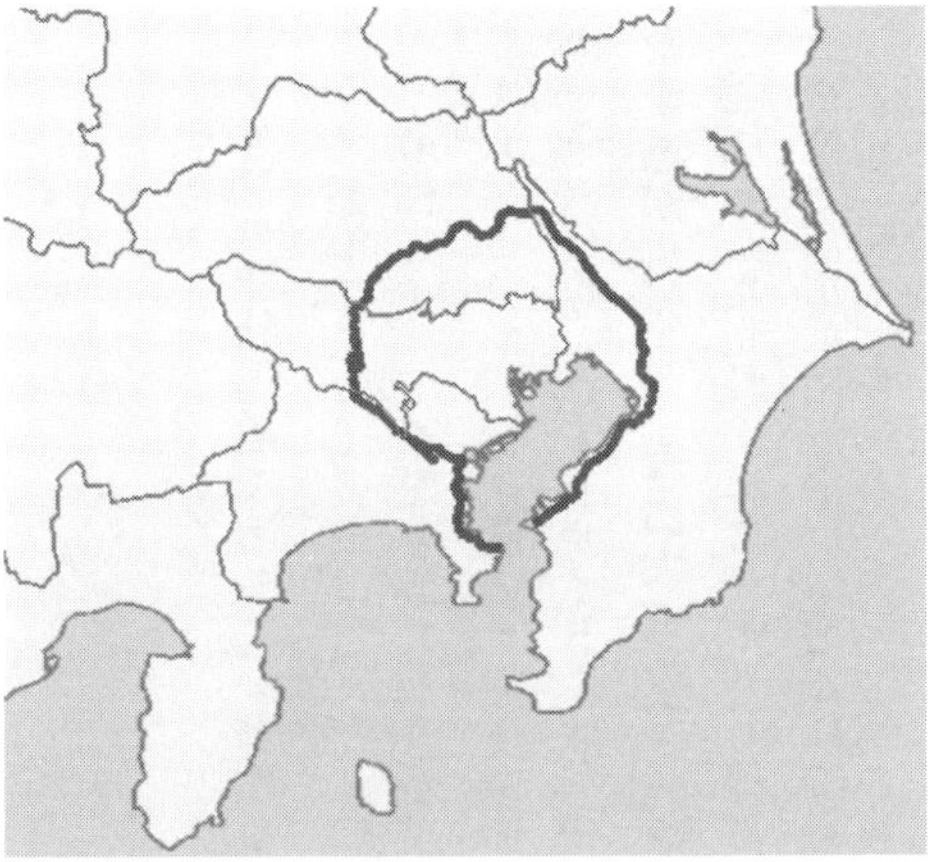

図1　国道16号線

それが「十六号線的なるもの」の背景の一つとなっている。

このように、「十六号線的なるもの」の浮上は二〇〇〇年代以降という現在性を濃密にまとっている。その「十六号線的なるもの」への社会学的関心と欲求が、本書の研究の出発点である。

だが、そもそも十六号線は、日常のなかで特別に意識されることもなく、また特別なまなざしを向けられることさえなく素通りされている、きわめて「平凡なインフラ」――いわば〝首都圏の「無意識」〟――である。「物語の発生する余地がない」とまで言われてしまう十六号線を、そして「十六号線的なるもの」を、私たちはどのようにして把握し、記述できるのだろうか。まずは、この十六号線がどのように論じられてきたのか参照しておくことにしよう。

郊外論のなかの十六号線

それには、社会学的な郊外論を参照するのが妥当だろう。十六号線には、「郊外」が凝縮されているのだから。だが、期待に反して、十六号線に直接言及した郊外論は少ない。

郊外論の嚆矢と言ってもいい小田光雄『〈郊外〉の誕生と死』[6]でも、「十六号線」の固有名は登場しないのである。だが、注意深く読めば、十六号線沿いの街々が考察の俎上に載せられているのがわかる。例えば同書は、佐貫利雄『成長する都市衰退する都市』[7]によりながら東京圏の郊外社会への変容を論じているが、そこで一九七五年から八〇年にかけて、東京二十三区や立川、調布などが「衰退」「停滞」するのに反し、「成長」するのが大宮、川越、木更津、横浜、横須賀などであり、「急成長」するのが春日部、狭山、入間、柏、八千代、八王子、相模原などである、という。これはまさしく十六号線そのものではないか――。このように、十六号線は、そして十六号線沿いの街は、実は郊外論によって潜在的に発見されていたのである。

そして十六号線は、よりわかりやすい、典型的なイメージと紋切り型を伴って、二〇〇〇年代の社会学的な郊外論によってちらほらと言及されていく。

「十六号線的郊外」という言い方がある。それは「ファミレスやジャスコなどの大型ショッピングセンター、ファストフードなどのロードサイドショップが軒を連ねている均質空間としての郊外」[8]を指している。そのような、地域の独自性が失われた均質的な郊外空間のことを、三浦展は、ファストフード——それは郊外のロードサイド店舗の典型であり、またそこで提供されるサービスや商品も均質的である——になぞらえて「ファスト風土」と呼んだ[9]。こうした術語は、確かにわかりやすいイメージを惹起するし、そうしたイメージが、「十六号線的なるもの」の一面をよく捉えていることも否定できない。

しかしながら、この「十六号線的郊外」にせよ「ファスト風土」にせよ、その議論を社会学的な郊外論は積極的に深めようとはしてこなかった。もちろん、若林幹夫の論考のような、郊外の「生きられた厚み」を丁寧に解きほぐそうとする優れた郊外論もある[10]。だが、そのような繊細なまなざしは、ついにこの十六号線に対しては向けられてこなかったように思える。それどころか、十六号線のロードサイドの景観が論じられる際には、どこか「ネガティブさ」を伴ったまなざしが向けられてきたのではないか。例えば、松原隆一郎は、味気ない形で均質化したロードサイドの景観を、「清潔な廃墟を思わせる奇妙な景観」と呼び、嫌悪感をあらわにしながら、その問題を論じている[11]。そうした批判的なまなざしも、やはり「わかりやすい」ものではあるのだが。

おそらくこれまでの郊外論は、「十六号線的なるもの」の上っ面だけを記号化して——「十六号線的郊外」や

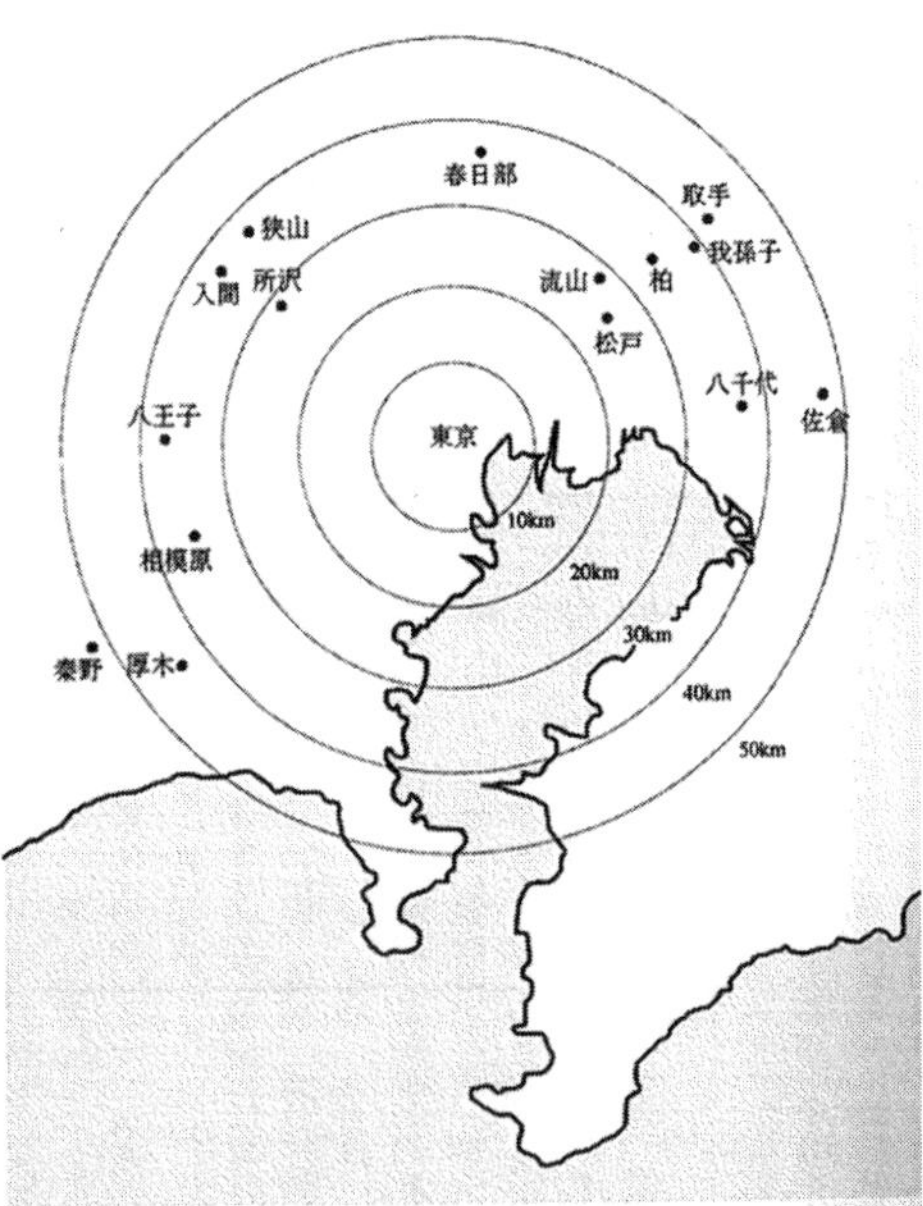

図2 1975年から80年にかけて新しく登場した急成長の都市
(出典：小田光雄『〈郊外〉の誕生と死』青弓社、1997年、37ページ。新装版は論創社から2017年に刊行)

「ファスト風土」として「わかりやすく」くくって――きたのだ。さらにそうした「わかりやすさ」に安住して、それを問い直したり、内実を深める作業を怠ってきたのではないか。

ならば、本書が採りうるスタンスは、郊外論での十六号線の議論が内包している「わかりやすくくくる」手つきから慎重に距離をとることである。そして、これまでの郊外論が語り損ねてきた、十六号線の歴史や現在、そして「十六号線的なるもの」の背景、さらには十六号線と「十六号線的なるもの」の関係性などを、立ち止まって考察し、記述してみせることだろう。――しかし、どうやって?

二つのテレビ番組から

ここで十六号線を扱った二つのテレビ番組を参照したい（これらの番組は、第1章「「場所」と「非 - 場所」――二つのテレビ番組が映した道と街、そして人」で丸山友美が詳細に検討する）。

一つは、『ドキュメント72時間』（ＮＨＫ）の「オン・ザ・ロード　国道16号の〝幸福〟論」（二〇一四年六月十三日放送）である。

この番組では、七十二時間かけて十六号線を横須賀・走水から千葉・富津までたどり、道中で出会った人々にインタビューしている。「ホームレスの真似事」といって河原で生活をする男性や、一見不良っぽい男子と清楚でかわいらしい女子の十七歳のカップル……。彼／彼女らの話はいずれも興味深い。だが、ここで注目しておきたいのは、この番組で映し出される風景や人物に対して、ある種の既視感（「ああ、これこれ!!」といった）を覚えてしまうことである。既視感の要因は、この番組が基本的に、私たちの「十六号線的なるもの」のイメージや期待をなぞっていることだろう。実際、映し出されるのは郊外のショッピングモールや、「マイルドヤンキー」的な少年・少女であったりする。

このような、「（車で）走って」なぞって確認する「十六号線的なるもの」に対置されるもう一つのテレビ番組が、『キンシオ』（テレビ神奈川）の「123の旅16号を行く～気ままなぶらり旅～ＴＶ版」（二〇一二年）である。

これも、イラストレーターのキン・シオタニが五日間かけて十六号線を車で走破するのだが、この番組が『ドキュメント72時間』と大きく異なるのは、キンシオが「歩いて」いることである。すなわち彼は、道中、あちこちで寄り道をして喫茶店に立ち寄ったり顔なじみの店を訪れたり（だがその店が定休日だったりする）と、軽妙に、十六号線沿いの街々で偶発性と戯れてみせるのである。それは、「十六号線的なるもの」を直接的に描出しているわけではないが、行く先々で十六号線とそのロードサイドの街々の新たな表情を引き出すことに成功している。

この二つの番組は、そのまなざしも対照的である。『ドキュメント72時間』は、いわば「運転者からのまなざし」で十六号線を「走行」する。それに対して、『キンシオ』は、「歩行者からのまなざし」でロードサイドの街々を「歩き回る」のである。

「走ること」と「歩くこと」

十六号線、そして「十六号線的なるもの」の考察のために本書の執筆者たちが選んだのは、前述の「走ること」と「歩くこと」の両方である。

実際に、私たちは一泊二日で十六号線を車で「走り」、「運転者からのまなざし」で「十六号線的なるもの」をなぞって把握している――ここでは、本書でもたびたび参照する、ジョン・アーリの議論が参考になるだろう。[12]同時に、それぞれが、自動車による移動が前提とされている十六号線のロードサイドを、文字どおり、あるいは比喩的な意味で「歩いて」もいる――ここでは、ド・セルトーが称揚する「歩くこと」の身ぶり／実践を想起してもいい。[13]すなわち、インタビュー調査や、対象地域に足を運んでの丹念なフィールド調査、さらに文学テクストやテレビドラマ、テレビドキュメンタリーを通して、十六号線と「十六号線的なるもの」に内在的に分け入り、それらの把握と記述を試みている。加えて、「鉄塔」や「霊園」といった「十六号線的なるもの」を構成するアイテムに着目して、それらに踏み込んだ考察をおこなっている。

「走り」ながらも「歩く」こと。あるいは「歩き」ながら「走る」こと。こうした本書の筆者たちの試みをつなぎ合わせると、これまでの郊外論が語り損ねてきた「十六号線／的なるもの」が、そして物語なき十六号線の〈物語〉が、浮かび上がってくるはずである。それは郊外論のある種のアップデート作業でもあるはずだし、その意味で――少々大風呂敷を広げるならば――「本書こそが、二十一世紀の郊外論である」と言ってしまおう。

戦後日本社会のOS

さて、均質で無機質な、いかにも「わかりやすい」、「郊外」らしい光景としてイメージされがちな十六号線のロードサイドだが、本書の執筆者たちが実際に十六号線を「走り」、そして「歩く」うちに見えてきたのは、その十六号線のロードサイドが有しているさまざまな側面である。そもそも十六号線は、さまざまな観点から、さまざまな捉え方ができるのだ――物流という観点からみれば首都圏の物流を担う大動脈であるし、歴史的な観点からみれば首都圏内陸部の基地をつなぐ軍用道路であるし、消費という観点からみれば消費者の自動車移動が可能にした郊外消費空間であるし、「東京」という観点からみればその内部と外部を区切る境界線なのである。

すると、十六号線をこんなふうになぞらえたくなる。それは首都圏を作動させているオペレーティング・システム（Operating System）である、と。十六号線は首都圏のさまざまなアプリケーションを起動し、作動させているのだ。

ただしこの比喩は、「作動させている」という面だけを強調するためのものではない。例えば、リリースされてある程度経過したOSをイメージしてみてほしい。幾度かのアップデートを経たそのOS上で、もちろん、これまでどおり何の問題もなく作動するアプリケーションがある。と同時に、そこには不具合やバグも発生してくるだろう。さらには、別の新しいOSの登場によって、ユーザーが奪われてしまうこともある――。

OSの比喩によって捉えたいのはそういうことである。すなわち、首都圏で、それなりに年季が入ったOSである十六号線[14]が、アップデートを経て、現在もなお作動させている側面があると同時に、もはや立ち行かなくなってしまった側面もある、ということである。例えば、別の新たなインフラや商業施設が近隣地域に登場することによって、十六号線沿いの街が陳腐化してしまうこともありうる——。OSになぞらえたのは、こうした性質と状況をも捉えたいがためである。

そしてこれは、ひいては戦後日本社会のOSの一つなのではないか、とも考えるのである。だとすれば、本書の射程は「十六号線沿いの街」や「首都圏」にとどまらない。本書の考察は、この日本の国土を覆う多数の国道、またそのロードサイド、あるいは「郊外」の街々、そしてそこに醸成される文化や社会を考察する際の基盤《プラットフォーム》ともなるはずである。

本書のナビゲーション

最後に本書の内容を簡単に説明《ナビゲート》しておこう。

前半（第1章から第3章）は、十六号線全体に関するテーマ論である。第1章「「場所」と「非 - 場所」——二つのテレビ番組が映した道と街、そして人」（丸山友美）は十六号線に向けられた「テレビ・ドキュメンタリーのまなざし」を分析していて、第2章「鉄塔がある風景——『闇金ウシジマくん』の郊外」（近森高明）は「十六号線的なるもの」を構成するアイテムの一つである「鉄塔」に着目し、それを深掘りしている。第3章「幹線移動者たち——国道十六号線上のトラックドライバーと文化」（後藤美緒）は「トラックドライバー」によって生きられる十六号線を考察している。

後半（第4章から第9章）では、各論で切り口は異なるものの、神奈川県横須賀・走水を始点として十六号線をぐるりと回る格好で、十六号線沿いの各エリアを考察している。

まずは神奈川県である。第4章「「重ね描き」された国道十六号線——「十六号線的ではない」区間としての横須賀・横浜」（塚田修一）では、横須賀市から横浜市の「十六号線的ではない」空間を考察し、続くコラム「相模原市緑区巡礼」（松下優一）と第5章「「軍都」から「商業集積地」へ——国道十六号線と相模原」（塚田修一／後藤美緒／松下優一）では、商業施設が集中する（その意味で「十六号線らしい」）エリアである相模原を考察する。

続いてアメリカ空軍・横田基地が所在する東京都福生市（コラム「「国境」としての国道十六号線――福生・基地の街のリアリティ」〔塚田修一〕）を抜けて、埼玉県に入り、第6章「ジューロクゴーが片隅を走る世界で――青木淳悟『学校の近くの家』の狭山／入間」（松下優一）では、青木淳悟の小説『学校の近くの家』から入間／狭山と十六号線の関係を考察し、続く第7章「不在の場所――春日部にみる「町」と「道」のつながり／つながらなさ」（鈴木智之）では、春日部を歩きながら、「町」と「道」の関係について考察していく。

千葉県に入って、第8章「死者が住まう風景――国道十六号線ともう一つの郊外」（佐幸信介）では、八千代市を中心に、やはり「十六号線的なるもの」を構成するアイテムである「霊園」について考察し、続くコラム「マッコ・デラックスと国道十六号線――犢橋で「十六号線的なるもの」を考える」（塚田修一）では、千葉市花見川区犢橋で、マッコ・デラックスと「十六号線的なるもの」について考えている。そして第9章「国道十六号線／郊外の「果て」としての木更津――『木更津キャッツアイ』は何を描いたのか」（西田善行）では、ドラマ『木更津キャッツアイ』を通して、二〇〇〇年代の木更津と十六号線の関係を考察している。

終章「「東京都市圏」の縁をなぞる――国道十六号線と沿線地域の歴史と現状」（西田善行）は、ここまで考察してきた十六号線と「十六号線的なるもの」の背景にある「歴史」と「データ」を検討する、いわば概説的な内容である。

基本的にはどの章から読んでいただいてもかまわないが、本書の前半で、十六号線全体の地図《イメージ》を手に入れたうえで、後半を順番に読んで、十六号線と「十六号線的なるもの」を紙上走行《ドライブ》／歩行《ウォーキング》することをお勧めしたい。

注

（1）富田克也／相場英雄「衰退する地方都市が象徴する〝リアル〟をめぐって」、オルタロープ編著「splash!!――The Map For Hungry People」vol.4、双葉社、二〇一二年、一四八ページ

（2）西村晃『日本が読める国道16号――経済記者の新マーケティング論』双葉社、一九九四年

（3）西村晃『東京圏が変わる消費が変わる――国道16号が語る日本の近未来』ＰＨＰ研究所、二〇〇一年

（4）例えば、阿部真大『地方にこもる若者たち――都会と田舎の間に出現した新しい社会』（〔朝日新書〕、朝日新聞出版、二〇一三年）。

（5）原田曜平『ヤンキー経済――消費の主役・新保守層の正体』（幻冬舎新書）、幻冬舎、二〇一四年

（6）小田光雄『〈郊外〉の誕生と死』青弓社、一九九七年。新装版：論創社、二〇一七年

（7）佐貫利雄『成長する都市衰退する都市』時事通信社、一九八三年

（8）東浩紀／北田暁大『東京から考える――格差・郊外・ナショナリズム』（ＮＨＫブックス）、日本放送出版協会、二〇〇七年、九五ページ

（9）三浦展『ファスト風土化する日本――郊外化とその病理』（新書ｙ）、洋泉社、二〇〇四年

（10）若林幹夫『郊外の社会学――現代を生きる形』（ちくま新書）、筑摩書房、二〇〇七年

（11）松原隆一郎『失われた景観――戦後日本が築いたもの』（ＰＨＰ新書）、ＰＨＰ研究所、二〇〇二年

（12）ジョン・アーリ『社会を越える社会学――移動・環境・シチズンシップ』（吉原直樹監訳〔叢書・ウニベルシタス〕、法政大学出版局、二〇〇六年）、およびジョン・アーリ「自動車移動の「システム」」（Ｍ・フェザーストン／Ｎ・スリフト／Ｊ・アーリ編著『自動車と移動の社会学――オートモビリティーズ』近森高明訳〔叢書・ウニベルシタス〕所収、法政大学出版局、二〇一〇年）。

（13）ミシェル・ド・セルトー『日常的実践のポイエティーク』山田登世子訳、国文社、一九八七年

（14）西田善行の本書終章「「東京都市圏」の縁をなぞる――国道十六号線と沿線地域の歴史と現状」によれば、その十六号線の原型は戦前にまでさかのぼれる。

第1章

「場所」と「非‐場所」

二つのテレビ番組が映した道と街、そして人

丸山友美

1 「国道十六号線」を映す二つのテレビ番組

国道十六号線を扱ったテレビ番組を二つ取り上げて論じよう。一つは、二〇〇五年から放送されているNHKのシリーズ番組『ドキュメント72時間』（以下、『72時間』と略記）の「オン・ザ・ロード　国道16号の〝幸福論〟」（二〇一四年六月十三日放送）で、もう一つは、一〇年に放送を開始したテレビ神奈川のシリーズ番組『キンシオ』の撮り下ろしとして発売された「123の旅16号を行く〜気ままなぶらり旅〜」（二〇一二年）である。(1)『72時間』は、定点カメラによって地域やそこに往来する人々の表情を切り取ってみせるドキュメンタリー番組で、『キンシオ』はイラストレーターのキン・シオタニにいろいろな町を毎週探訪させるバラエティー番組である。どちらの番組でも、ここに取り上げた回では十六号線をぐるりと一周している。とはいえ、その走り方（映し方）には微妙な違いがある。『72時間』は、十六号線からほとんどそれることなく車を走らせ、その路上・沿道の様子を記録し、『キンシオ』は出演者であるシオタニの好奇心の赴くままにこの道を外れてマニアックな場所を探訪していく。(2)性格を異にするこの二つの番組をじっくり見てみたら、どんな「十六号線」が見えてくるのだろう。

まずは、それぞれの番組が十六号線をどのように走ったのかをみることから始めたい。

2 『72時間』「移動《オン・ザ・ロード》」し続けるカメラに映る道

『72時間』は、二〇〇五年十二月二十八日に放送された「渋谷ハチ公前広場コインロッカー」を皮切りに、現在までに二百回以上を放送したドキュメンタリー番組である。[3] その特徴は、ナレーションが毎週番組冒頭で語るように、人々が行き交う街角にカメラを据えて、その場所の七十二時間を「定点観測」するスタイルを採用しているところにある。[4]「ある場所に三日間カメラを据えることで見えてくるものは何なのか」[5] を探る。その場に偶然居合わせた人に声をかけ、立ち止まってもらって話を聞きながらその様子をカメラで記録する。そうして集めた七十二時間の映像を編集して、街角で観察した現実を提示する。これが、番組の制作スタイルである。

『72時間』の十六号線の走り方

「オン・ザ・ロード　国道16号の〝幸福論〟」では、七十二時間にわたって十六号線を観測している。十六号線に注目したのは、「この道が社会学やマーケティングの世界で熱い注目を集めている。ショッピングモールやチェーン店、現代を象徴するごく平均的な日本人の暮らしが見える」[6] からだ。

撮影の始まりは、二〇一四年五月十二日、月曜日の午前九時。十六号線の一方の始点である横須賀の走水から撮影が始まる。走水を出発するとすぐに見えるのは横須賀港であり、次のショットでは、救急車と消防車が路肩に止まって渋滞する横浜の十六号線が映し出される。画面右下には、通過時間である「12：31」「3ｈ経過」というテロップと、「横浜」と標された十六号線の地図が表示されている。カメラは車を降りて、ベッドに挟まり動けなくなって救助される高齢者の様子を映しながら、現場に居合わせた近隣住民に話を聞いている。こうした映像に「十六号線けっこう高齢化が進んでいるみたい」というナレーションが重ねられることによって、この出来事は、沿道地域の「高齢化」を示すしるしになる。

図1　『72時間』タイトル

次の場面では、東名高速の町田インター出口の先で渋滞につかまってのろのろ進む車列と、その先にあるニトリモールが映される。そのモールに立ち寄ったカメラが映すのは、いつもここで買い物をしたりプリクラを撮ったりして遊んでいるという女子中学生たちである。モールでは何でもそろうが、本当に欲しいものは手に入らない、そう語る彼女たちの言葉を取り上げながら、「あれもこれももっと欲しい。いまの日本の消費は、こんな郊外の人たちに支えられているみたい」とナレーションが入る。これによって、モールで出会った少女たちは、「郊外型消費社会」を示すしるしとして映し出される。

このように十六号線を進む番組は、ほかの『72時間』シリーズと比べると、その観測スタイルに微妙な変奏がみられる。「オン・ザ・ロード」という放送題目から明らかなように、カメラは十六号線を「移動《オン・ザ・ロード》」し続けている。ここでは、ほかのシリーズのようにカメラを「定点」に据えるのではなく、始点の神奈川県横須賀市の走水から終点の千葉県富津市の富津に至る「十六号線＝定線」上に固定（拘束）し、移動していく。

このようにして移動するカメラが記録したのは、ほかに、都心から地元の八王子に戻ってきたという二人のタクシードライバー、昭島の拝島橋下で犬と暮らす男性、狭山の自動車工場で働いている男性、春日部のコンビニで休憩中のトラックドライバー、結婚して地元の春日部で暮らしたいと未来を語る高校生カップル、月を見ながら柏市内の十六号線を歩く女性、千葉から八千代まで十六号線を歩いてきた男性、千葉市内の十六号線で道端の草を摘んでは食べながら歩く女性、そして母親と叔母の介護をしている男性だった。そうして声をかけた人々に、番組は「あなたは幸福ですか」と問いかける。それはもちろん、十六号線沿道に生きる人々の「幸福」が定型化されたものではないからである。「16号の〝幸福論〟」。それは、人々がこの道を、どのような「場所」として生きているのかを浮かび上がらせる。

郊外空間を走る十六号線と徒歩で移動する人々

カメラは、車を降りてスタッフが声をかける前に、移動中の車中からこの道に現れる人々を捉えている。そこに映し出されるのは、車が疾走する脇の歩道を歩いたり、休憩や信号待ちのためにぼんやり立ち止まったりしている人の姿である。ジョン・アーリが指摘したように、自動車移動の普及によって「個々人の時間が互いに非同期化」する一方で「空間移動は道路のリズムに同期化する」ようになる。「歩行者のゆっくりとした相互作用や移動は、厳密に制御された機械の移動」に「道を譲る」[7]のである。『72時間』に映し出された人々（歩行者）もまた、「自動車移動」を優先して作られたこの空間の「縁」や「隙間」に押しやられているようにみえる。円滑な走行という目的の妨げとなる要素を極力排除して、最大限の移動性の実現を目指している道。それは、人々の移動の様式を変えると同時に、環境（空間）に対する人々の関わり方を変える。十六号線を移動し続けるカメラが記録したのは、途切れなく動き続ける自動車システムの周縁・合間を、徒歩で移動していく人々の姿だった。

　では、なぜこの歩きづらい道を歩く人に焦点を合わせるのだろうか。そこには、「画一化」したと言われる郊外のロードサイドの風景に溶け込みきれない、「人」の姿が感受されているように思われる。周知のように、都市環境の拡張は、その周辺地域（郊外）に、自動車移動を前提とする消費空間を生み出してきた。ロードサイドには、全国チェーンのファミリーレストラン、大型ショッピングセンター、ドライブスルーを備えるファストフード店などの商業施設が軒を連ねる。幹線道路の整備に伴って流通の地域格差は大きく是正され、大手企業の工場、流通拠点のロジスティックスが立地するようになる。ここに現れた消費空間は、全国一律の均質な生活環境を提供することで、街の個性をそぎ落として平板化させ、その風景

図2　『72時間』沿道を歩く女性

を画一化させた、と言われる。

『72時間』のカメラも、確かに、この均質化した郊外空間を映し出している。番組では、十六号線が結ぶ街々──横浜、町田、八王子、昭島、狭山、春日部、柏、八千代、千葉──を通過するたびに、画面に十六号線それぞれの地域の地図を表示する。そのわけは、地図で場所を特定して地名を明らかにしなければ、カメラが町田を走っているのか昭島を走っているのか、それとも柏を走っているのか容易に見分けることができないからだろう。「郊外化」は、もともとその土地にあったローカルな社会を、特定の土地への帰属を欠いた、標準化された生活空間へと置き換えていく。

三浦展は、駅前商店街のように個性と歴史性がある消費空間を消失させた都市のありさまを「ファスト風土化」「ジャスコ化」と呼んで批判したが、(8)『72時間』のカメラが記録したものもまた、一面では、どこまで進んでも変わらない均質的で画一的な風景だった。その空間は、個人の生きる意味を備給する価値体系や土地の記憶をさほどもたないことから、「物語のない」「絶望的な世界」とも評されている。(9)

しかし、その自動車移動システムが生み出した空間を、人々はどう生きているのか。この道の端を歩いて移動する人々にとって、ここはどのような「場所」なのか。それが、番組が投げかける一つの問いかけとなる。

3 『キンシオ』

物語にあふれた場所を探し歩く

『72時間』のカメラが十六号線の風景に「均質化する郊外」を映し出していたのとは対照的に、『キンシオ』は、即興的に興味が赴くままに車を走らせ、ときには十六号線からそれて、沿道の街に立ち寄ったり、自分の足で歩いたりすることによって、「物語＝土地の記憶」にあふれた空間を描き出している。

『キンシオ』は、二〇一〇年一月十七日に放送された落語家・立川志の吉とのトークライブ「キンシノ」を初回として、これまで三百八十回以上放送されたテレビ神奈川の人気番組である。[10] 番組初期は、ゲストとのトークライブや、シオタニのドローイング画法を利用したCM作り、神奈川のいちばんのものや唯一のものを探す形式で構成していた。そのようにして始まった『キンシオ』だが、放送十七回頃からシオタニが一人で街を練り歩き、探訪していく形式へ変化していったようだ。[11]

現在、『キンシオ』の特徴は、明確なテーマを決めずに街々を探訪していく「街歩きスタイル」に求めることができる。例えば、放送六十八回から始まった「あいうえおの旅」は、一回目の旅で「あ」がつく愛知県名古屋市熱田区を訪ね、その翌週の二回目は「い」がつく神奈川県横浜市伊勢佐木町を訪ねている。一見すると、関連性がない町を毎週シオタニに探訪させているようだが、訪れた順に街の地名の頭文字を並べていけば「あ」がつく町から「わ」がつく街まで旅したことになり、全部合わせれば「あいうえおの旅」になる。これが『キンシオ』の「街歩きスタイル」である。

シオタニは、計画を立てずに街歩きする理由について「近すぎてよくわからない。住んだこともない」町を自分の足で歩き、自分の興味を通して「狭い日本の違いを見つけ」たいからだ[12]と説明する。番組を見た人から「観光地に行かない旅の魅力がある」「いつもとは別な角度で街を紹介するのがいい」[13]と好評なのは、毎日、目にしている何げない風景、それほど意識されることもない存在として「後景化」している「街」を、この番組が「前景」に浮上させているからだろう。[14]

興味が向くまま街を動き回り、街を体験し、街の人々に関わり合うことによって浮かび上がってくるのは、日常のスムーズでスマートな歩き方をやめると見えてくる、非日常的な解放感にあふれた街の姿である。探訪する場所をアト

図3　『キンシオ』タイトル

ランダムに選ぶのは、計画的ではなく即興的にシオタニに街歩きをさせ、多様で波乱に富んだ要素と出合い、それをシオタニならではの言葉で説明させて、なんでもない街の日常を物語にあふれた空間として描き出すための工夫である。それが、"same but different"を見つけることが好きだと言うシオタニの旅の魅力である。[15]

『キンシオ』の十六号線の走り方

『キンシオ』の十六号線の旅も、横須賀の走水から始まる。番組のファーストショットは、走水でVサインするシオタニである。そのファーストショットで、シオタニは、十六号線を旅する理由をこんなふうに説明し始める。

「こんにちは。僕はいまですね、神奈川県の横須賀にあります、走水というところにきました。実はですね、ここから、この道から国道十六号が始まるんです。あのー…僕ね吉祥寺に住んでるんですけども、国道十六号っていうのは福生とかその周辺のことかと思っていたんですよ。でも僕がやっている『キンシオ』という、関東でやってる散歩番組があるんですけれども、それで福生もそうだけど川越にいったり横須賀にいったり、いろんな所に国道十六号があることがわかって、それからずっとつながってる、それは人にとっては当たり前のことかもしれませんけど、僕にとっては、え？　そうなの？　っていって、ちょっと一周したいなと思って。どれくらいかかるんだろうね、二百五十キロだって。（略）ちょっとあれ、そのー……歴史的な街道をいくような番組とかあるかもしれないけど、国道十六号とかいくのは初めてじゃないかな、あったりして？　僕たちは僕たちなりの旅をしようね？　じゃあ、みなさん、よかったらお付き合い下さい。レッツゴー！」[16]

旅後のインタビューによれば、シオタニが「歴史的な街道をいくような番組」として意識していたものは、司馬遼太郎の『街道をゆく』だった。司馬は、ある特定の土地の歴史や風俗を考察するために街道や道に注目した[17]

が、シオタニは、「歴史的な道」ではないようにみえる十六号線を走って、「なんでもないただの幹線道路から何かを見つけに行こう」(18)とする。十六号線沿いのどこで何を見たいのか、どこに立ち寄るのかきちんと事前に計画しないのは、思いがけない多様な要素に出合おうとする、『キンシオ』らしい戦略である。

旅の一日目は、横須賀から横浜まで進む。車に乗って走水を出発したシオタニは、出発地点から車で二分もからない場所で走水水源地の看板を見つけ、横須賀水道の発祥地であるヴェルニーに立ち寄る。そこで水を汲むシオタニは、「歴史的な水を飲んでいる」と満足げである。さらに、東京湾を右手に見ながら十六号線を走り進んで馬堀海岸を抜け、横須賀市内に入ったシオタニは、車を降りて横須賀駅のすぐ近く「どぶ板横丁」に軒を連ねる食堂 Perry と純喫茶・茶豆湯に立ち寄る。そこでは、横須賀海軍カレーを食べたりマスターこだわりのコーヒーを飲んだりする。このあとは、十六号線から外れた隣駅の汐見駅近くにある塚山公園に立ち寄って、みなとみらいにあるランドマークタワーを確認する。車に乗り込んだシオタニは、のんびりした景色がある横浜の金沢八景を抜け、かつて横浜プリンスホテルがあった磯子の山を背にして十六号線を走り進み、JR根岸線の関内駅西口そばにある羽衣町交差点で旅の一日目を終える。

旅の二日目は、横浜の羽衣町から東京昭島まで進む。シオタニはまず、伊勢佐木町の商店街イセザキ・モールにある文明堂ル・カフェに立ち寄って、三笠山の皮だけの菓子パステルを食べる。その後、十六号線を少し走り進んで横浜港に寄る。この港は八王子から絹を運んだ浜街道の終点で、多くの絹がここから輸出された。シオタニは、これから走る十六号線はかつて輸出品を運んだ「絹の道」であるだけでなく、アイスクリームやファッションなど異国文化を八王子、さらにその奥に連なる群馬や山梨へ届けた道でもあったと説明する。そうして八王子を目指して出発したシオタニは、十分ほど走り進んだ横浜の保土ケ谷でロードサイドにある松原商店街を見つけ、車を降りて街歩きを始める。「活気がある」とシオタニが喜ぶこの街は、いいものを安く売る場所として有名で、横浜橋商店街や六角橋商店街とともに横浜の三大商店街として知られている。

十六号線の旅に戻ろう。再び車に乗り込んで横浜の旭まで進んだシオタニは、現十六号線である保土ケ谷バイパスをくぐり、大山街道と交差する八王子街道と呼ばれた旧十六号線を走り進む。横浜の瀬谷の先にある海軍道路を通り抜け、相模原で現十六号線と合流すると、相模大野駅にあるポム・リュージュで昼食をとる。

相模原市の橋本を通過したところで、シオタニはかつて番組で訪れたことがある境川を十六号線下に見つける。ちょうど相模国と武蔵国の境にあったという境川は、度重なる氾濫の結果、現在くねくねと蛇行している。シオタニは、カメラの前で、そんな川の暴れぶりをいまに伝える蛇行の風景を見るのが好きだと語りかける。

次に切り替わったショットで、シオタニは、十六号線で最も標高が高い八王子の「御殿峠」に立っている。さらに次のショットでは、十六号線から車で五分ほど離れた鑓水にあるという「絹の資料館」の前に立ち、その歴史を確認する。そして、裏手にある木立を抜け、かつて「土の道」だった名残りをとどめる「絹の道」を感慨深そうに歩きながらシオタニは、なんでもないただの幹線道路に歴史を見つけた喜びを語る。「昔はここから横浜まで絹を持っていろんな人がとおってそして外国にいき、さらに外国をとおってこの道をとおってファッションとかが伝えられたわけですよ。そのうえにいま、僕たちは、ちょっと離れたところに国道十六号っていうところがあると思うと、なんか、いい旅をしてるなと思ってすごいねー」。脇道にある商店街を歩いたり、お気に入りの店で食事をしたり、車を降りて土の道を歩いたりしながらさらに十六号線を走り進み、昭島の拝島橋で二日目の旅は終わる。

歴史に思いを馳せながら旧街道に車を進め、十六号線が結ぶ沿道の街に寄り道をしたり、ときには車を降りて自分の足で土の道を歩いたりしながら、シオタニはじっくり時間をかけて十六号線を旅していく。このあと、三日目に昭島から川越まで進み、四日目は川越から柏まで、五日目は柏から富津まで進む。さらに金谷から横須賀を結ぶフェリーに乗って東京湾を渡り、出発地の走水に戻る。こうして、十六号線を行く『キンシオ』の旅は、距離にしておよそ二百五十キロ、その長大なリングを閉じて終わる。

前述のように、十六号線のロードサイドは「均質」な商業施設が並ぶ「郊外的消費空間」である。『キンシオ』でも、一日目の相模原では旧十六号線から現十六号線に戻る場面でロードサイドにある量販店を見つけられるし、三日目や四日目に通過する狭山や入間、さいたま、柏などへの到着を知らせる道路標識を記録した映像の片隅には、全国チェーンのファミリーレストランやファストフード店がいくつも映り込んでいる。五日目、袖ケ浦で車を降りたシオタニの背後に映り込んでいるのは、遠くからでも目につく巨大な看板やサインを有する量販店やファミリーレストランである。それらは、現代の日本ではごく当たり前の「どこにでもある」風景だ。

しかし、『キンシオ』では、ロードサイドに軒を連ねる大型量販店やファミリーレストラン、ファストフード店が主題的に描かれているわけではない。むしろ、カメラが記録しているのは、「観光地でもないところを一歩わき道に入って旅をする」[19]といういつものスタイルのままに、幹線道路の十六号線を外れて旧道を進んだり、街に入り込んでたまたま立ち寄った店の店主と楽しそうに話したり、さらに一歩脇道に入り込んで古くからある街道を見つけて自分の足で歩いて喜んだりと、じっくり時間をかけて十六号線の（ロードサイトから外れた）沿線地域を旅するシオタニの姿である。

シオタニが旅で心がけていることの一つに、訪れた街に暮らす人々が日常的に食べているローカルフードを食べるというものがある。[20]横須賀の海軍カレー、入間と川越で食べた肉汁付きの武蔵野うどん、野田のホワイト餃子、千葉のチーズバーガー（事前にアポイントを取っていなかったため、休業で実際は食べていない）、木更津のあさり飯。それ以外にも、純喫茶が好きなシオタニは、横須賀や横浜では茶豆湯や文明堂茶館ル・カフェ、大

図4　『キンシオ』絹の道を歩くシオタニ

宮では伯爵邸、柏のコンパルに寄ってナポリタンなどを食べている。シオタニ自身が、グルメ雑誌のイラストを提供した店だったり、かつて番組で訪れたことがある店だったり、十六号線を走り進む途中で偶然見つけた店だったり、と店選びに計画性はない。

そのように街とともに食べる物も変わる様子は、シオタニが訪れた場所や街が代替不可能な「固有の場所」としての性格をもつことを示している。それぞれの街で楽しんだ一つひとつの食べ物が、その街のしるしとなるのだ。このように『キンシオ』は、「街歩き」を通して、ロードサイド文化に覆われ一見すると歴史と伝統を喪失しているように見える十六号線の沿線地域を、物語にあふれた空間として切り取ってみせる。それぞれの街は「同じようでいて異なる（same but different）」場所として現れる。つまり、キンシオがたどるのは、郊外空間の多面性と重層性を見つけ出す場所なのである。

しかしその分『キンシオ』では、シオタニが移動経路としている十六号線そのものがほとんど焦点になっていない。十六号線沿線地域の「物語」を示すしるしは、街の中心や旧道にあり、街の外縁に新設された十六号線の路上（ロードサイド）には、地域的な価値や秩序、固有の歴史を示すしるしを見つけられないからである。

図5　『キンシオ』横浜から200キロの袖ケ浦

こうして、『72時間』が、「均質」で「画一的」なロードサイドの風景を切り取り、その商業施設に遊ぶ人々や、道のかたわらを徒歩で移動する人々の姿を描き出していたのに対し、『キンシオ』では、土着性や地域性がいまだに残る場所として沿線の地域が発見されていた。この異質な風景の並存こそ、二つの番組の対照を通じて浮かび上がってくる「十六号線沿線」の表情である。共同性や歴史や伝統の不在によって特徴づけられる、「物語のない場所」としての「十六号線」と、近世以来の生活文化が息づき、歴史的古道が残っている「物語の場所」としての「十六号線」。あるいは、この二つの異なる空間が近接しながら断絶しているところに、「十六号線的風景」が広がっているというべきかもしれない。第7章「不在の場所——春日部にみる「町」と「道」のつながり／つながらなさ」で鈴木智之が言うように、その断絶を強調すれば、「十六号線」それ自体は「不在の場所」として語りうるのかもしれない。

だが、そのような語り方は、この道に、そのロードサイドに生きる場所を見いだしている人々の「生＝日常」を捉え損ねるのではないだろうか。「物語がない場所」として語られる「周縁」的空間は、既成の価値や秩序という「物語」が不在であるために、地域固有の歴史、伝統、生活様式とは異なる新しいなにかを構成しうる場所、「物語が生まれる」場所でもある。(21)街の外縁をなぞる十六号線は「いまだ物語がない」ことで、さまざまな秩序や価値に開かれている。とりわけ、『72時間』が、この道を行く人々から聞き取った言葉や、カメラが写し取った姿は、空虚にも見える空間に生成・展開し始めた価値を示す「しるし」として見ることができるのではないだろうか。

4 「非－場所」としての十六号線で語られる、私の〝幸福論〟

この「周縁」の可能性を考えるうえで、人類学者のマルク・オジェが提案する「場所」と「非－場所」という概念が手がかりになる。

オジェは、「場所」を「アイデンティティ付与的・関係的・歴史的なもの」という特徴によって把握する。(22)その特徴は、そこを通じて自分が何者であるのかを確認ができ、そこに自分と他者との関係性を読み取ることができ、かつ、そこに自分が何者であるのかを規定する過去や由来を認めることができるところにある。だが、そのような「場所」は、グローバリゼーションの進行によって消失しつつあり、そのかわり、アイデンティティにも、他者の関係性にも、歴史にも関係しない「非‐場所」が世界中に広がりつつある、とオジェはいう。そのような「場所」として具体的にあげられるのは、空港や高速道路、テーマパーク、ホテル（特にモール）、デパート、ショッピングモール、電話やファクスなどのメディア・テクノロジーが構成するコミュニケーション空間である。

近森高明が指摘するように、オジェの議論で重要なのは、あらゆる差異が平板化され、場所の固有性が消失している事態ではなく、「非‐場所」があるというポジティブな相のもとに、均質化や画一化が進む現実を捉えていることである。[23] この見方に倣うなら、「場所」が失われているとして欠如態だけを論じることは、目の前で進行する現実を捉え損なってしまうことになる。なぜなら、「場所」が失われ「非‐場所」が増殖しても、私たちの「生＝日常」は消滅しないからだ。そうだからこそ、世界中で増殖しつつある「非‐場所」が、私たちの「生」とどのように結び付いているのかを問う必要がある。

「場所」は、何者かになりたい、という私たちの切望と深く結び付くものとして論じられてきた。例えば、新宿や渋谷などにある盛り場に足を運び、そこで適切に振る舞うことによってそれは実現しうる、という形で。吉見俊哉はこうした「生」に固有の可能性＝個別化を、「演じる主体としての「私」が個別化された私生活の中に保護され、他方では、演じられる対象としての私の「個性」が都市の提供する舞台装置や台本によって保証される」[24]というように、至るところに張り巡らされた舞台装置を都市という「場所」の成立の条件として論じた。

そうした都市的「場所」にあるのは、ファッションや持ち物であれ、学歴や肩書などであれ、外見でその人総体を規定しようとする他者からの「まなざし」である。[25] より日常的には、そのような「まなざし」に対し、私たちは「私」を演出することを通して、逆に他者たちの「まなざし」を操作しようとする。だが、そこに逆説が生じる。他者からの「まなざし」を逆手にとって自己総体を演出することは、「誰でもない私」ではなく、誰でもありうる凡庸な都会人の「私」を作り上げることに帰結するからだ。自由意思によって獲得されるはずの実存が、都市の虚像にからめ取られた「私」に変貌する。

そのような「場所」とは対極にある、均質的で画一的な「非‐場所」としての郊外は、「他者のまなざし」を前にした「卓越化」のゲームがもたらす重苦しさから、ずいぶん自由であるように感じられる。「非‐場所」が、「意味」や「価値」を構成する複雑化したコードに拘束されない、脱力した空間であるからだ。近森は、そのような「非‐場所」を、魅力なき都市の「堕落形態」とみることもできるが、誰かの目を気にすることなく、肩の力を抜いて自分なりに生きることができる「快適な洗練形態」とみることもできるという両義性を指摘する。(26)『72時間』のカメラが声をかけたのは、そのような「場所」と「非‐場所」が入り組んだ十六号線にいる人々だった。彼らが語った言葉から、もう少しその可能性について考えてみよう。

「場所」として経験される「非‐場所」

十六号線上で声をかけられた人々に共通するのは、「物語がない」「絶望的な場所」とも言われかねない「周縁」で、それでも日常を生きていることである。地元の八王子に戻ってタクシードライバーを続けながら、ときどき幼なじみと飲みに出かけたり、昭島の拝島橋下で野良犬と暮らしたり、月を見上げながら「サンデー毎日(毎日が日曜日)」の老後を柏で過ごしたりと、その姿はさまざまだ。そこから伝わってくるのは、「いろいろ苦しいことがあっても、なんだかんだみんな幸せさ」というような一般論ではない。彼らが十六号線で語った〝幸福論〟は、誰もがうらやむようなものではない。むしろ脱力することで見いだした「私」だけの幸せである。それは、十六号線の路上に、あるいは沿線に生きる人々が、自分なりに選択・設定した日常によって紡ぐ切実な「物語」である。

例えば、昭島の拝島橋下で野良犬とともに暮らす日雇い大工の男性は、彼の野良犬と別れれば家を借りることができる。にもかかわらず彼は、ホームレスとして暮らす日常を選択している。そして、「人生気ままがいいんだよ」と笑顔で語る。狭山で自動車工として働く男性は、修行が足りない自分には幸せかどうかをいう余裕はないが、いま生きているのだから幸せだ、と語る。春日部のバッティングセンターでデートをする高校生カップルは、生まれ育ったこの街で家庭を築きたい、と二人の未来を語る。長年連れ添ったパートナーを病気で亡くした男性に八千代で会うが、彼は、クタクタになるまで歩きたいと十六号線を進み続ける。両親の介護をするために、「死の苦しみ」の四十年を十六号線の沿線地域で過ごした女性は、どんなことがあっても泣かない強さを手に入れることができたいい人生だったと振り返る。仕事を辞めて千葉で家族の介護をする男性は、「諦めとは違うかもしれないけど、俺の人生こんなもん」だと語る。

彼らの言葉からは、関わり方次第で、それなりに厚みがある場所として経験されている十六号線の現実が見える。相棒との気ままなホームレス生活。成長したいと願いながら毎日通う職場までの道。夕飯の買い物帰りに十六号線で見た美しい月。恋人の背中につかまって十六号線を走行、デートに通ったバッティングセンター。介護費を捻出するために食べていた十六号線に生えた雑草。何げない日常のなかで十六号線を通り過ぎた経験も、生きるために必死に十六号線を歩いた経験も、いま自分の人生や現在を語る際の核になっている。「非-場所」としてくくられる、特徴を欠いたこの道も、アイデンティティ付与的・関係的・歴史的な固有の「場所」となりうるのだ。つまり十六号線は、自動車を操作する運転手やロードサイドショップを訪れる消費者のように均質的で画一的な「非-場所」として通り過ぎてしまうこともできるし、自分のアイデンティティに関わる固有の「場所」として経験することもできる、そのような周縁なのである。このようにどちらから見るかで、十六号線は異なるあり方を呈する。

5 物語の場所

二つのテレビ番組が映した十六号線

かくして、二つのテレビ番組は、互いに異なる「十六号線」の表情を映し出している。『キンシオ』では、幹線道路としての十六号線沿道に散在する「歴史」ある場所が探し出され、そこに生活する人々の「物語」が語られる。他方、『72時間』では、自動車システムのために作られ、一見街の生活からは切り離されているかに見える、この「道」に生きている人々のそれぞれに切実な「物語」がつかみ取られる。この「非－場所」を、実は自分の「日常＝生」の「場所」として生きている人々の物語も見えてくる。均質で、平坦で、何も生まれない場所として、十六号線は、ステレオタイプ的な批評言説で語られてきた。だが、二つの番組は、その風景のなかに映り込むものの姿に目を凝らす必要があることを教えてくれる。

注

（1）十六号線を行く『キンシオ』の旅は、DVD発売後の二〇一五年十二月三十一日、『123の旅16号を行く～気ままなぶらり旅～TV版』として百十五分版に編集されて地上波で放送された。

（2）『キンシオ』は、一般的なジャンルの呼称ではバラエティー番組であり、『72時間』と同様に、カメラの前にある現実を記録する「ドキュメンタリー」形式と見なして扱うことに違和感を覚えることは当然予想される。だが、欧米のテレビ文化では、人工的な設定をもつドキュメンタリー形式の番組を「リアリティTV」「リアリティ・ショー」「リアリティ・ソープ」、あるいは「インタラクティブ・リアル・フィクション」などと呼んでいて、その枠組みに当てはまる日本の番組を、丹羽美之が「娯楽化したドキュメンタリー」と呼んでドキュメンタリーの一種として検討していることを考えれば（丹羽美之「ポスト・ドキュメンタリー文化とテレビ・リアリティ」「思想」二〇〇三年十二月号、岩波書店、八四―九七ページ）、『キンシオ』も「娯楽化したドキュメンタリー」と呼びうるだろう。

（3）二〇一七年七月十七日現在

（4）原伊知郎「定点観測ロケのすすめ（――東京駅高速バスターミナル）」「映画テレビ技術」第六百五十五号、日本映画テレビ技術協会、二〇〇七年、一三ページ

（5）同論文一三ページ

（6）ちょうどこのナレーションが聞こえるシーンでは、十六号線を移動する自動車の助手席に置かれた柳瀬博一の論考（「十六号線は日本人である。序論」「Witchenkare」第五号、yoichijerry、二〇一四年、六―一三ページ）が映し出

されている。

（7）ジョン・アーリ「自動車移動の「システム」」、マイク・フェザーストン／ナイジェル・スリフト／ジョン・アーリ編著『自動車と移動の社会学――オートモビリティーズ』近森高明訳（叢書・ウニベルシタス）所収、法政大学出版局、二〇一五年、四七ページ

（8）三浦展『ファスト風土化する日本――郊外化とその病理』（新書y）、洋泉社、二〇〇四年

（9）宇野常寛『ゼロ年代の想像力』早川書房、二〇〇八年、一四八ページ

（10）二〇一七年七月十七日現在

（11）「各回紹介」「「キンシオ」公式サイト」（http://www.tvk-yokohama.com/kin/）［二〇一八年四月二十四日アクセス］

（12）古賀佳子「PERSON キン・シオタニ」「GALAC」第百九十九号、放送批評懇談会、二〇一三年、四ページ

（13）同論文四ページ

（14）田中大介は、さほど意識されない存在へ沈み込み、都市空間を支える手段となっていながら、その存在が後景化することによって街の風景となっている状況を「インフラの定着」と呼ぶ（田中大介「道路・交差点――進み／止まる」、田中大介編著『ネットワークシティ――現代インフラの社会学』所収、北樹出版、二〇一七年、四七―八ページ）。

（15）今田壮「インタビュー“same but different”を探しに国道16号線へ――キン・シオタニ」「Rooftop」、二〇一二年（http://www.rooftop.cc/interview/121002185002.php）［二〇一八年四月二十四日アクセス］

（16）ちなみに、十六号線を旅する『キンシオ』は、二〇一二年四月九日から始まった「123の旅」という数字がつく地名や土地を探訪する旅の一つ。

（17）例えば、司馬遼太郎『街道をゆく1――長州路ほか』（朝日新聞社、一九七八年）。

（18）前掲「インタビュー“same but different”を探しに国道16号線へ」

（19）二〇一二年七月二十四日「DVD出るよ」「キン・シオタニの無気力爆発」（http://yaplog.jp/kinshio/archive/1061）［二〇一八年四月二十四日アクセス］

（20）前掲「インタビュー“same but different”を探しに国道16号線へ」

（21）若林幹夫は、郊外空間の両義性を指摘して、その可能性を示していた（『郊外の社会学――現代を生きる形』［ちくま新書］、筑摩書房、二〇〇七年、六二―六三ページ）。

（22）マルク・オジェ『同時代世界の人類学』森山工訳、藤原書店、二〇〇二年、二四四ページ

（23）近森高明「都市文化としての現代文化」、井上俊編『現代文化を学ぶ人のために 全訂新版』所収、世界思想社、二

〇一四年、二三ページ
(24) 吉見俊哉『都市のドラマトゥルギー――東京・盛り場の社会史』(河出文庫)、河出書房新社、二〇〇八年、三五七ページ
(25) 見田宗介「まなざしの地獄――現代社会の実存構造」『現代社会の社会意識』、弘文堂、一九七九年、一―五七ページ
(26) 前掲「都市文化としての現代文化」二九ページ

第2章

鉄塔がある風景

『闇金ウシジマくん』の郊外

近森高明

1 鉄塔がある風景

相模原

真鍋昌平による漫画『闇金ウシジマくん』(「ビッグコミックスピリッツ」〔小学館〕で不定期連載、二〇〇四年―)は、非合法的な超高利の金融業を営む丑嶋馨を狂言回し的な存在として、さまざまな事情で借金に手を染める顧客たちや、裏社会に関わる有象無象の人物たちが織りなす、悲喜こもごもの人間模様を描く連載漫画である。暴力や残虐シーンを含む、救いがない陰惨なストーリーが多いにもかかわらず、綿密な取材に基づく迫真的な描写が読み手を引き付け、高い人気を誇る。

この作品には、殺伐とした「郊外的なるもの」が切実なリアリティをもって描かれているという定評があり、それ自体がある種の郊外論として読めるという。(1) だがしかし、いったい作品世界のどのような要素が「郊外的なるもの」を感じさせるのだろうか。エピソードやストーリーの特徴だろうか、登場人物の服装や口調や行動様式だろうか、風景の描かれ方だろうか。あるいはこれらの特定可能な要素には還元できない、何かだろうか。このことを本章では、国道十六号線沿線に位置する相模原を舞台とする「フリーターくん」篇に注目して考えてみたい。というのも、このシリーズの相模原の風景に描き込まれる、とある隠喩的なモチーフが、『闇金ウシジマくん』が漂わせる「郊外的なるもの」あるいは「十六号線的なるもの」の在りかを探るうえで、有効な手がかりを提供してくれるように思われるからである。

シリーズの登場人物の宇津井は三十五歳のフリーターで、実家で親と同居している。パチスロで多額の借金を負っていて、ときどき派遣で肉体労働をするが、すぐにまたパチスロに使ってしまう。パチンコ屋ですったかと思えば、隣接する消費者金融のATMで金をおろし、ふたたびパチンコ屋に向かう。そんな毎日を過ごしながら、たまったストレスは、「親に寄生しながら人材派遣とスロッターで日銭を稼ぐダメ人間のつぶやき」というタイトルの「鬱ブログ」で発散する。宇津井の父親は早期退職している。母親は信用取引に失敗し、追加保証金が必要になるのだが、そこに付け込んだ丑嶋は、仲間とともに嘘の儲け話をもちかけ、母親は借金を増やしていく。結局一家は家を失い、団地暮らしをすることになる。実家に居づらくなった宇津井は家出をして東京に出るが……。

物語の成り行きは措いておこう。注目したいのは、舞台となる相模原の「郊外的」な風景の描写である。消費者金融の看板とATM。紳士服店。パチンコ屋。住宅と分譲予定地の混在。ビニールハウス。畑。ショッピングモール。フードコート。自転車屋。激安服飾店。ゲームセンター。工場。雑草が伸び放題の空地。これらのアイテム群が、写実的な筆致で画面に描き込まれている。これらは、郊外らしさを演出する典型的なアイテム群であり、比喩の形式としては、項目同士の隣接関係に基づく「換喩」に相当する。ロードサイドの紳士服店や、雑草が生い茂る空き地は、それぞれ「郊外」の換喩である。いずれも郊外的風景の一部をなし、連想ゲーム的に「郊外といえば」というお題を立てたときに、次々とあげられるようなアイテム群である。

さて、これらと同列に並ぶアイテム群にみえながら、突出した機能を果たしているアイテムがある。ストーリーと絡み合いながら何度も反復的に登場する、送電線と巨大な送電鉄塔である。組み上げた鉄骨の腕金に碍子が連なり、幾筋ものケーブルを支え、ジャンパー線が垂れ下がる、そうした送電鉄塔の姿が正確かつ緻密に描かれる。住宅地の遠景にぽつんと立つ鉄塔。鉄塔の一部分のクローズアップ。空き地の遠景に立ち並ぶ鉄塔群。これらのカットが、場面の転換時に差し挟まれたり、独白や電話での会話の背景に組み込まれたりする。繰り返し登場する鉄塔は、その反復性、ならびに物語の展開軸への干渉ぶりという点で、郊外らしさを演出する記号的アイテムという位置づけを超えている。すなわち鉄塔は、この作品のなかで、暗示に満ちた「隠喩」的モティーフとして機能している。「郊外といえば」の連想ゲームで上がってくるアイテム群が、いずれも「郊外的なるもの」を間接的に示しながら、決してそれ自体には到達しえないのに対して、鉄塔というモティーフは、ほとんど「郊外的なるもの」それ自体と互換的な位置づけにある。

高額の追加保証金が発生し、かといって、もはや信用取引から引き返せなくなった母親がつぶやく「恐ろしい……」という言葉の背景に、鉄塔が佇立している。証券会社の男が母親の不安に訴えかけて、値上がりした株を売らないよう誘導する言葉の背景に、鉄塔と変電施設のシルエットが浮かぶ。そしてまた近隣の住人との噂話で借金の話題が出て、母親がふと不安に駆られる、その場面に、鉄塔のカットが差し挟まれる。いずれも知覚できず、操作も制御もできない、マネーの巨大で非人称的なうごめきが暗示されるとき、鉄塔が姿を現す。市場は遠く離れたところにあり、母親はパソコン画面や電話、ファクスというメディアを介して、間接的にその力にふれられるだけである。その動きは予測をあっさりと裏切り、瞬く間に変動して大金を無に帰させてしまう。それは、息子の宇津井が金をパチスロで手もなく「溶かして」しまい、無人のATMで多額の借金を重ねるのと、裏表の関係にある。ふとした弾みで、坂道を転げるように借金が膨らむ。郊外の何の変哲もない住宅街で、それぞれ多額の借金に思い悩む母と息子。そこに鉄塔は、不気味な沈黙をもってたたずんでいる。

真鍋昌平が、相模原の郊外的な風景を描くときに「郊外的なるもの」を表す換喩的なアイテム群を並べると同時に、隠喩的なモティーフとして鉄塔に特権的なポジションを与えていること――本章では、「十六号線的なるもの」の在りかを考察するうえで、この点を切り口としてみた

図1　『闇金ウシジマくん』「フリーターくん」篇に登場する鉄塔
（出典：真鍋昌平『闇金ウシジマくん』小学館、〔右〕第7巻、2007年、192ページ、〔左〕第8巻、2007年、69ページ）

い。[2]すなわち本章では、十六号線論を、やや突飛に思われるかもしれないが、（送電）鉄塔論というかたちで展開してみたい。隠喩が、類似関係に基づく比喩形式である以上、送電鉄塔が隠喩であるということは、それが単に郊外を連想させるだけではなく、その存在のあり方自体が郊外に「似ている」ということである。では鉄塔は、どのような意味で郊外に「似ている」のだろうか。この点について以下では、十六号線と送電鉄塔（ないしは送電系統）の、インフラ技術という次元での構造的な同型性という観点から考えてみたい。[3]

実際、十六号線沿線には、巨大な送電鉄塔が多数存在する。そのため鉄塔がある程度の密度で立ち並ぶ風景は十六号線的な風景だといいうるが、本章で主張したいのはそれをさらに極端に推し進めた命題である。すなわち、「十六号線的なるもの」とはそのまま「鉄塔的なるもの」であり、市街地の周辺に鉄塔が立ち並ぶところであれば全国のどこであれ、そこに「十六号線的なるもの」が立ち現れる、という命題である。別の角度から言い直してみよう。十六号線的な郊外のあり方は、ときに「荒々しい」「殺伐とした」という形容詞で表現される。そうした感覚的印象を、単なる印象にとどまらず、ある構造的な要因から説明してみたい。その際に手がかりになるのが、鉄塔（もしくは送電系統）と十六号線のインフラ的な同型性である。

十六号線沿線に出かけるとき、鉄塔は、風景のなかで一つの特徴的な要素として浮かび上がる。だがそのように見えるのは、あくまで日常の生活空間のなかで、鉄塔を見慣れていないためにすぎない。十六号線的な風景に親しんだ者であれば、鉄塔の存在は自明視されていて、とりたてて意識にはのぼらない。その証拠に、例えば十六号線沿線のフィールドワークに出かけたときの、ある印象に残っているエピソードを紹介しよう。十六号線沿線に数多く立地する、とあるニトリモールに降り立ち、周囲に鉄塔が多いのに注目して、ニトリの看板と巨大鉄塔のコラボ写真を撮影しようとスマートフォンを構えたとき、周囲の人たちが不思議そうに、何があるのかとスマートフォンを構えた方角をのぞき込んでは首を傾げていたことがあった。地域住民であるその人たちには、視線の先に、何ら特別な対象が見えなかったのである。そのように鉄塔は、巨大なスケールにもかかわらず、背景化され、自明化され、日常化されうる。

他方で鉄塔は、マニアックな好事家的視線を向けられることもある。ウェブ上では、送電鉄塔に関する写真や情報を収集し、体系的にアーカイヴ化しているサイトがいくつか存在する（後述する特異な小説『鉄塔 武蔵野線』[4]は、そうした鉄塔マニアの間でバイブル的な扱いをされている）。そうした視線は、通常は殺風景な景観とされるコンビナートの複雑なタンクや配管が形作る造形を、あえて審美的に捉える「工場萌え」の視線にも重なるだろう。

だが問題は、このような極端な関心の振れ幅、すなわち、鉄塔が自明化し、全く意識にのぼらない状態と、鉄塔それ自体のディテールをマニアックに追求する態度の、どちらか一方しかとれない構図そのものではないだろうか。全般的な無関心か、脱文脈的かつ局域的な関心か、という極端な振れ幅のうちに、「鉄塔的なるもの」ないし「十六号線的なるもの」は、常に取り逃がされてしまうように思われる。とするならまずは、生活空間に巨大なスケールの鉄塔が同居している、その状況が生み出す素朴な齟齬の感覚の記述と分析から――いわば「鉄塔の現象学」から――出発してみるのが、安易にみえながら、実は最適な出発点なのではないだろうか。ともあれそこから始めてみよう。

図2　ニトリの看板と巨大鉄塔（相模原）

2　鉄塔の現象学

生活空間を大きく横切り、かつ、素通りしていく何ものか。重要なものではあるが、その重要さは近隣の居住者に向けてのものではない、疎遠さのもとにある何か。あるいは存在感はあるが、意味と存在のすり合わせがうまくいかず、宙づり状態のもとで浮遊している何か。郊外住宅地近辺にある送電鉄塔の存在様態は、さしあたり、そのような不釣り合いの状態としてスケッチできるだろう。では、具体的に何と何がそぐわないのか。その齟齬の成り立ちは、いくつかの面から描き出すことができる。

まずは、鉄塔の領分と人間の領分との交錯。市街地の送電施設は、通常、地中にケーブルを埋設する地中送電の形式をとる。それに対して架空送電は、主に人家がない山林や農地、休閑地で採用される。それは人の目にふれない、いわばバックヤードでだけ用いられるべき施設形態なのだ(5)。そのため元来は、人の領分と鉄塔の領分は重ならないはずであり、住宅地の周囲に鉄塔が林立するような状態は、積極的に避けられるべきである。にもかかわらず、そうした状態がみられるのは、つまり、従来は人の居住が見込まれず、山林や農地、休閑地として送電鉄塔が建設されていた地域にまで、宅地化の波が押し寄せた結果、鉄塔の居場所と人の居場所が互いに干渉し、鉄塔が立ち並ぶ住宅地という状況が出現したのである。事実、鉄塔と密接な結び付きをもつ変電所の立地状況を調査したとある報告書では、次のように指摘されている。「建設当時は田畑や農地だった場所が、その後の地域開発や人口増に伴い宅地化され、変電所周囲に多くの住宅が建設された結果、地域住民の生活と共存関係にある場所も少なくない(6)」。それは、市街地であれば、地下に収納されるべき施設が地上に露出している状態であり、バックヤードと人の活動領域という、異なる秩序が互いに交錯する状況である。

次に、その帰結としての、インフラとしての「むき出し」感。送電施設の本質的要素は、送電線そのものであり、鉄塔はそれを支持する付随的要素として、結果的に塔の形態をとっているにすぎない。送電鉄塔は、通信鉄塔など単独の塔のように、それ自体が鑑賞的視線の対象となることを予期されておらず、視覚的なデザイン性に乏しい。むしろ構造的、経済的、また施工的な面で合理性を追求した、ごく簡素でアノニマスな構築物である(7)。そのように、ケーブルを電源地から需要地へと引っ張っていく、簡便かつ経済的な手段として採用される送電線と鉄塔は、文字どおり「むき出し」のインフラにほかならない。地中に埋め込んだり、環境になじむようデザイン面で工夫を施したりするなど、都市構造との調整を試みることを放棄し、ただソリッドな鉄塔を建てて送電線を張り、シンプルに自身の機能を果たすことに充足している。それはみずからが置かれるコンテクストを一切無視する、身もふたもないインフラである。

さらに送電鉄塔の配置の、暴力的な直線性。生活空間を横切り、地図にはライン状で示されるものとして、河川や道路や鉄道路線があるが、これらは通常、都市構造との長年の交渉の結果、互いに寄り添ったり、柔軟に組み合わさったりして、それなりに有機的なつながりを構成している。と同時に生活空間のなかで、河川や道路や鉄道路線は、人々の方向感覚や地理的な意味づけを規定していて、川の向こう、道路を越えたところ、線路のあちら側といった捉え方が、地域住民の地理感覚に重要な役割を果たしうる。それに対して送電鉄塔の並びは、都市構造とは無関連に生活空間を横切って、ひたすら直線状のラインを形作る。田畑、ゴルフ場、資材置き場、住宅地、廃車置き場、などの人為的な区別を鉄塔は冷淡に無視して、点と点を効率的につないでいく。鉄塔はまた、地域住民の地理的な方向感覚にも没交渉であり、送電線の向こう側、という言い方は意味をなさない。同じ空間を共有していながら、送電鉄塔のラインは、地域住民の生活を構成するラインとは重ならず、両者はすれ違いの関係にある。

鉄塔の領分と人間の領分との交錯。インフラとしてのむき出し状態。生活空間を横切りながら、互いの交渉を欠く、暴力的な直線性。住宅街に立ち並ぶ鉄塔という存在が呼び起こす素朴な齟齬の感覚の由来は、こうした複数の水準での秩序のズレの効果として描き出すことができる。(8) 鉄塔は、郊外の住宅地で、日常に差し込まれた非日常が、さらに日常化されたものとして現象している。

それでは十六号線沿線での鉄塔をめぐるこうした交錯状況は、どのような経緯のもとに成立してきたのだろうか。ここで視点を、ややマクロかつ歴史的な次元に転換して、首都圏の送電系統という、インフラ施設の整備をめぐる歴史的プロセスを眺めてみよう。そこには、「鉄塔的なるもの」と「十六号線的なるもの」の、意外な関係が浮かび上がってくるだろう。すなわち両者の構造的な同型性が、首都圏のバックヤード的インフラという、技術政策的な次元から照らし出されてくるのである。

3　巨大な環状ライン

電力系統の考え方について、ごく基本的なところから出発しよう。[9] 東京は膨大な電力を必要とする。その電源地は遠隔の各地に散らばっていて、あちこちに分散する電源地から東京へ、東京へと、ひたすら大量の長大なケーブルを引っ張ってこなければならない。ここで、電気は高圧であるほど途中のロスが少ないという性質をもつため、事情が許すかぎり、超高圧の送電線で引っ張ってくるのが望ましい。だが需要地が近づくと、一般用に電圧を逓降する必要があるため、適切な中継地点に変電所を配置することになる。そこからは低圧の送電線できめ細かく都心部に電力を流し、さらに配電ネットワークで一般の事業所や家庭に電気を分配する。まとめると、電源から高圧線で電力を送り、それを変電所が中継し、逓降して、より密なネットワークで都心部に流す、というのが大まかな系統の考え方となる。

さて、送電系統は俯瞰した場合、どのような図形を描くだろうか。まずは電源地と需要地をストレートに結ぶ系統ラインが想定されるだろう。それは各方面から東京へと集中するラインであり、逆に言えば東京を中心として、各方向に放射状に延びる図形を描くことになる。だが安定的な送電システムを構成するには、同時に、放射状の系統ライン同士を横断的に結び、並列的な均衡をとる連繋ラインが必要となる。それは中継地点に置かれた変電所を互いに結ぶラインであり、一方では、電源地から送られた電力を逓降して都心部に送る拠点の役割を果たし、他方では、各地域での電力の過不足をバイパス的に調整する機能を果たす。したがって、送電系統のネットワークは、都心部を中心に放射状に延びるラインの群れと、それを横断しながら、都心部をリング状に取り囲むラインという、二つのラインの組み合わせから構成される。

注目すべきは、このリング状の送電系統の位置づけである。それは送電系統の中枢的役割を果たすため、特に基幹系統と呼ばれる。また、都心部の外側をリング状に取り囲むため、外輪系統とも呼ばれる。基幹系統という名づけは、本質的である。バイパス機能をもつラインを構築しておけば、万一の事故発生時にも電力の融通がき き、停電のリスクを低減することができる。さらにリング状の基幹系統があれば、どの方角にでも電源地を求めることができ、将来のあらたな電源開発でも自由度が高くなる（ということはつまり、福島や新潟での原発の開発は、この首都圏を取り囲む基幹系統が構築されたことの技術政策的な延長線上にあることになる）。

首都圏の送電系統の中枢部をなすリング状のライン――この位置づけは、十六号線のそれを彷彿とさせないだろうか。事実、十六号線もまた、東京都心部から地方へと放射状に延びる路線を横断するかたちでリング状にバイパスする枢要な路線である。放射状のラインを横断的にバイパスする機能。都心部を取り囲むリングという形状。地方と都心部の中継地点という立地。十六号線と外輪系統は、これらの点で互いによく符合している。十六号線は、都心部と地方を結ぶ自動車のフローを調節し、外輪系統は電力のフローを調整する。いってみれば十六号線は、道路の外輪系統であり、外輪系統は、送電系統での十六号線である。

符合する点はこれだけではない。両者が成立した時代状況も互いに重なっている。現在の東京電力の電力系統図をみると、都心部をリング状に取り囲む外輪系統として、新多摩線、新所沢線、新古河線、新京葉線、房総線などの五百キロボルトの送電線が、新秦野、新多摩、新所沢、新古河、新京葉などの超高圧変電所を横断的につないでいる。だがこれら五百キロボルトの系統は、あとから増強された付加的な系統であり、祖型をなしているのは二百七十五キロボルトの系統である。この外輪系統が形成された時期は一九六〇年にさかのぼるが、それは十六号線が環状線化したタイミング（一九六三年）とほぼ重なる。

それまで東京の電力は、山間部の水力発電所による電源でまかなわれていた。電源から送られる電力は、都心周辺に配置された変電所で中継され、都心部に流されていたが、それらの変電所は、内輪線と呼ばれる六十キロボルトの系統によって並列的に連繫されていた。だが電力需要の増大に伴い、水力と内輪線のカップリングではまかないきれず、よりパワフルな電力態勢が必要になる。そこで千葉火力や横須賀火力など、大規模かつ高能率の火力発電所を建設することになり、それらを両端に、都心部を大きく取り囲むリング状の超高圧外輪系統を構築することになった。そのような構想のもと新設されたのが、東東京変電所（現・新野田変電所、千葉県野田市）、北東京変電所（埼玉県白岡市）、中東京変電所（埼玉県日高市）、西東京変電所（東京都町田市）、南東京変電所（現・京浜変電所、横浜市泉区）の各超高圧変電所である。

これらの変電所は、いずれも十六号線に近接した場所、多くはそのやや外側に立地している。十六号線と外輪系統とは、機能的、地理的、時代的に互いに重なり合う。いずれも高度経済成長期に急増する、自動車と電力のフローをバイパス的に調整する基幹系統として建設された、いわば双生児的なインフラである。

都心部を中心に放射状に延びるラインの群れと、それを横断しながら、都心部をリング状に取り囲むライン。それら二つの送電ラインの交錯点が、十六号線沿線には数多く集積している。だから十六号線には、たまたま鉄塔が多いわけではない。十六号線と鉄塔の結び付きは構造的であり必然的である。十六号線沿線に鉄塔が林立する状況は、電力インフラと交通インフラとの構造的同型性の景観的表現にほかならない。

生活空間を斜めに横切るインフラ施設として、送電鉄塔と十六号線は、独特の疎遠さを漂わせている。その疎遠さは、ただ見た目が巨大であり、人間的なスケールを超えていると

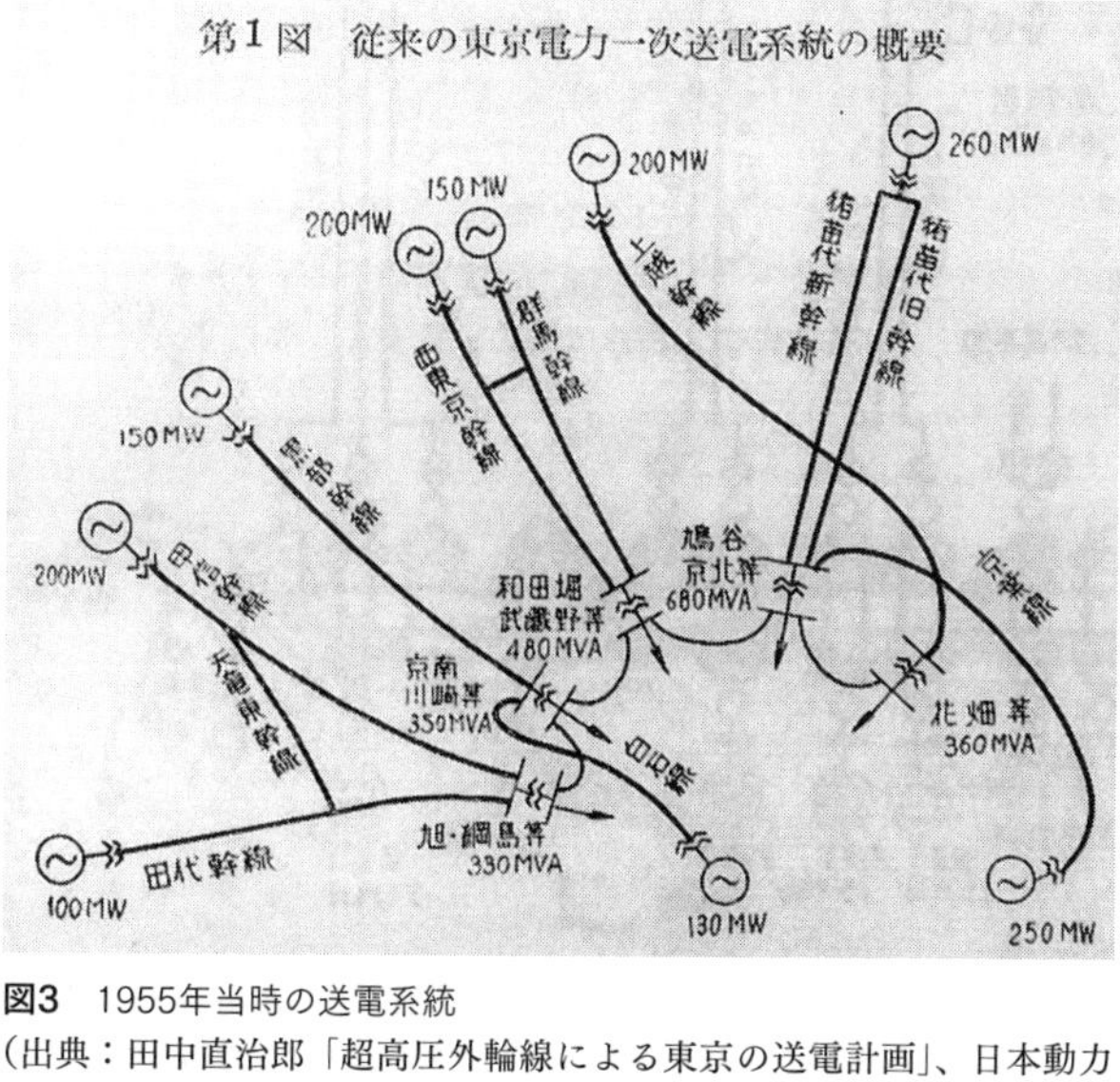

図3　1955年当時の送電系統
（出典：田中直治郎「超高圧外輪線による東京の送電計画」、日本動力協会編「動力」日本動力協会、第8巻第45号、1958年、286ページ）

いう点だけに由来するのではない。そうした具象的な巨大さと同時に、もう少し抽象的な次元での巨大さ、すなわち東京圏をリング状に取り囲む、膨大なフローを調整する基幹的インフラとしての巨大さがそこには関与している。みずからの生活とは直接的な関連のない、非人称的かつ膨大なフローと結び付いた巨大なインフラ施設に、生活空間を横切られ、素通りされながら、日々の生活を営むこと――それが十六号線的な生の基礎的な条件である。

都心でもなく地方でもない十六号線沿線。それは、首都圏を支えるインフラの次元でいえば、中継的インフラの集積地である。そこには生産地と消費地を中継する巨大な物流拠点が立地し、電源地と需要地を中継する超高圧変電所が点在する。そのような中継的インフラの集積地として、十六号線沿線は、構造的に生活空間の「横切られ」が発生する場所にほかならない。

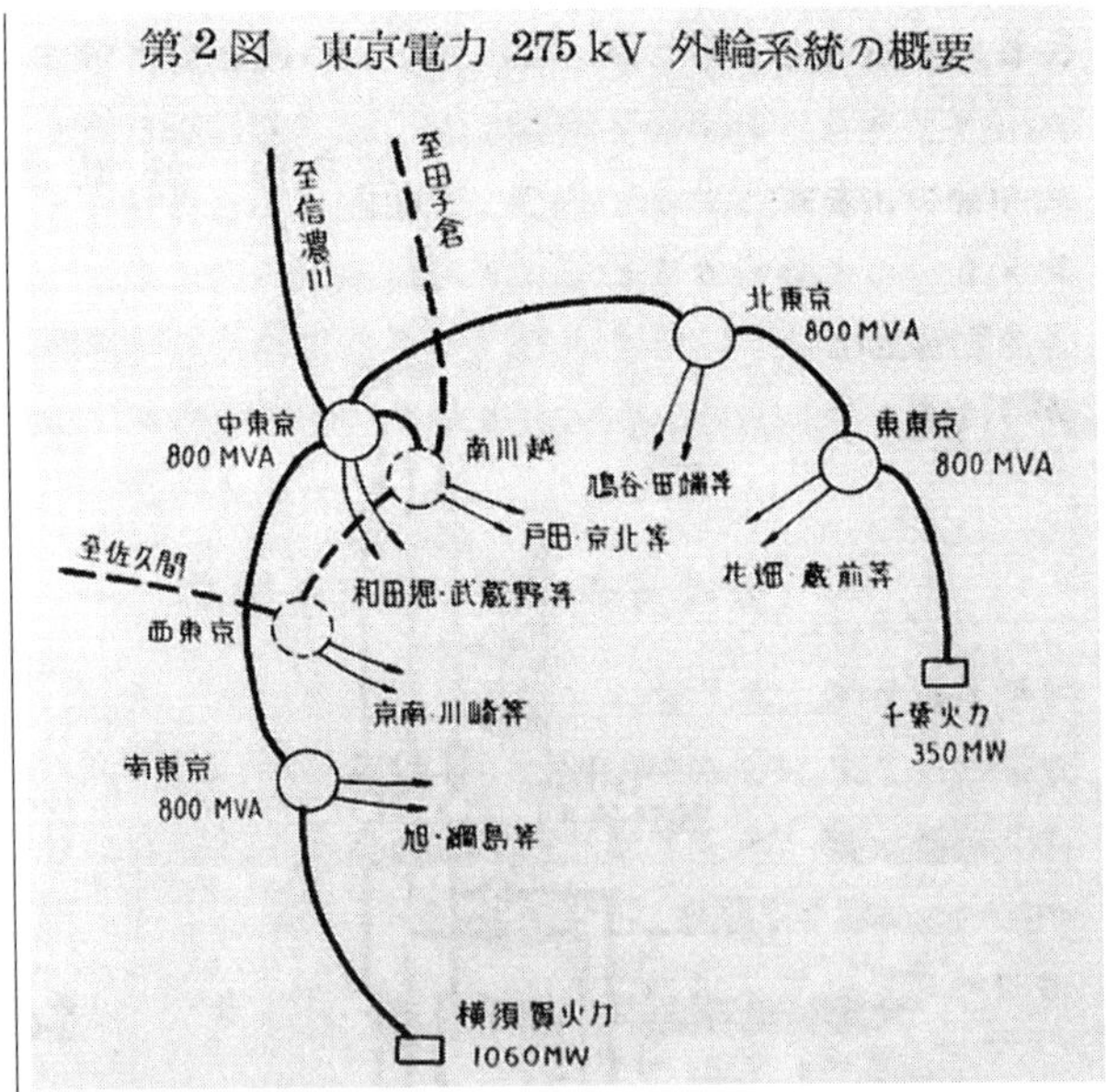

図4　1960年当時の送電系統
（出典：前掲「超高圧外輪線による東京の送電計画」286ページ）

4　鉄塔へのマニアックな視線

「十六号線的なるもの」と互換的な「鉄塔的なるもの」の在りかを、また別の方向から探ってみよう。冒頭で確認したように「鉄塔的なるもの」は、全般的な無関心と、マニアックな関心という両極的態度の間で、常に取り逃されるのであった。とするなら、鉄塔それ自体に局域的な関心を寄せる、好事家的ないしマニアックな視線のあり方を詳細に探ることで、逆照的に、「鉄塔的なるもの」の取り逃され方が浮かび上がってくるのではないか。あるいは「鉄塔的なるもの」の在りかが、その取り逃され方のうちにつかまえられるのではないか。以下では、脱文脈的に鉄塔それ自体のディテールを追求し、その全体像を捉えようとする極端なまなざしのあり方を、鉄塔マニアのバイブル的存在である小説『鉄塔 武蔵野線』から探ってみたい。

銀林みのるによる小説『鉄塔 武蔵野線』は、鉄塔好きの少年が、ある夏、友人とともに武蔵野線と呼ばれる送電路線をさかのぼる冒険に出かけるという物語である。一九九四年に第六回日本ファンタジーノベル大賞を受賞して、新潮社から単行本が刊行された本書は、九七年には映画化されている（監督：長尾直樹、主演：伊藤淳史、内山眞人）。九七年に映画化を記念して新潮社から文庫版が出されたが、その後、ふたたび二〇〇七年にソフトバンク文庫として刊行されている。これは、新潮社版の単行本と文庫ではあまりに分量が多いために削られていた鉄塔写真（一つの鉄塔につき五枚の写真を著者は用意していた）を完全掲載したバージョンであり、趣味性に強く傾斜したこの版が刊行された事実は、マニアからの支持が強かったことをうかがわせる。

物語は、小学五年生の見晴が、鉄塔に番号が振られている事実に気づき、それを一号鉄塔までさかのぼってみたらどうなるのか、と好奇心を抱いたことに始まる。見晴は、鉄塔の最後には巨大な原子力発電所があるのではないか、と想像する。そこで二つ年下の友人アキラを誘い、自転車に乗って鉄塔探索の冒険に出かける。その際、一つのルールが設定される。鉄塔の四本の脚で囲まれた正方形の領域を「結界」と名づけ、そこにビールの王冠をつぶしたメダルを記念として埋めていくというルールである。冒険の道行きには、さまざまな障害が待ち受けている。鉄塔がフェンスで囲われているので、それを乗り越えて入り込まなければならない。畑のあぜ道を、ぬかるみに抗して自転車を押していかなければならない。藪のなかを、枝に傷つけられながら進まなければならない。あるいは工事現場のなかに鉄塔が立っていて、作業員の目をすり抜けたり交渉をしたりして、鉄塔までたどり着かなければならない。さらには行く手に水路があり、自転車を担いで石を飛び越えながら渡らなければならない――。そのように、人為的また物理的な障害の数々を乗り越えながら、二人は武蔵野線をさかのぼっていく。逆にいえば、ひたすら愚直に鉄塔をさかのぼるという道行きそのものが、おのずと数々の障害を呼び込み、ドラマが生成されていくことになる。

鉄塔の偏愛は、筆者の銀林自身が幼少期から抱いていた嗜好である。幼少期の銀林は、「男性型」「女性型」「料理長型」など独自の鉄塔の類型を考案していたという。擬人化に基づくその類型は、小説のなかでも見晴が考案した類型として、例えば次のように登場する。「南側の鉄塔は女性型鉄塔でした。というのは、電線をつなぐ碍子の棒状連結体（碍子連）が前後に開いており、碍子連の先端同士を結ぶ電線（ジャンパー線）の丸まった膨らみが、睫毛の長い女性の大きな目や装身具を連想させたからでした。女性型鉄塔は見る角度によって多様に表情を変化させます。その鉄塔はわたしに中背の少女を想像させせました。完全な大人というには早い、大人になりかかっているような、まだ含羞んだ様子が見受けられるのです[10]」

武蔵野線は実在した（現在は三つの路線に組み替えられている）送電路線である。小説では、この武蔵野線を構成する鉄塔の一つひとつについて写真が添えられ、物理的形態や立地状況をめぐる客観的な描写が与えられるとともに、そのたたずまいを比喩や形容を駆使して表現し、審美的な批評を加えている。例えば次のような具合である。「繋みの向こうから大きく突き出した六十号鉄塔は、頭頂と脚柱の長い華麗な女性型鉄塔で、碍子連の作る表情も素直で清楚でした[11]」。「三十七号鉄塔は男性型鉄塔で、碍子連は三十八号鉄塔と同じI連型でした。こうして単身で貧弱な男性型鉄塔が農地の中央にぽつんと立っている滑稽な姿に、わたしは三十七号鉄塔への強い愛着を感じました[12]」。したがってこれは小説仕立てではあるが、同時に鉄塔美学への入門書にもなっている。

見晴とアキラの視線は、鉄塔それ自体にフォーカスする好事家的ないしはマニアックな視線に近似している。ただし、この視線は、愛好の対象を脱文脈的な仕方で切り取り、ディテールを存分に享受しようとする。ただし、この視線では、鉄塔それ自体は確かに捉えられているが、「鉄塔的なるもの」は取り逃されているように思われる。すなわち「荒々しい」「殺伐とした」という感覚的印象で表される何かを、好事家的な視線は取りこぼしてしまうのである。「鉄塔的なるもの」は、鉄塔をダイレクトに眺める視線の前には姿を現さず、その横をかすめ去っていく。けれども同時に、この小説には、対象を愚直に追う視線を徹底化させることのうちに、「鉄塔的なるもの」への視線が、間接的に描き込まれてもいるようにも思われる。すなわち「鉄塔的なるもの」を浮上させる視線は、マニアックな視線を徹底化したところに、その副産物として現れる。

5 「鉄塔的なるもの」の在りか

所沢、川越、狭山

武蔵野線をさかのぼる旅は、東京都保谷市（現在は西東京市）を出発して、埼玉県新座市、東京都清瀬市、埼玉県所沢市、入間郡三芳町、川越市、狭山市を経由して、日高市の中東京変電所（作中では日向丘変電所）へと至る。途中でＪＲ武蔵野線、西武新宿線、十六号線、入間川を横断することになる。[13]

送電線は、人為的な区分けを無視して点と点を直線的に結ぶ。そのため送電線を愚直にたどる旅は、さまざまな利用形態をとる土地を、斜めに横切っていくことになる。例えば、雑木林、藪、森。広大な農地。自動車教習所、駐車場、バス・ターミナル。寺の境内、霊園、公園、ゴルフ場。住宅地、低層アパート、建築中の木造アパート、高層アパートが集まった団地。大小の工場や自動車の整備工場。工事現場や建設現場。スクラップ置き場、残土置き場、資材置き場、材木置き場、堆肥置き場、石材置き場。休耕地、造成中の空き地、荒蕪地。用水路、小川、河川敷。農家の納屋、牛舎。それらの人為的な区分けを貫通する道行きは、十六号線的な「荒々しい」「殺伐とした」土地利用のパッチワーク状況を見事に描き出す。[14]

映画版『鉄塔　武蔵野線』の監督を務めた長尾直樹は、次のように述べている。「原作を読んでから実際に鉄塔へ行ってみたら、武蔵野の風景がすごく魅力的だった。雑木林もあれば、ゴミ捨て場もある。文明が行き届いた場所なのか、犬の死体が転がった野蛮な場所なのか、よくわからない。そういうどちらとも区別がつかない境目のない場所で、あっちに行ったりこっちに行ったりする話って、ワクワクしますよね。埼玉の風景にしろ、子供の姿にしろ、どこか微妙なところがあるんです。微妙な線上をフラフラしながら歩いているところがおもしろい[15]」

見晴は送電鉄塔を愛するあまり、鉄塔にほとんど同一化する。そして鉄塔に同一化しながら送電線のラインを愚直にたどるとき、人間的な区分けを無視し、それらを斜めに横切って移動するのだが、まさにそこで、鉄塔それ自体の、非人称的ないしは非人間的な視線が立ち上がる。そこに示唆されるのは、英語のitやドイツ語のesで表されるような非人称的な何かであり、人間的なスケールに疎遠な、抽象的な巨大さをもっために非人間的な何かである。誰のものでもない、いわば無から眺められる視線。そこから眺められることで、十六号線的な風景を織りなすパッチワークの図柄が、このうえなく明瞭に浮かび上がってくるような視線——。

だから次のようなことがいえる。すなわち、マニア

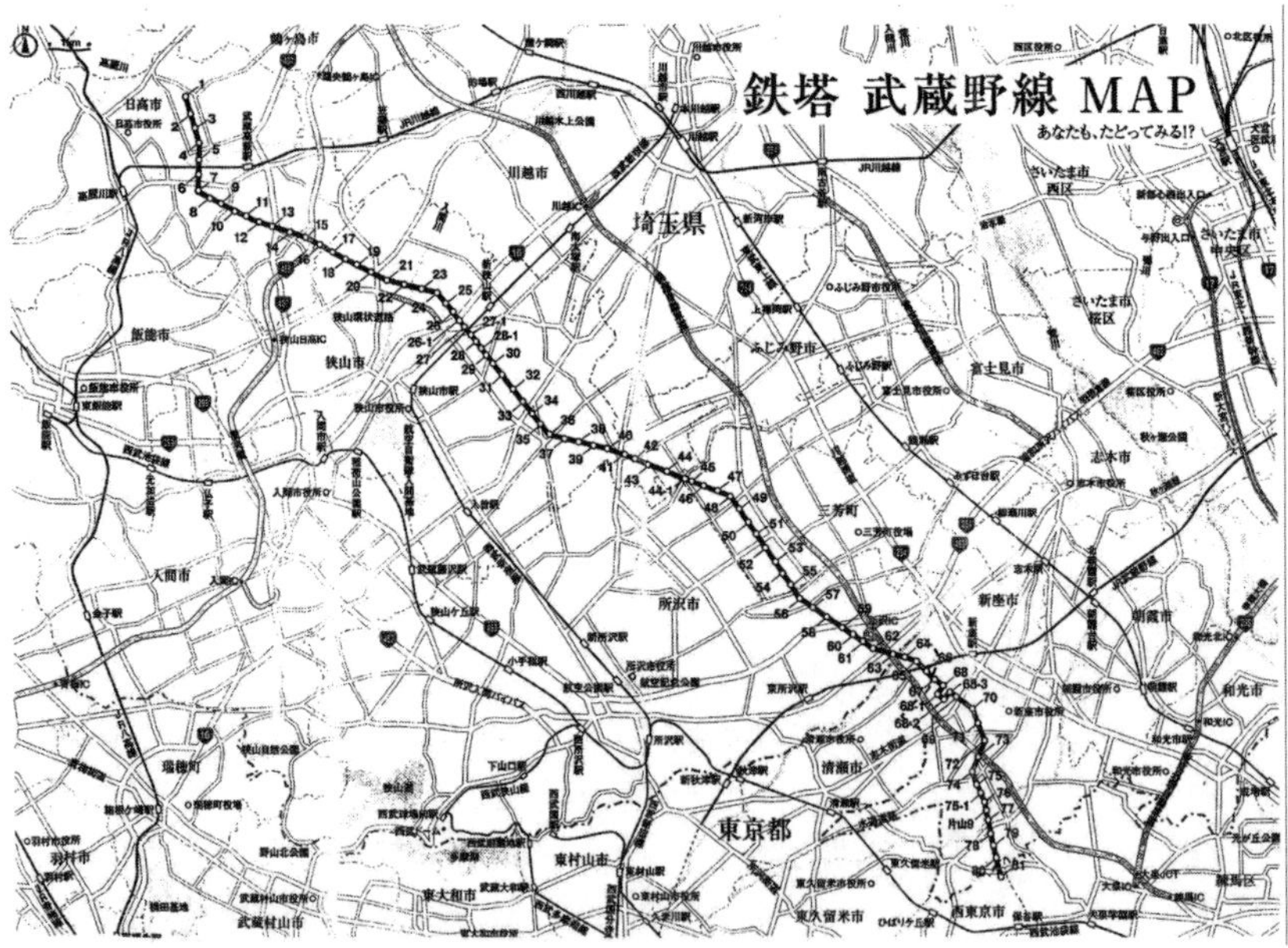

図5　『鉄塔 武蔵野線』MAP
（出典：銀林みのる『鉄塔 武蔵野線』〔ソフトバンク文庫〕、ソフトバンククリエイティブ、2007年、付録）

ックな視線を徹底化して鉄塔に同一化したところに、鉄塔への視線ではなく、むしろ鉄塔それ自体からまなざされる視線が立ち上がる。「鉄塔的なるもの」は、その視線のもとに浮かび上がる風景である。「鉄塔的なるもの」ないし「十六号線的なるもの」とは、つまるところ、こうしたフロー処理の巨大なインフラ——それは高度経済成長期に形成された、東京を取り巻く双子の巨大な環状インフラとつながっている——の視点に同一化するとき、眼前に浮かび上がってくる風景にほかならない、と。

6 『闇金ウシジマくん』の郊外

冒頭の『闇金ウシジマくん』に戻ろう。何度も反復して登場する鉄塔と送電線のモティーフである。住宅地の遠景にぽつんと立つ鉄塔。鉄塔の一部分のクローズアップ。空き地の遠景に立ち並ぶ鉄塔群。これらのカットは、いったい誰のどのような視線を暗示しているだろうか。一方で鉄塔の存在は、地域住民には自明視され、日常的な意識の背景に潜り込んでいるのであるから、鉄塔を主題的に眺めるこれらの視線は、生活者の視線ではない。また他方、鉄塔の姿が正確かつ緻密に描かれているからといって、鉄塔それ自体のディテールに興味があるわけではないので、それはマニアックな好事家の視線でもない。日常的な全般的無関心とマニアックな局域的関心という、二極的な振れ幅のうちに常に取り逃されてしまうもの——それはつまり、鉄塔それ自体ならざる「鉄塔的なるもの」を風景として眺める、非人称的な視点であるだろう。

本章の題材としてきた「フリーターくん」篇のなかで、直接的に鉄塔は登場しないものの、以上のような意味での「鉄塔的なるもの」が濃密に立ち上がっている場面を、最後に二つだけ眺めてみよう。

宇津井はあるとき、出会い系で連絡がついた女性と会うことになる。宇津井はクルマをもっていないため、二人は駅で落ち合ってから、ラブホテルまで徒歩で国道——ロケーションの設定からして明らかに十六号線である

——沿いを歩くことになる。ラブホテルの看板には「相模原国道沿 この先 四km」とある。かなりの距離に、女性はヒールの足が痛みだす。国道沿いの殺風景な景色のなかを、黙ってひたすら歩く二人。ロングショットのコマをいくつか挟むこの場面は、妙に長く、間延びした感じを与える。十六号線は、そもそもが自動車移動をベースにする空間であり、そこでは徒歩は限りなく遅い。時間は間延びし、空間は引き延ばされる。そうした国道沿いを延々と歩く場面は、いわば十六号線的な郊外を生きることのアレゴリーであり、この二人の歩みを捉える視線は、十六号線それ自体に同一化した、誰でもない非人称的なまなざしにほかならない。

膨れ上がる借金に右往左往させられる母と息子の物語に差し込まれるように、唐突に見開きで、東京証券取引所の株価を表示するディスプレイが登場するシーンがある。説明やセリフは全くなく、ただただ記号と数字が流れていくディスプレイ。これもまた、送電鉄塔および十六号線と並ぶ、もう一つの不穏な環状のモティーフであるだろう。全貌をつかむことができず、操作も制御もままならない、膨大なフローの隠喩であり、ふとした気まぐれで人々の生活を大きく揺るがす巨大な力がそこに暗示されている。そうした超人間的な力による生活空間の「横切られ」が切実に感じられるとき、「十六号線的なるもの」ないし「郊外的なるもの」は、いわゆる都市近郊の郊外空間にかぎらず、どこにでも出現しうるだろう。

送電鉄塔や十六号線に同一化した視点は、さまざまな事情で借金を膨らませる人間たちや、裏社会の有象無象の人間たちが織りなす営みを、特定の誰にも感情移入することなく淡々と描き出す、『闇金ウシジマくん』という作品世界それ自体の視点とも重なる。『闇金ウシジマくん』が、現代社会に浸透する「郊外的なるもの」を描く、ある種の郊外論としての迫力と説得力をもっているとすれば、それは、個々のエピソードのなかで「荒々しい」「殺伐とした」物語がディテール豊かに描けているというよりも、おそらくは、その視点そのものが「郊外的」であることによるのである。

注

（1）難波功士『社会学ウシジマくん』人文書院、二〇一三年

（2）なお、『闇金ウシジマくん』の単行本第一巻から第三十九巻までで鉄塔が登場するシーンを数え上げると次の表のようになる。登場回数としては「フリーターくん」篇が最も多い。なお「ヤンキーくん」篇も回数が多いが、これはほとんどが背景にごく小さく描き込まれたものにすぎず、「フリーターくん」篇のような基調モチーフとしての重みは与えられていない。一方、「ヤミ金くん」篇と「洗脳くん」篇には、大ゴマないしは見開きを用いた鉄塔シーンがあり、「フリーターくん」篇に近似した暗示的なモティーフとして機能している。これら以外の篇に登場する鉄塔は、単に郊外を表す記号としての扱いがほとんどである。

「○○くん」篇	登場回数
奴隷くん	0
債務者くん<ウシジマくん<金主くん	0
若い女くん	0
バイトくん	0
闇金狩りくん	0
ヤンキーくん	11
ゲイくん	1
ギャル汚くん	0
フーゾクくん	0
フリーターくん	16
サラリーマンくん	3
タクシードライバーくん	0
出会いカフェくん	0
スーパータクシーくん	3
テレクラくん	2
ヤミ金くん	8
トレンディーくん	4
ホストくん	1
元ホストくん	1
生活保護くん	1
洗脳くん	7
中年会社員くん	0
フリーエージェントくん	2
ヤクザくん	2
逃亡者くん	2

表1
（出典：真鍋昌平『闇金ウシジマくん』第1巻―第39巻、小学館、2004―17年）

（3）インフラとしての鉄塔という視点については、群馬大学の平田知久氏から大きな示唆を得た。ある学会大会で氏との雑談中に、近々「電柱」を題材にインフラの視点から都市論的な論考（注（8）に記載の論考）を構想している旨を述べたところ、「鉄塔はどうですか？」という問いかけをいただいた。当時はまだその重要性に気づかず、正直なところあまりピンときていなかったが、調査を進めるうち鉄塔論の可能性が大きいことに気づき、あらためて

平田氏に鉄塔論というアイデアをいただいてもいいかとお尋ねしたところ、ご了承をいただいた次第である。記して感謝したい。

(4) 銀林みのる『鉄塔 武蔵野線』(ソフトバンク文庫)、ソフトバンククリエイティブ、二〇〇七年

(5) 東浩紀と大山顕は、東京を支える地方はバックヤードとして機能している点を指摘している。東浩紀/大山顕『ショッピングモールから考える――ユートピア・バックヤード・未来都市』〔幻冬舎新書〕、幻冬舎、二〇一六年

(6) エンジニアリング振興協会地下開発利用研究センター「平成22年度都市部における架空送電線の地下化に関する調査報告書」エンジニアリング振興協会地下開発利用研究センター、二〇一一年、二二ページ

(7) 磯村克郎「鉄塔と都市環境デザイン――都市環境のレジビリティとアンビギュイティ」「デザイン学研究特集号」第八巻第一号、日本デザイン学会、二〇〇〇年、八二―八九ページ

(8) 鉄塔の独特の疎遠さは、電柱と比較することでも示されるだろう。電柱も鉄塔と同様に、電線(鉄塔に支持されるのが高圧の送電線であるのに対して、電柱に支持されるのは低圧の配電線である)を担う、「むき出し」の工作物である。電柱は、近年、都市景観を損なう存在として問題視されつつあるが、長らく、色とりどりのネオンサインや看板と同様に、日本の雑然とした街なかの景観を特徴づける要素だった。

鉄塔が、郊外のだだっ広い空間にぽつりぽつりと点在するのに対して、電柱は、街なかの道路沿いに、狭い間隔でひしめくように連続的に立てられる。鉄塔が生活空間を斜めに横切っていくのに対して、電柱は、むしろ人間の生活空間に寄り添うように、道路や家屋など、街の構造に緩やかに従属するかたちで配置される。鉄塔がその巨大なスケールのために、非人間性ないしは非人称性を帯びるとすれば、電柱は、日常生活と連続した等身大のスケールのために、どこか人間的な意味を帯びる。広告や標識が掲げられることで、路上空間に埋め込まれた簡易的メディアの役割を果たしもするし、あるいはノスタルジーの対象――いわゆる日常系アニメ作品のなかでは、電柱、夕焼け、ヒグラシの声というセットが、懐かしい「あの頃」の記号として作用する――になったりもする。サブカルチャー的想像力との関連でさらにいえば、電柱が日常性の記号であるのに対して、鉄塔は、とりわけ特撮もので、巨大な怪獣が暴れてぐにゃりと曲げてみせたり、高圧送電線にふれて火花が散るなど、対象のスケールの大きさと人知を超えた威力を示す、非日常性の記号として機能する。日本の特撮ものの想像力の系譜を、きわめてマニアックに継承する庵野秀明が、送電鉄塔や電線に対してフェティシズム的な執着を示し、反復的に作品世界に登場させるのは、この意味で兆候的であるだろう。

なお、日本的な都市景観を特徴づける要素としての電柱と電線については、別稿を参照されたい。近森高明「電柱・電線――立て/埋める」、田中大介編著『ネットワークシティ――現代インフラの社会学』所収、北樹出版、

二〇一七年、一八六―二〇〇ページ

(9)首都圏の送電系統の概要と歴史的変遷については、以下を参照した。川路恭郎「東京電力における50万V基幹系統の長期構想について」、日本動力協会編「動力」第二十一巻第百十八号、日本動力協会、一九七一年、四四―四八ページ、高木利夫「東京地区基幹送電系統の近代化構想」、日本動力協会編「動力」第十八巻第百四号、日本動力協会、一九六八年、一〇八―一一五ページ、田中俊彦「大都市への電力供給について――東京電力の送電系統と電力系統の運用」「BE建築設備」第五十四巻第五号、建築設備綜合協会、二〇〇三年、四五―四七ページ、田中直治郎「超高圧外輪線による東京の送電計画」、日本動力協会編「動力」第八巻第四十五号、日本動力協会、一九五八年、二八六―二八九ページ、田中直治郎「東京の超高圧外輪線の将来構想について」、日本動力協会編「動力」第十一巻第六十四号、日本動力協会、一九六一年、二八二―二八四ページ、東京電力社史編集委員会編『東京電力三十年史』東京電力、一九八三年

(10)前掲『鉄塔 武蔵野線』一二ページ

(11)同書一八二ページ

(12)同書二八二ページ

(13)十六号線については、以下のように描写されている。「次の鉄塔は民家の屋根を圧するように高く秀で、それを目標に走るわたしたちは住宅地を通り抜けて、複数車線の幹線道路に突き当たりました。朝方の出発以来、遭遇した最大の道路でした。自動車の騒然たる通行には切れ目がなくて、伸びやかな男性型鉄塔が立っている道路の向こう側へ渡るには信号待ちをしなければならず、わたしたちは横断歩道へ回ったところ、道路上に掲げられた案内標識板の表示で、その道路が国道十六号線であることが判明しました」(同書三一六ページ)

(14)日本の都市デザインの特徴を詳細に論じたバリー・シェルトンは、このパッチワーク状況を、都市と田園が斑状に浸透し合う無定形な状況として、日本的な土地利用の特徴と位置づけているが、その記述はそのまま、十六号線的な風景描写としても成立する。「更に、この種の断片化された農地上で、多くの都市が発展し、それが続いている。したがって、都市化が起こったのもこうした田園のパッチワーク上である。今日、日本中を縦横に走る高架の鉄道線路から、都市でもなければ田園でもない広大な区域を見下ろすことができる。それらが都市と田園の両方であることは確かである。純粋に都市的な土地利用がおこなわれているのは、いわゆる都市内の最も高密な結節点だけである。同様にして、ガソリンスタンド、ラブホテル、パチンコパーラー、ゴルフ練習場などのないような農地(山林地とは異なる)は、ほとんどない。市街地と農地とを分離する細い環状ゾーンはない。日本の居住・耕作可能な土地の三〇%が、大部分、広大で無定形の都市―田園のごちゃまぜなのである」(バリー・シェルトン『日本の都

市から学ぶこと——西洋から見た日本の都市デザイン』片木篤訳、鹿島出版会、二〇一四年、三三ページ）

（15）長尾直樹／とちぎあきら「『鉄塔武蔵野線』長尾直樹監督インタビュー　子供も鉄塔も、じっくり見ることから始めたんです」「キネマ旬報」一九九七年七月一日号、キネマ旬報社、七八—七九ページ

第3章

幹線移動者たち

国道十六号線上のトラックドライバーと文化

後藤美緒

1　二つの案内標識

近年、トラックドライバーの働き方に注目が集まっている。早朝から深夜まで続く配送作業、昼休みもとれない過密なスケジュールといった長時間拘束の肉体労働であることがしばしば取り上げられる。それらは、今日のトラックドライバーの労働環境を考えるにあたって重要な視点ではあるものの、彼／彼女らの一面しか捉えていないように思われる。

本章で着目したいのはトラックドライバーの「身体」である。イグニッションキーを回してエンジンをかけたトラックドライバーは、ひとたび発進して路上にあがると、アクセルとブレーキ、ギアを駆使して円滑な運転に努める。車体が左右に揺れる場合には強風が吹き寄せていることを感じ、ブレーキがかかりにくい際には路面がぬれていることを知る。また、メーターや左右のミラーに目配りしながら、前方を注視し、路面の異変を察知する。いわば、自身の身体を感覚器とした、路上との身体的接触こそがトラックドライバーの業務を構成している。では、トラックドライバーたちは、どのような路上を、どのような技法でもって走行しているのだろう

写真1　神奈川県横須賀市走水付近。2016年3月6日午前10時、筆者撮影

写真2　千葉県富津市富津交差点付近。2016年3月7日午後6時半、塚田修一氏撮影

か。

そこで二枚の写真（写真1・2）を確認したい。写真にはいくつかの道路標識、すなわち地名と行き先を表示したもの、そして、図像だけが記されたものとが映り込んでいる。二つはある同じ道の別の地点で撮影されたものである。いずれも人家もまばらな、片側一車線で、狭い歩道がある道路に隣接している点で共通している。ほかにもやや変形した亀甲型の標識が写されている点でも同じだが、とりわけ、そこにトラックが描き込まれている点にここでは注目したい。

都心部や住宅街ではあまりなじみがないトラックを描いたこの標識は、総重量限度緩和指定道路を示す（図1）。標識は、右左折後のこの先の交差点で、両側二十トンを超える自動車が通行可能であることを通行者に伝える。この標識の創設は一九六〇年「道路標識、区画線及び道路標示に関する命令」（昭和三十五年十二月十七日総理府・建設省令第三号）第三十一回改正までさかのぼることができる。六〇年代には交通事故による死者――しかもトラックを原因とする――が激増し、交通戦争という表現が生まれた。標識は、六〇年代以降、この道路を片道十トン超のトラックが通行していることを示している。

トラック輸送産業は二〇一四年には、市場規模が十五兆円を超え、国内貨物総輸送量四十七・二八億トンのうち四十三・一五億トンに達した。輸送機関別分担率では、航空・鉄道・海運を抑えて九一・三%を占めている。しかし、道路交通法が施行された一九六〇年の国内輸送量の大部分は、鉄道（三八・二%）と内航海運（四二・三%）が占め、貨物自動車運送は一八・五%を占めるにすぎなかった。二〇〇〇年代の今日、行楽地に向かおうとする高速道路や都心を中心にした環状道路で、私たちは昼夜や曜日を問わず疾走する大型のトラックに遭遇する。もっとも、近年ではネット通販の爆発的な普及によって住宅街を回送する中・小型トラックに、消費者として私たちは世話になっている。

図1　道路標識

いわば、約五十年の間にトラック輸送は物流の要となっていき、トラックが走る姿は日常の風景のなかに溶け込んだ。この道路もそうした風景の一つと考えられる。

だが、写真1に映り込んだランニングする人からも容易に想像できるように、この道を十トントラックが走行するとなると、歩行者にとっても、操縦する運転手にとってもさぞ窮屈なものではないかと予想する。案内標識が示す、最大積載量二十トン強のトラックは十トントラックを指すことが多い。十トントラックは最大のもので全長十一・九九メートル、全幅二・四九メートル、全高三・七九メートルである（写真3）。最小で片側一車線二・七五メートルとなる道路を十トントラックの車体が移動すれば、路上の移動者は圧迫感を感じるだろう。逆に、この道の延長上に標識が許可する大型トラックに適した幅員が準備されているのであれば、普通車は走行を控えるかもしれない。生鮮食品や原材料、衣類・書籍・電化製品まであらゆるものを運び、日常と経済を支える重要なインフラであるにもかかわらず、トラックとそれを操るトラックドライバーに対して私たちは、日常生活のうちで距離を取ろうとしている。

実はこの写真が切り取った二つの地点は、神奈川県横須賀市走水付近（写真1）と千葉県富津市富津交差点（写真2）であり、それぞれ国道十六号線の始点と終点を指す。

点在する民家と数少ない歩行者、通行する車両とそのドライバーに

写真3　色鮮やかな大型トラックの車体群。2016年6月11日、筆者撮影

向けた案内標識からは、この道が生活道路と産業道路の二重性を帯びていることが確認できる。しかも、西田善行が本書の終章「「東京都市圏」の縁をなぞる――国道十六号線と沿線地域の歴史と現状」で指摘するように、ほかの幹線道路と比べて十六号線の交通量に占める大型車混入比率は高い。この十六号線は、やはりトラックドライバーの仕事の場であり、トラックドライバーこそが十六号線の風景を生み出しているのだ。

それでは、戦後の長きにわたり多方面にわたって生活を支えるトラックドライバーにとって、十六号線を駆けるというのはどのような経験なのか。駅と交わりながらも並走することが多くない地域に作られた十六号線沿線の生活と経済を支えているのはトラック輸送にほかならず、トラックは十六号線の景色を作っている。そして、十六号線を駆動することでトラックドライバーの視線や運転技術は洗練され、そうしたトラックドライバーがまた十六号線を形作っていく。トラックドライバーは十六号線を写し取るメディアであるのだ。(1) 本章ではトラックドライバーの語りを糸口に、彼らの身体性に着目しながら考察する。それによって、「生きられる十六号線」の姿が明らかになるだろう。

2 職業としてのトラックドライバー

十六号線上のトラックドライバーの経験を考えるにあたり、まず議論の前提になる今日のトラック輸送業とトラックドライバーの職務の特性について確認したい。

トラックドライバーは運転者《ドライバー》の一種であり、一般的な運転者との共通点も少なくない。しかし、職業として現代日本のトラックドライバーを捉える場合、いくつかの特異点がある。

まず、移動それ自体が業務である。総務省の日本標準職業分類によれば、トラックドライバーは輸送・機械運転従事者のうち、自動車運転従事者に分類される。今日の労働の多くは、設備や業務内容といった制約から一つの場所で業務をおこなうが、トラックドライバーはそれに該当しない。運送・機械運転従事者には、自動車のほかに鉄道、船舶・航空機が含まれるが、自動車運送業であるトラックドライバーは、地上を移動する。トラックドライバーはある一地点からある一地点までを荷物を載せて地上＝路上を移動するのだ。

だが、待機することも業務の一つである。例えば、搬入や荷降ろし場に業者が集中すると、自分の順番が回ってくるまでその場で待機しなければならない。さらに荷物の出し入れも、容量が大きいので時間がかかる。しかもそれは、トラックターミナルや工場の敷地内には限定されず、場合によっては、自動車が行き交う路肩もありうる。移動と待機がトラックドライバーのリズムを作っている。

また、移動先と荷物の種類によっては宿泊も伴う。その際の宿泊先は車内である。トラックドライバーは、道路に面して整備されたパーキングエリアやコンビニエンスストアの駐車場に停車して車内で睡眠をとる。これは食事に関しても当てはまる。十メートルを超える、一般車よりもはるかに大きな車体は受け入れ場所を限定する。路上がトラックドライバーの職場であり、車内は一日の大半を過ごす空間になる。

積載物に着目すると、ヒトではなくモノであることも指摘できる。トラック輸送には、自家の貨物を輸送する自家用トラック（白地のナンバープレート）と、他者の貨物を有償で輸送する営業用トラック（緑地のナンバープレート）がある。[2] 営業用、自家用車で貨物の内訳に大きな隔たりがある。自家用は約七〇%が建設関連貨物（木材、砂利・砂・石材、工場用非金属鉱物）である。営業用は消費関連貨物（農水産物、食料工業品、日用品）、建設関連貨物、生産関連貨物（金属、機械、石油製品）がそれぞれ、三八・七%、二六・七%、三四・五%とほぼ等分している。[3] 近年のトラック運送をみてみると、二〇一五年度のトラック運送事業社数は六万二千六百三十七社であり、そのうち約九〇%にあたる五万七千二百十七社が一般貨物自動車運送事業である。[4] 営業形態に違いはあるものの、トラック輸送が輸送業界に占める割合や貨物の内訳からは、トラック輸送が、まさに「生産から消費に至るまで」を支えていることが理解できる。

以上から確認できるように、トラックドライバーは組織の一員として流通の一部を担いながら、一日の大半を一人で過ごすことになる。それはほかの輸送業者である運転士やパイロット、バスドライバー、そしてタクシードライバーが人とのコミュニケーションに注意を注ぐのとは異なっている。

二〇一五年のトラック運送事業の就業者数は全体で約百八十五万人であり、そのうちドライバーなど輸送・機械運転従事者は八十万人に及ぶ。そして、ドライバーの九〇％強にあたる七十八万人が男性である(5)。トラック運送業は、輸送コストのうち人件費の比率が最も高い、典型的な労働集約型産業といわれる。そのため、自動車運転免許取得によって参入可能な労働市場であるにもかかわらず、長時間勤務と肉体労働、昼夜を問わない勤務形態を原因とした慢性的な人手不足が指摘されている。

実際に十六号線を走行してみると、曜日や時間を問わず十六号線上を駆けるさまざまな形の大型トラックを確認できる。埼玉県春日部市から千葉県柏市や臼井市の沿線上に集中する巨大な物流倉庫や工場群では、停車するトラックを目にする。十六号線を一本それて内外に広がる住宅地に分け入ると、そこにはスーパーマーケットが点在し、食品や日用雑貨を搬入するトラックを見ることができる。さらにまた、ガソリンスタンドやコンビニ、飲食店に止まって休息するトラックにも会う。十六号線はトラックドライバーの労働の場であり、消費者としての身体を提示する場でもある。

現代日本のさまざまな産業をつないで支える産業としてトラック運送事業、そして事業を路上で支えるトラックドライバー。トラックとそれを操るドライバーは、産業構造、道路整備＝都市計画、技術発展、そして人とモノとの交感過程の複合体として位置づけられる(6)。

十六号線を利用している三社四人のトラックドライバーから話をうかがった。四人とも三十代から四十代の男性である。高齢化が進み、労働者不足が指摘されるトラック運送業界では、年齢的には若い層に該当するが、いずれの方もトラックドライバー歴十年を超え、トラック運送業を支える世代である。十六号線との接点を尋ねるなかで、本節で確認したことの多くが彼らの口から語られた。同時に、自らの経験と技術をもって十六号線をどのように乗りこなしているのかが語られた。本章では、トラックドライバーの技法を明らかにすることを通じて十六号線的な様相を考察する。

3 十六号線の構造
トラックドライバーの運転知

代替え不可能な渋滞の発生地帯

トラックドライバーの語りには十六号線への共通した視線が表れる。例えば、千葉県を拠点として走行するAさん（トラックドライバー歴十三年、タンクローリー）は、一日の仕事の始まりを説明しながら、「六時より早いときは十六号」と語る（〔　〕は筆者の補記。以下同）。

〔十六号線は〕もう、使いますね。八千代から下、通勤の道だし、八千代から会社まで。朝、早いですよ。〔その時間には〕トラック走ってます。家出るのが六時台くらいには、裏〔道〕使って、六時より早いときは十六号(7)。

Aさんは、トラックが停めてある営業所まで移動するのに、六時前後に自宅を出るという。トラックドライバーは貨物の内容を問わず、始業時間が早い。トラックで運ぶ食品や機械の原材料、あるいは店舗で販売される品物は、工場や店舗が稼働する時間より前に運ぶ必要があり、そのため、トラックドライバーは多くの人が働きだす時間よりもはるかに早く動きだすことになる。そのためにAさんの朝も早い。

ただ、そうして早く出勤した際でも、午前六時を過ぎると十六号線は使わないという。Aさんはその理由として、京葉道路と十六号線が穴川インターチェンジで交わる穴川付近で十六号線が混むからだと説明する。

環状線上に整備された十六号線は、都心から放射線状に延びる複数の主要道路と交差している。始点の走水からみれば以下のようにまとめられる（表1）。

十六号線と交わる放射線状に延びる路線は関東にとどまらず、関東と地方都市を結んでいる。主要な幹線道路である高速道路の周辺には工場地帯が形成され、工場には製品の原材料を運び込み、作られた製品＝商品を運び出すトラックが出入りする。もちろん、ロードサイドの商店や工場で働く人もまた通勤のために幹線道路を使う。そのため、交差地点は人やモノを載せた車両で混雑が発生する。

交通量が多い路線と交差する十六号線が渋滞の頻出地帯であり、かつそのタイミングを熟知するAさんは、一定の時間しか十六号線を走らないという選択をしているのである。(9)

安価なルート

指定された時間までに荷物を運ぶことが重要なトラックにとって、十六号線は渋滞の頻出という問題を発生させる厄介な道といえる。けれども、Aさんは時間帯によっては十六号線を利用するとも語る。

高速がないエアースポットなんで、十六号。幹線道路なんで。千葉から柏をつなぐ高速道路がない。あるけどすごく遠回りなんで。だから十六号行っちゃったほうが、安いし、早い。まあ混み具合なんですけど、そこは。朝だったら、ぜんぜん十六号ですよ。〔仕事でも使いますか？〕使います。工場千葉なんで、千葉から、あのー野田のあたり、工場いくつ

道路の種類	主要道路	16号線との交差地点
高速自動車国道	東名高速道路	横浜町田ＩＣ
高速自動車国道	中央自動車道	八王子ＩＣ
高速自動車国道	関越自動車道	川越ＩＣ
高速自動車国道	東北自動車道	岩槻ＩＣ
直轄国道	国道4号線	庄和ＩＣ
高速自動車国道	常磐自動車道	柏ＩＣ
直轄国道	国道6号線	呼塚交差点(8)
補助国道	国道464号線	（小室）
補助国道	国道296号線	下市場交差点
高速自動車国道	東関東自動車道	千葉北ＩＣ
高速自動車国道	京葉道路	穴川ＩＣ

表1　16号線と主要道路の交差

かあるんで、そのへん行くときは十六号ですね。[10][11]

千葉県内には京葉道路をはじめ多くの高速道路が敷設されているが、千葉県県北を縦断するのは圏央道だけである。場所によっては十六号線と約三十キロ以上も離れている圏央道を選択すると、時間だけではなく、通行運賃や燃料費もかかってしまう。対して十六号線は、柏を基点に見ていくと、北上すれば千葉県野田市、南下すると臼井市、八千代市を通過する。いずれも、順に東武野田線（野田市）、成田線と東武野田線（柏市）、北総線（臼井市）、京成本線（八千代市）といった物流と交通の拠点の鉄道と交わる地方都市を結ぶ、幹線道路といえるだろう。渋滞が発生するものの、ほかにルートがない千葉県県北では、安価に走ることができる十六号線は主要な移動路であるのだ。

前節でみた渋滞の発生にもかかわらず安価なルートであることは、十トントラックを運転するBさん（トラックドライバー歴十五年、十トン平型トラック）も語る。東京・埼玉と大阪を印刷物を載せて週に数回往復するBさんは、大阪から東京に早朝にかけて到着する際には十六号線を利用するという。

十二時回ってこっちに着いたときは、十六号は、その時間はすいているんで、そういうとき、走りますね。[12]

首都高は高いから。〔圏央道がつながる〕前だったら春日部とか行くんだったら、首都高行かないで、厚木とかから十六号回って行ったりしたことがある。[13]

Aさんも Bさんも、高速道路を通行するときは会社から料金が支給されているが、そもそも高速道路の使用が許可されていない会社も少なくないという。[14]そうした車両が集まるため十六号線はおのずと渋滞が発生する。ただし、Aさん・Bさんとも高速を使うことができる。だが、トラック輸送は燃料や時間のコストを下げることで利益を上げる産業である。少ない燃料と人員で、短時間に大量の貨物を運ぶことが利益につながるため、Aさん・Bさんともあえて十六号線を使うことがある。また、後述するような長時間勤務を避けるために、十六号線を選択肢の一つとして取っておくのだ。それは、渋滞というリスクを避けられる知識があってこそ発揮されるものなのである。

大型車通行可能

自家用車からタンクローリーに乗り換えたAさんの仕事場も、また十六号線上にある。「千葉から、あの―野田の、そのへんの工場がいくつかあるんで、そのへん行くときは十六号ですね」と語るように、十六号線は工場が密集する地域である。だが、立地だけではなく、道路としての性能もまたトラックドライバーを引き付けていると、ある「恐怖」の経験から教えてくれる。

大禁〔大型車通行禁止〕だったりするんで。四トンまでだったらわりと行っちゃうんですけど。あと、ちょこちょこ、回るのめんどくさいし。大型ではまりたくないし。はまったときの恐怖は半端ないですよ、住宅街で。〔どうするんですか?〕いや―もう逃げるしか、広い道。ひたすら、広そうなほうへ。いまはもう、iPadで、GPSで検索かけられるからいいんですけど。でも最近じゃないですか、これも。(15)

輸送ルートの指定を強く受けていないというAさんは、しばしばより移動しやすいルートを新規「開拓」することがあるという。もちろん、開拓にはウェブサービスの地図機能を使用することもあるが、多くは土地の活用状況や建築物の種類、密集度をこれまでの自分の運転経験と突き合わせながら、走行できる新たな道を探していく。しかし、ときとして住宅街に迷い込むことがあるという。全長十メートルを超える大型トラックの場合、右左折の旋回にあたって所要道路幅を六・八メートル以上確保する必要がある。一般的に、建築物は全体で車線幅員四メートル以上の道路と接することで建築許可が下りるが、そうした建築物の密集地での大型車の旋回は不可能であり、自由な移動ができない。道路構造令で、道路規格第四種第一級（計画交通量十万台／日以上）に該当する十六号線では、二車線で車線幅員六・五〇メートル、交差点では九メートル弱が確保され、旋回できる。当然ながら、道路には予期せぬ遮蔽物がつきものである。歩行者をはじめ、電信柱や街路樹の張り出した枝などがあるかもしれない。しかしながら、規格上では十六号線は大型車にとって運転に適した道であることは保証されているのだ。十六号線が抱かせる安心感がトラックドライバーを引き付けるものになっている。

十六号線は渋滞というリスクがあるものの、身体を拡張させたかのように車体を扱える運転技術や経験に裏打ちされた運転知を備えるトラックドライバーだからこそ、乗りこなせるのである。いわば、ドライバーたちは十六号線という路上を身に付けている。

4 トラックドライバーの身体技法

トラックドライバーは日々の業務にどのように取り組んでいるのか。日々のルーティンワークこそ十六号線への接し方を作っている。ここでは車両の停車時と移動時の二つの側面から、トラックドライバーの業務を整理していく。

搬入と荷降ろし――路上に不在の身体

走行している車体が目にとまりやすいトラックではあるが、荷物の搬入と荷降ろしもまた、ドライバーの重要な仕事である。三人の語りを総合すると、トラック輸送は次のような過程をたどる。(16) まず家庭や業者から搬出された貨物が地域を拠点とするトラックターミナルに集められる。次にトラックターミナルでは各所から集荷された貨物が行き先ごとに、具体的にいえば関東や東北といった大まかな地域ブロックごとに分けられる。そして、トラックに積み替えて、次の配送拠点となる地域のトラックターミナルまで運ばれる。そこから地域のルートスタッフによって目的地まで運ばれる。

担当地域に燃料を搬送するCさん（トラックドライバー歴二十年、三トン平型トラック）によればトラックドライバーには三種類あるという。すなわち、区や市などの細かいエリアを移動するドライバー（近距離）と、都道府県をまたいで、同じ路線だけを移動するドライバー（中長距離）、一方で、都道府県をまたいで日々異なるルートを移動するドライバー（中長距離）である。

えっと、大きく分けて、BtoCみたいな、細かいエリアをガッツリ乗っている自分みたいなタイプと。中長距離のいつも同じ道を行く人たち。それで最後に残った、中長距離の毎日違うところに行く人たちに分かれるんですよ、配送の仕事って。[17]

特に、長距離を移動するドライバーは、トラックターミナルまで移動して、大まかに分けられた荷物のなかから、自分が配送する荷物、例えば関東地区の埼玉や千葉のものをピックアップし、それを自ら搬入し、より細分化された次の配送拠点となる地域のトラックターミナルまで運んで荷降ろしする。貨物を降ろした後、また新たな貨物を同様の手順で搬入する。これを移動場所によって、一日に数度、あるいは三日で一回などを一サイクルとして繰り返す。

この搬入と荷降ろしは、「勝負」のようなものだとAさんは語る。

で、そのX社やってるときの営業所、いろんなところいく荷物を集めるから、それを振り分けるわけです。するとバス［トラック］が、うちの支店はこういう感じになっていて、ここに大型が止まっているんですよ、

二、三十台くらい、船橋支店とか、習志野とか。大型一台につき、三カ所から四カ所くらい支店を回るんで、仕分けしておくんですけど、それを大型の運転手が積むんですよ、自分で。リフト〔の免許〕も基本取らされて。四トン車でも〔荷台の〕後ろからリフト入ってくるからもう壊れるんじゃないかと思う。でも、リフトもそんなにないんで。台車もないし、それの取り合いですよね。だから、帰ってきてからがもう勝負みたいな。もう早く帰りたい、早く積みたいし、みんな。

いろんな荷物の伝票があって、もうそのへんにドライバー五、六人分の荷物が置いてあるから、伝票、とりあえず仕分けして、町ごとに。これは俺のエリアだって〔判断する〕。でもわかんないんですよ、一個口とかじゃなくて十個口とか、二十個口とかあるし、同じ荷物でも行き先が違うのとかあるし。それをうまく、順番にルートを立てて、降ろしやすいように順番に積んでいくのが、もう、ほんとね。(18)

トラックターミナルには二、三十台の大型トラックが同時刻に集まるが、搬入と荷降ろしに必要な機材は限られている。早く機材を手に入れられれば、トラックターミナルに停留する時間は少なくてすむ。しかし、そうでない場合はおのずと待ち時間が発生する。タイミングよく機材を手に入れたとしても、貨物は日によって数も行き先も異なる。そのため、ドライバーは作業をしながら効率よく配達するためのルートと荷物の積み上げ方を考えなければならない。複数の作業を短時間で同時に遂行することがトラックドライバーに求められる。荷物を積んでから降ろすまでが業務であるトラックドライバーにとって、停車時の技術を身に付けなければ労働時間は延びていく。余暇時間をかけた殺伐とした気配が「勝負」と表現される。

ただし、こうした待ち時間は他社のドライバーと接する機会でもある。もちろん、休憩するパーキングエリアやコンビニなどで出会うこともあるが、積極的に話し合うことはないという。Aさんは、「降ろし場」ではあいさつ程度しかしないというが、「譲り合いとか、いい関係を築いてなくちゃいけないから」と続ける。それは、簡単に延びてしまう労働時間を短く、業務の負担を軽くするために、努力していることを互いが示している場面である。

搬送──路上の身体

一見すると「止まって」いるように見える搬入と荷降ろしでも、トラックドライバーたちは、心身ともに素早く動き、業務を迅速に終了できるよう工夫している。それでは走行中は何をしているのか。限られた作業しかできない運転席に収まったドライバーたちは、運転中、携帯電話のハンズフリー機能を使ってグループ通話で同僚たちと話したり、あるときはWi-Fiをつないだタブレットなどで音楽を聴いたりしながら過ごしているという。そして、なによりも路上前方を注視しているとAさんは述べる。

基本見ているのは前ですよ、標識、信号。あとは歩いている人。幹線道路とか、町中とか、そんな、会話をしながら。(19)でも、基本、〔前を〕見てますね。(20)

乗用車に乗っている運転者の視点は通常、地上から約一、二メートルに、三、四トンの中型トラックだと約二メートル、大型トラックだと二・五メートルに達するという。現在はバックカメラが整備されているトラックも少なくないが、バックミラー、サイドミラー、そしてフロントと助手席の窓から見える範囲がトラックドライバーの視覚であり、それ以外は死角になっている。最も見えるのがフロント、すなわち「前」である。もちろん、後方への移動もできるものの、前進して走り抜けることを目的とした自動車は、運転席の正面から入る情報が最も多い。

Aさんが目を向ける交通上のルールを示す標識や信号は事故がない運転を導いてくれるものだ。一方、前方を走る車両や歩道を移動、横断する歩行者たちは、予測不可能な動きをして交通ルールを無視する可能性を潜在的に秘めている。通常のドライバー同様、トラックドライバーは安全運転のための情報を路上から得ているが、それは彼／彼女らにとって業務をトラブルなく遂行するためのものでもある。

さらに、路上を移動するトラックドライバーは車体やドライバーにも目を向けているという。

高速ですれ違って同じ会社の人ならわかるし、一緒の仕事している別の会社の人も、すれ違ったらわかる。顔はわかるし、ナンバーで誰々ってわかるし。〔プライベートで走ってるときも〕そうなんですよね。[21]（Bさん）

同業者が、あの、対向車で会うと、すれ違うと挨拶するんですよ。[22]（Cさん）

同じタンクローリー〔で輸送する会社〕でもO社とかP社とか、Q社とか、何社かあるんですけど、それとスライドしたら、手を挙げるってあるんですよ。同じ会社だと基本、手を挙げるんです、スライド〔すれ違う〕したら。[23]（Aさん）

Bさんはお互いが高速で移動する高速道路であっても、ドライバーの顔はわかるという。そして三人のドライバーとも同業者の顔は判別でき、他社だろうともすれ違いざまにあいさつするのがルールだという。移動中の身体技法について参考になるのはジョン・アーリの指摘である。アーリは、自動車移動でまなざしが交換されることはなく、ドライバーからもまなざしが返されることはないという。だからこそ、路上での人々の共同体は、顔がない幽霊めいた機械たちの匿名的な流れへと変容してしまうという。[24]トラックドライバーに勘案すると、この点は一部で正しい。

ドライバーたちは歩行者に視線を向けてはいるが、発話や身ぶりによって直接的にはたらきかけはしない。また、その逆もしかりである。なぜなら路上では交通法規を順守しているというルールを双方が信じているからである。

　だが、興味深いことに、走行中の対向車に合図を送ることがあるという。Cさんも A さんも、走行中に同じ車体のドライバーとすれ違った際には、同僚だけではなく、他社であっても片手を軽く挙げる合図をするという[25]。

　トラックドライバーは、先にみたように、路上の移動だけではなく、停車しておこなう搬入・搬出作業も業務の一環であり、そこでは A さんが述べるように、互いの作業を円滑に進めるために「譲り合い」がおこなわれている。その関係性があるからこそ、路上でもトラックドライバーたちは同業他社を問わず、目線を交換し合っている。ひょっとすると走行中に顔見知りになることで、停車した際に、搬入と荷降ろしが円滑に進められるかもしれない。トラックドライバーであることは、運転しているときだけではなく、停車時にも当てはまるのである。

　運転と停車のそれぞれでおこなう作業は異なるものの、トラックドライバーは次工程の効率を考慮して作業を組み立てている。この工夫ゆえに、トラックドライバーは運転に集中することができる。そして、運転中は視覚に重きを置いている。トラックドライバーは事故なく業務を遂行するために、広範囲に路上前方を注視し、モノ（標識や信号）やヒト（ドライバーや歩行者）からの情報を受け取っている。トラックドライバーたちは移動と待機を通して、円滑に業務ができる身体を作り上げていった。この身体技法が、第3節で紹介した十六号線への語りを生み出している。十六号線の語りは業務が生み出したトラックドライバーならではの観察の結果なのである。

5 路上から浮かび上がる十六号線の風景

　興味深いことに、運転中のトラックドライバーは視覚から多く情報を得ているにもかかわらず、全く浮かび上がってこないものがある。それは路上と地続きにある風景、町の具体的な様相である。最後にこの点について考えたい。

ファストフード店やチェーン店が連なる様子が十六号線沿線の特徴として指摘されていることを筆者が告げた際、いずれのトラックドライバーからも反応ははかばかしくなかった。Bさんは「運転しているときってなんも考えないでボーとしている。十六号走るときはね、だいたい、大型が止められるコンビニをチェックしながら走ってる」と語り、端的に業務に集中していることが伝わった。

しかし、語らないからといって決してトラックドライバーが十六号線の景観に無頓着なわけではない。それをうかがわせるのが「サンデードライバー」についての語りである。

トロトロ走る車とか、急に曲がったりとか。急に出てきたりとか、まあそういう車が多い。〔そうした車に〕事故られると、渋滞する。事故は休日、多いですよね。走り慣れてない人、サンデードライバーが。十六号もそうだし、高速もそうだし。それは昔からいたと思う。[26]（Aさん）

平日は業者とかのトラックが多いんで。土・日はやっぱり、ファミリーカー。イライラしますよね。運転が、なんかタラタラしてるなって。そこ曲がるんだったら早く曲がってよ、みたいな。やっぱり渋滞もしますよ、普段は運転しなれてないから。サンデードライバーってやつですよね。[27]（Cさん）

二人はここで、日曜日だけ運転する一般ドライバーを批判する。トラックドライバーから見ると、急発進や急停車して流れを乱すサンデードライバーの運転は「トロトロ」「タラタラ」し、第3節で確認した彼らが嫌う渋滞を引き起こすものである。こうした批判は、トラックドライバーの業務に求められるスピードを示した表現であり、トラックで十六号線を駆けるトラックドライバーの身体性を語った言葉と受け取ることができる。

同時に、「トロトロ」「タラタラ」という表現は、十六号線に内包される特質をトラックドライバーならではの感覚で表す言葉として理解できる。それは、十六号線がトラックドライバーにとって労働の場でありながら、余暇を充実させるための生活者の移動経路でもあることだ。

Aさんが「昔からいた」と語るサンデードライバーだが、これには十六号線沿線の開発史を踏まえる必要があるだろう。都心から三十キロから四十キロ圏一帯は、戦前は田畑や雑木林で構成されていたが、都心に近いことから軍事施設や軍需工場として開発が進んだ(終章「「東京都市圏」の縁をなぞる――国道十六号線と沿線地域の歴史と現状」〔西田善行〕)。それが一九六〇年代から七〇年代になると、佐幸信介が第8章「死者が住まう風景――国道十六号線ともう一つの郊外」で述べるように猛烈な勢いで宅地開発がおこなわれ、巨大な人口を抱える一帯となった。それと同時に、ロードサイドビジネスのフロンティアとして、沿線住人の消費を見越した空間へと開発されていく(第5章「「軍都」から「商業集積地」へ――国道十六号線と相模原」〔塚田修一/後藤美緒/松下優一〕)。現在はあまりにも見慣れたものだが、ファミリーレストランや大型ショッピングモール、ファストフード店は、沿線住人たちの欲望をかきたて、満たした。ただし、そこにたどり着くには徒歩や自転車ではいささか遠いために、自動車を必要とした。また、都心に向かう鉄道路線は整備されていたものの、生活一般の消費やレジャーには、そもそも自家用車での移動が沿線開発では織り込みずみであることも忘れてはならない。かくして、週末に十六号線を自家用車で移動するサンデードライバーが誕生する。十六号線は生活を満たすという意味で生活道路でもあった。

近年、郊外では巨大な駐車場を完備した大型ショッピングセンターの開店が相次ぐ。現在、十六号線開発のプロトタイプだった相模原市から約百キロも離れた千葉県柏市でそれが起こりつつある。Aさんは沿線開発による十六号線の変化を語っている。

つくばエクスプレス〔TX柏の葉キャンパス駅〕の、ららぽーとの、あのへん十六号から近いじゃないですか、あそこ畑だったけど、開通して、すごいマンションとかできて、その影響があるんじゃないですか。〔それができる前と言うのはトラックだけが走る?〕うん、何もない。車屋とか中古車屋。まあ、土地が安

く借りられるから。(28)

事実、日曜日の昼過ぎに柏市の十六号線を移動すると、トラックよりもファミリーカーを多く見ることになる（写真4）。短い車間距離で縦列になって移動する車体群のなかをファミリーカーに挟まれて走るトラックは、十分な車幅があるにもかかわらず窮屈そうにみえる。あたかも、余暇を充実させるための人々の列が、彼／彼女らの生産から消費を支える物資を運ぶトラックの役割を知らずに居場所を奪っていくようだ。だが、増加したのではなく「昔からいた」とAさんが語るように、トラックドライバーにとって、サンデードライバーと十六号線は紐づいて認識されていた。むしろ、そうした存在を見越して運転することこそ、彼らの技法であることを示す語りであるだろう。トラックドライバーの居場所が失われたというより、サンデードライバーさえ織り込みずみのものとして路上を駆けるトラックドライバーの技法のあり方が、十六号線の風景を際立たせないのである。

6 十六号線を駆けるトラックの物語とは

写真4　千葉県柏市の16号線を縦列になって走る自動車。ファミリーカーとトラックの遠景に、建設中の高層マンション群が見える。そのふもとには2000年代に入って敷かれた鉄道（つくばエクスプレス）がある。2017年6月11日、筆者撮影

本章ではトラックドライバーの身体に着目して、十六号線を走るとはどのような経験なのかを明らかにしてきた。

トラックドライバーの語りからは、事故を避け、指定された時間内に、自身にとって快適な空間を作りながら、業務を遂行しようとする身体技法が明らかになる。そして、十六号線を走ることはこの身体性が駆使されていて、景観の把握もそうした技法に基づいておこなわれる。そうした技法をもつトラックドライバーは、十六号線に同調しているといえるだろう。

むしろ、彼らの振る舞いから浮かび上がるのは、業務を遂行するための選択肢の一つとしての十六号線があることである。Bさんは、十六号線のさらに外側を環状線状につないだ圏央道の開通後は、ルートや混雑具合によってはそちらを使うこともありうると答えた。(29) だが、トラックドライバーにとって十六号線のニーズが減らないこともまた、Bさんは示す。Bさんは、大型トラックは積み荷によっては荷崩れしやすいものがあり、多少遠回りでも曲がる回数が少ない一本道であることが快適に走る条件であり、十六号線はそれを満たしていると筆者とのやりとりのなかで提示した。十六号線の構造とトラックの特性をつなげるBさんの見解は、沿線によって異なる風景を作る十六号線を馴致するトラックドライバーの身体性を明確に示している。

本書を読み進めていくにつれて、十六号線の風景が必ずしも統一感をもっていないことが提示されるだろう。人々の生産と消費の欲望によって、さまざまな形態へと、各時期に土地活用されていったのが十六号線である。塚田修一が第4章「「重ね描き」された国道十六号線――「十六号線的ではない」区間としての横須賀・横浜」でいうように、その痕跡は現在、原形をとどめないものもあれば、ときには露出して往時の姿を見せるものもある。そうした経緯を無視して論じるのはあまりにも暴力的だろう。景観をひもとけば、十六号線が現在に至る固有の物語が立ち上がる。では、十六号線の均質感を醸し出しているのは何だろうか。あえて言うならば、どのような場所でも事故なく走ろうとするトラックドライバーの身体技法こそが、十六号線を均質に見せているのではないだろうか。――だが、それをトラックドライバーが意識しているわけではない。郊外開発の実験場のような十六号線。

こうしてトラックドライバーは十六号線を生きているのである。

注

(1) 民俗学者の重信幸彦は昭和初期の「円タク」の誕生と終焉を分析し、タクシーと都市が相互に補完しながらそれぞれを作り上げていったことを論じている。本章もこの視点に多くの示唆を受けている。重信幸彦『タクシー/モダン東京民俗誌』日本エディタースクール出版部、一九九九年

(2) 営業用トラックの事業形態は、さらに一般貨物自動車運送事業と特定貨物自動車運送事業に分けられる。一般貨物自動車運送事業は、不特定の貨物を有償でトラックを使用して運送する事業である。特定貨物自動車運送事業は、品物ごとに荷主などを限定して輸送する事業になる。

(3) 全日本トラック協会「日本のトラック輸送産業——現状と課題——2016」全日本トラック協会、二〇一六年、六ページ

(4) なお、中小企業法では「資本金三億円以下または従業員三百人以下」の企業を中小企業と規定するが、トラック運送業の多くを占める一般貨物自動車運送事業者の約九九%が中小企業である。

(5) 前掲「日本のトラック輸送産業」一三ページ

(6) ジョン・アーリは自動車移動を複数の要素の組み合わせと位置づける。ジョン・アーリ「自動車移動の「システム」」、マイク・フェザーストン/ナイジェル・スリフト/ジョン・アーリ編著『自動車と移動の社会学——オートモビリティーズ』近森高明訳〔叢書・ウニベルシタス〕所収、法政大学出版局、二〇一〇年、四〇—四一ページ

(7) Aさん、二〇一七年四月二日のインタビュー。

(8) 直轄国道(国道一号線から二十号線)のうち、二〇一六年度の年間渋滞の第一は十六号線上にある千葉県柏市呼塚交差点—大井交差点区間である。「国土交通省」(http://www.mlit.go.jp/road/ir/ir-data/highway_ranking_h28.html)[二〇一七年五月七日アクセス]

(9) 現在、渋滞を避ける方法は情報通信技術によっても支えられている。出発前には渋滞情報をスマホやタブレットでチェックし、運転中にはグループ通話で渋滞情報を交換している。ただし、そうした事前や道中の確認も、ルーティンワークとして身体化されていて、トラックドライバー特有の運転技術を作り上げているといえる。

(10) Aさん、二〇一七年四月二日のインタビュー。

（11）ネット通販の爆発的普及で、二〇一五年までに十六号線沿線の物流倉庫は建設ラッシュだという。「物量倉庫の賃料、値上がり基調はどこまで？――ネット通販の競争激化が倉庫相場を押し上げ」「東洋経済オンライン」（http://toyokeizai.net/articles/-/67136）［二〇一七年五月十五日アクセス］
（12）Bさん、二〇一七年四月十日のインタビュー。
（13）同インタビュー。
（14）Aさんは次のように語る。「乗っちゃだめっていう会社のほうが多いんですよ、そういう人が、幹線やっぱり使う。大型は特に」。二〇一七年四月二日のインタビュー。
（15）同インタビュー。
（16）現地から直接搬入する建設関連貨物（木材、砂利・砂・石材、工場用非金属鉱物）はこうした過程が該当しないこともあるが、貨物の内容が特定されない場合はこれに該当する。B to B（Business to Business）、B to C（Business to Consumer）を問わない。
（17）Cさん、二〇一七年四月七日のインタビュー。
（18）Aさん、二〇一七年四月二日のインタビュー。
（19）トラックドライバーたちは運転中、携帯電話のハンズフリー機能を使って、社内の親しい仲間とグループ電話をするという。渋滞や事故の情報を交換するだけではなく、眠くならないための予防策として用いる。筆者が無線通信について問うた際、Cさんは、かつては無線が睡眠予防として用いられていたこともあるだろうが、現在、無線通信を使うのはむしろ個人事業主に限られているのだろうと意見を述べた。トラックの買い替えは約十年であり、話をうかがった四人とも入職した当初から、車体に無線は装備されていなかったという。
（20）Aさん、二〇一七年四月二日のインタビュー。
（21）Bさん、二〇一七年四月十日のインタビュー。
（22）Cさん、二〇一七年四月七日のインタビュー。
（23）Aさん、二〇一七年四月二日のインタビュー。
（24）前掲「自動車移動の「システム」」四八―四九ページ
（25）ただし、連帯意識は車体に連動しているという。他社に転職して乗車する車体が変わると、合図を送るどころか、全く意識されないという。
（26）Aさん、二〇一七年四月二日のインタビュー。
（27）Cさん、二〇一七年四月七日のインタビュー。

（28）Aさん、二〇一七年四月二日のインタビュー。なお、東洋経済はインターネット通販が好調なことによって倉庫用の土地不足が続き、解決策として国道十六号線や圏央道沿線が見いだされていることを指摘する。二〇一五年以降、沿線では倉庫の建設が進められた（前掲「東洋経済オンライン」）。記事はAさんと別の語り方で千葉県内の十六号線の変化を記述している。

（29）Bさん、二〇一七年四月十日のインタビュー。

［謝辞］早朝からの勤務を終え、貴重な余暇のひとときにもかかわらずお時間を割いてくださった四人のドライバーの方々に感謝します。

第4章

「重ね描き」された国道十六号線

「十六号線的ではない」区間としての横須賀・横浜

塚田修一

「街路《シュトラーセ》」を理解するためには、それより古い「道《ヴェーク》」と対照させて輪郭づけをおこなわなければならない。両者はその神話的本性に従ってはっきり区別される。道には迷うことへの恐怖が伴っている。遊牧民の族長たちを族長たらしめているのは、こうした恐怖が投げかける光だったにちがいない。予期しえぬ方向に向かっているとき、孤独な旅人たちのだれもが今日でもなお、あの遊牧民に与えられた昔の教えの力を感じ取ることができる。しかし街路を行く者には、見かけ上はどのような指示も導きも必要ない。人間は迷うことの中で街路に身を任せるのではなく、単調な、しかし魅惑的に延びていくアスファルトの帯に屈服するのである。

――ヴァルター・ベンヤミン『パサージュ論』第三巻(1)

1 「街道」と「国道」の重ね描き

生活空間のなかの国道

国道十六号線のなかでも、始点(終点)の横須賀・走水から横浜市に入るあたりは、走行していてそれなりに爽快な(あるいは走っていて飽きがこない)区間である。もちろんそれはこの区間が海岸沿いを走っている、ということもあるだろう。実際、走水からしばらくは、「よこすか海岸通り」と名づけられている。だがそれ以上に、この区間では、十六号線が生活空間を(暴力的に)分断していないのである。それどころか、この区間の十六号線は、日常生活と密着しているように思える。例えば、京急田浦駅付近から追浜あたりの商店のアーケードの庇が両側から延びている箇所などは、まるで商店街のなかを車で走行しているような雰囲気さえ感じさせるのだ。いや、ここは本当に商店街(正確には商店会)なのだ。ここは「サンロード追浜商店会」と「追浜大通り三丁目商店会」なのである(写真1)。

商店街のなかを走る十六号線。これはどう理解すればいいのだろうか。それは、この区間の十六号線に冠せられている別名称を参照すれば合点がいくことだろう。この区間の十六号線は、「横須賀街道」とも呼ばれている。すなわち、ここでは「街道」と「国道」が重ね描きされているのである。さらに昔にさかのぼれば、ここは、「浦賀道」と呼ばれる古道だった。(2) だからこそ、それなりに起伏に富んだ区間であり、隧道――「トンネル」というよりは、この表記のほうがふさわしい――も多い。そして、現在の十六号線の全区間のなかで「国道」としては最も古い区間なのである。(3)

国道／街道、あるいは街路／道

ここで、この「国道」と「街道」の違いを、ベンヤミンによる「街路」と「道」の対比になぞらえて理解しておこう。ベンヤミンは、「街路」を行く者は、「単調な、しかし魅惑的に延びていくアスファルトの帯に屈服する」という。これは、自動車による「走行」が前提とされている「国道」である。それに対して、旅人や遊牧民は、「迷うことへの恐怖が伴っている」という「道」を行く。こちらは、「歩く」こと（あるいは自転車での移動）が前提とされている「街道」的といえるだろう。そして、もちろん、「街道」は古くから人々の日常生活の中心として機能してきた。そのような「街道」と「国道」が重ね描きされているからこそ、この区間は、十六号線のなかでもより日常生活に密着した区間なのである（ただし、筆者が非常勤講師を務めている東京都市大学で、追浜に住む学生と、京急田浦駅近くに住む学生に聞いたところ、地域住民は、「横須賀街道」ではなく、「十六号」と呼んでいるそうである）。

だから、この道路の使用目的もほかの区間とは少々異なっている。ほか

写真1　横須賀市追浜、2017年4月23日撮影

の区間の十六号線が、例えば後藤美緒が第3章「幹線移動者たち――国道十六号線上のトラックドライバーと文化」で扱っているように、トラックドライバーによって「運ぶ」ために使用される産業道路の性格が強いとするならば、ここは、いわば「出かける」ために使用される生活道路としての性格が強いのである。実際、京急田浦駅付近に住む学生に尋ねてみたところ、「十六号は、いつも母が買い物に出かけるときなんかに使っている」と話してくれた。

だが、この生活道路としての性格は、「残っている」というよりは、「露出してきた」といったほうが正確である。なぜならば、十六号線をもう少し進むと通過する横浜市金沢区や磯子区では、一九七〇年前後に、地域住民によって、十六号線を通る産業トラックによる自動車公害に対する反対運動が活発におこなわれていたからである。特に磯子区では、国道十六号線公害対策研究会が組織され、調査や陳情をおこなっていたという。[4] つまり、ここもかつては産業トラックが行き交う産業道路だったのである。七〇年代終わりから八〇年代にかけて、横浜横須賀道路が開通した（横浜市金沢区では、横浜横須賀道路金沢支線[5]と十六号線が交差している）ため、十六号線はバイパス化を免れることになり、そのために、生活道路としての性格が「露出してきた」のである。

しかしこれでは、いかにも「国道」そして「郊外」的な「十六号線的なるもの」との相性は悪い。――だからだろうか、「郊外」としての十六号線を走る『ドキュメント72時間』（NHK）では、この区間はトリミングされている。ここはむしろ『タモリ倶楽部』（テレビ朝日系）的な区間だろう。実際、『タモリ倶楽部』で横須賀の隧道が扱われたことがある（「トンネルを抜けるとそこはまたトンネルだった 横須賀トンネル天国を行く!!」〔前篇・後篇〕二〇一三年十月四日・十一日）。

2 「戦前」と「戦後」の重ね描き

街の「重ね描き」

実は、「重ね描き」されているのは、道路にとどまらない。十六号線の、横須賀から横浜市に入るまでの街々は、その街自体が「重ね描き」されているのである。柳瀬博一は、「十六号線という地形」の面白さは「外から来た文化」が次々とその土地を上書きしていくことにある(6)」と書いているが、これをさすがに十六号線沿いの街全体に適用するのは無理があるにせよ、少なくともこの横須賀から横浜市金沢区に関しては、ある程度適合する指摘である。ただしそれは、柳瀬も注意を促しているが、既存のものと完全に置き換わってしまう「上書き」というよりは、既存のものの性質がところどころに残って、露出している、「重ね描き」という言い方が適切だろう。

こうした、都市空間の「重ね描き」について思考していたのはジークムント・フロイトである。フロイトは、『幻想の未来/文化への不満』のなかで、都市ローマの発展の歴史をたどったうえで、こう述べる。

古代ローマのこれらの遺跡がどれも、ルネサンス以降の近代の数世紀に形作られた現代ローマの巨大な都市の中にちりばめられて存在していることは、とくに指摘するまでもないことだろう。ローマの地下に、そして近代の建造物の下に、まだ多くの古いものが埋蔵されているのはたしかである。ローマのような遺跡において、過去はこのような形で維持されているのである。

さらにフロイトは、次のようなローマを空想してみせる。

ここで空想を働かせて、ローマを人間が居住する都市ではなく、同じように長く、豊かな過去をもつ人間の心のようなものと考えてみよう。この心の中でも、ひとたび生まれたものは決して姿を消すことがなく、最近の発展段階と併存するように、かつての発展段階が存在しつづけていると想定してみよう。ローマの例で言えばパラーティウムの丘の上にはまだ多くの皇帝の宮殿と、セプロティミウス・セウェルス帝時代の七層の建物（セプティゾニウム）が、かつての高さのままに聳え立ち、聖天使城の屋根には、ゴート軍が包囲するまでは城を飾っていた美しい彫像群が並び立っていると想定するのである。[7]

ここでは、かつてのローマは「上書き」されて消え去ってしまっているわけではない。むしろ、かつてのローマに最近のローマが「重ね描き」され、併存しているのである。

旧軍用地の転用

それでは、このエリアの街では何に何が「重ね描き」されているのか――。ここでは、「戦前」に「戦後」が重ね描きされているのである。[8]

横須賀、そして十六号線で横須賀市を抜けると入る横浜市金沢区[9]にも、敗戦まで数多くの陸・海軍の軍事施設が存在していた。[10]それらへの／からの主要な供給ルートの一つが、まさにこの十六号線だった。[11]そして戦後、それらの施設は転用されるのである。今村洋一の研究[12]は、横須賀の旧軍用地が戦後に工場・倉庫や学校、公園に転用されていったことを詳細に明らかにしている。周知のように、現在のアメリカ海軍横須賀基地は、旧日本海軍の施設を接収して利用している。また、追浜にあった横須賀海軍航空隊の跡地には日産自動車の工場群が入り、横浜市立大学金沢八景キャンパスは、海軍航空技術廠の跡地を転用している。それぞれ、工場や大学キャンパスとして「重ね描き」できる広大な土地（旧軍用地）があったからである。

ちなみに、この付近に「野島・夏島問題」が起こったエリアがある。この問題は、約一・一平方キロメートル（約三十三万坪）に及ぶ旧海軍軍用地が所属未定地だったために、戦後、長きにわたって横須賀市と横浜市がその区域の帰属をめぐって争った行政境界紛争[13]だが、それは言わば、「戦前」に「戦後」を「重ね描き」する権利をめぐる争いであった。

実際、「重ね描き」であるために、このあたりにはいまだに多くの「戦前」の痕跡を見つけることができる。[14] その夏島を含む追浜地域は大部分が日産自動車をはじめとする工場になっているのだが、そこで不意に、戦時中に建造され使用されていたと思われる壕が露出しているのを目にしたりする（写真2）。さらに十六号線沿いに所在する金沢区富岡総合公園一帯は、敗戦までは横浜海軍航空隊が存在し、戦後は接収されてアメリカ軍施設（「富岡倉庫地区」）となっていた。一九七一年に返還された空間だが、そこには現在も、横浜海軍航空隊の門が保存されている。

それでは、「重ね描き」というモチーフを携えて、さらに、このエリアの十六号線と十六号線沿いの街を把握することにしよう。

3 金沢八景の風景

金沢の歴史の堆積

横須賀から横浜・相模原方面へ十六号線を進むと、横浜市金沢区に入る。

ここ金沢は、中世鎌倉時代から明治期まで、金沢称名寺を中心とした学芸遊覧の地として知られてきた。また、三方を小高い丘陵地で囲まれ、中心部が、広く、ひだが多い静かな湖面のような水面を成しているその風光明媚さから、江戸時代末期には観光地として人気を誇った。[15]

だが、大正期から昭和にかけて軍都横須賀のもとに組み込まれていくにつれて、ここ金沢は変貌していく。第2節でも述べたように、陸・海軍の施設や軍需工場が多くこの地に展開することになるのである。人口面で言

写真2　横須賀市夏島町、2017年6月18日撮影

えば、一九三六年の横浜市編入時に約一万四千人だったが、四四年には六万人のピークに達している[16]。

戦後、一九四八年に磯子区から独立して金沢区となり、陸・海軍の施設や軍需工場が民間の工場へと転用されることによって、この地では工業化が進む。さらに六〇年代後半からは金沢地先の埋め立てと工場誘致が構想され、実施されていく。ここで特徴的なのは、この埋め立てと横浜の都心部の再開発とが関連させておこなわれたことである。すなわち、横浜の都心部にある立地条件が悪化している工場に対して、金沢地先の埋め立て地への移転を推奨し、そこに公害防止、環境保全対策を完備した工場または工場団地を新たに建設し、また跡地については、都心部の再開発に活用するために埋め立て地進出企業と横浜市が協定を結ぶ、というようにおこなわれたのである。この都心部の再開発は、のちに「みなとみらい二十一地区」へと結実する。さらに金沢の埋め立て地は、工業用地ばかりではなく、住宅用地としても利用することが目指されていた。それによって職住接近の市民生活を実現しようとするものだったのである[17]。

このように、戦前・戦中は軍都・横須賀の拡張の力学に、戦後は横浜都心部の再開発の力学にさらされた地域社会こそが、この金沢であった。実際、十六号線上で、金沢は横須賀と横浜都心部に挟まれて位置しているのだ。そうした歴史の堆積の上に、現在の金沢はある。

鉄道と並走する国道

さて、ここで特徴的なのは、この区間の十六号線が鉄道（京浜急行線）と並走していることである。ほかの区間では、十六号線は鉄道と交差することが多い。それは、十六号線が首都圏をぐるりと取り囲んでいることから、都心から放射状に延びた各鉄道と交差するからだが、同時に、それらの十六号線が戦後、鉄道網よりもあとに整備されたことを示している。つまり、すでにあった鉄道をまたぐ／潜ることになるのである。

それに対して、鉄道と交差しないこの区間の十六号線は、もちろん、地形的条件などもあったのかもしれないが、円環をまだ形成していない区間であると同時に、この区間の古さと、この街の軍事的色彩が強かった過去を示しているようにも思える。この地に京浜急行線の前身である湘南電気鉄道が通ったのは一九三〇年であり、背景には、横須賀の軍都としての拡大に伴う供給ルートの確保のための軍部による後押しが存在していたようである。[18] さらに同時期、まずは横須賀市内の道路が、ついでこの横浜市金沢区の現在の十六号線も、軍部の強力なバックアップによって舗装整備される。[19] すなわち、ここでの鉄道と国道は、同じような時期（戦前・戦中）に、同じような背景（軍部の後押し）によって整備されていたのである。このように、整備された時期の前後関係もなく、ともに軍用地を結ぶ補給ルートだった鉄道と十六号線は、ここでは交差しないのである。

自動車と自転車の同居

さらに十六号線を進み、瀬戸神社——このような旧跡がロードサイドに存在するのも、この区間ならではだ——を左手に通り過ぎると、大規模ショッピングモール（写真3。イオン金沢八景店：二〇一六年三月まではダイエー）に並び、高層マンションが立ち並んでいる風景が現れる。ここは金沢八景である。立ち寄ってみることにしよう。

ここで注目すべきは、このショッピングモールが、自動車だけでなく自転車での来客も相当に想定している、という点である。事実、自転車置き場スペースが広く設置されていて、また入り口の前には多くの自転車が止まっている（写真3）。すなわち、ここは自動車で訪れる「ショッピングモール」であると同時に、自転車で訪れる「スーパーマーケット」でもあるのだ。その点で、のちに十六号線沿いに多く目にすることになる自動車で訪れることが前提とされているショッピングモール（例えばテレビ番組『ドキュメント72時間』〔ＮＨＫ〕が訪れた相模原の「ニトリモール」など）と

写真3　横浜市金沢区：イオン金沢八景店、2017年3月25日撮影

は異なる。やはりここは、「国道」的なもの（自動車）と、「街道」的なもの（自転車）が同居している街なのである。

事実、金沢八景で号線沿いに立つと感じるのは、このロードサイドを歩く人、そして自転車で走行する人の多さである。ここでは大勢の歩行者、そして自転車が十六号線を横断していく（写真4）。

ジョン・アーリによれば、自動車での移動は、「自動車運転手」からなる市民社会を構成していて、彼らは、自動車や運転免許証をもっていない人々（すなわち、歩行者や自転車）を排除し、また公共空間を公道へと変容させるという。[20] だとすれば、このエリアは、「重ね描き」のためにそのような力学から免れているのである。その意味で、第7章「不在の場所――春日部にみる「町」と「道」のつながり／つながらなさ」で鈴木智之が観察している、十六号線が「歩行（者）を前提としない」春日部エリアとは対照的である。

そして「重ね描き」に規定されたこの街の性格は、ここ金沢八景を舞台としたテレビドラマからはっきり見て取ることができる。

写真4　16号線を横断する歩行者と自転車：横浜市金沢区泥亀付近、2017年4月23日撮影

4 『昼顔』妻たちの街

『昼顔』を成立させる街

それはテレビドラマ『昼顔～平日午後3時の恋人たち～』（フジテレビ系、二〇一四年）である。はたして、ど

の程度意図的にロケ地として選択されたのかは定かではないが、金沢八景は、この物語を成立させるのに必要な条件を備えた街である。

主人公の笹本紗和（上戸彩）は家具メーカーの会社員を夫にもち、スーパーマーケットのパートをしている。一方、もう一人の主人公である滝川利佳子（吉瀬美智子）は大手出版社の雑誌編集長を夫にもつ専業主婦であり、平日午後には不倫を愉しんでいる。この対照的な二人の主婦が出会ってしまい、共犯関係を結ぶところから、この物語は始まるのである。

興味深いことに、この二人の移動手段は対照的に描かれている。紗和はいつも自転車で移動し、利佳子の移動手段は自動車（高級車）である。ちなみに、紗和と不倫関係になる高校教師の北野裕一郎（斎藤工）は、勤務先の高校にバスで通勤し、それ以外は徒歩で移動していて、また自動車の運転には不慣れな様子も描かれる(21)。

すなわち、この物語を成立させるためには、自転車での移動者と、自動車での移動者（およびバス・徒歩での移動者）が同居する街が舞台でなければならないのである。「街道」に「国道」が重ね描きされた金沢百景は、その条件を確かに満たしている。――紗和と利佳子が最初に出会い、またのちに北野とも出会うきっかけになる事件が、紗和が自転車で通うパート先のスーパーマーケットの駐車場で、不倫相手との逢い引きに使っていた利佳子の車が北野の生徒によって車上荒らしにあう、というものであった。

アーリは、自動車移動によって、運転者は「機械のなかの幽霊」となり、自動車以外の利用者とまなざしが交換されることはなくなり、また「人びとの共同体は、顔のない幽霊めいた機械たちの匿名的な流れへと変容してしまう。鉄の檻は豊かな表情を隠してしまい、乗り物だらけの道路は［まなざしによる］所有が不可能なものとなってしまう(22)」と論じているが、それではこの物語は始まらないのである。

『昼顔』で描かれるものと描かれないもの

ちなみに、この『昼顔』が不倫を扱うために、現実の金沢八景には存在しないのに、あたかも存在するかのようにぼかされて描かざるをえないのは、紗和と北野の性愛の空間、すなわち「ラブホテル」である。シナリオでは、「たとえば港の夕日が見える小さなホテル」[23]（傍点は引用者）と設定している。自動車移動をしない紗和と北野にとっては、車内を性愛の空間とする——カーセックスする——ことはできないのだから。

逆に、この『昼顔』が主婦の不倫を描いているために、現実の金沢八景には存在するにもかかわらず、全く描かれなかったものがあることにも気がつく。それは「電車（鉄道）での移動」である。前述のように、金沢八景には十六号線と沿って走る京急線、それと十六号線と交差する格好で延びる——だから、こちらは一九八九年に開業した新しい鉄道である——新交通金沢シーサイドラインの駅が存在するにもかかわらず（シーサイドラインは、「背景」としてまれにドラマに映り込む）。描かれなかった理由は明白だろう。主婦は、「電車で移動する身体」を持ち合わせていない存在だからである。——あるいは、登場人物たちの親密空間に成立するこの物語では、公共空間である鉄道は排除されなければならないのかもしれない。

5 均質ではない郊外空間

三種類の住居が並存する街

さらに、このドラマのシナリオでは、登場人物の住居も明確に描き分けられている。[24] 紗和が住んでいるのは「2DKの雑然とした賃貸住宅」、利佳子が住むのは「注文住宅の一戸建て」、北野が住むのは「公団系マンション」である。

そしてこの三種類の住居が並存し、それらの住居に互いに行き来できる街であるからこそ、この三人は（ときとして偶然に街なかで）出会い、また物語は加速していくのである——例えば、利佳子の家を紗和が訪れたり、紗和の家を訪れた北野の妻の乃里子（伊藤歩）が、北野と紗和の不倫の証拠を発見したりする。また、乃里子は、弁護士を介した話し合いの席で、北野と紗和が「偶然にでも会うのを避け」るため、北野とともに自らが転居し、また紗和にもこの街からの転居を要求するのである。

それら三種類の住居が並存する街こそが、金沢八景なのである。――だから例えば、『金曜日の妻たちへ』(TBS系、一九八三年)の舞台になった多摩ニュータウンのタウンハウス(低層の庭付き一戸建て)[25]や、同じ十六号線沿いでも、均質的な住宅が並ぶ街では、この『昼顔』の物語は決して成立しえないのである。

実際、金沢八景を歩いてみるとさまざまな種類の住居が並存している風景に出くわす。前述のイオンのそばには高層マンションと賃貸住宅が並んで(正確には川を隔てて)立っている(写真5)。また、入り江のほうには、まさに利佳子が住んでいるような戸建ての住宅街も広がっている。やはりここは「さまざまな種類の住居が並存する街」なのである。――東京都市大学での講義でそんな話をすると、引っ越し屋でアルバイトしているという男子学生が、「確かに金沢八景って、エレベーターが付いていないアパートも多くて、バイトのとき大変なんですよ」と同意してくれた。

写真5　イオンのそばにある高層マンションと住宅　2017年3月5日撮影

開発の「重ね描き」

この街のこうした事情は、やはり「重ね描き」に由来する。二〇一一年に実施された金沢区民意識調査[26]によれば、金沢区に暮らす人々の居住形態別居住年数は、一九七二年から八一年に住み始めた人数が最も多いのが「持ち家一戸建て」であり(二二・二%)、八一年から九一年、および九二年から二〇〇一年に住み始めた人数では「持家共同住宅(分譲マンション等)」が最も多く(一九八一年から九一年は二七・二%、九二年から二〇〇一年は三一・六％)、また二〇〇七年以降に住み始めた人数では、「社宅・寮等」「賃貸共同住宅（賃貸マンション等)」「賃貸一戸建て」の順に多くなっている（「社宅・寮等」は六六・七％、「賃貸共同住宅（賃貸マンション等）」は三七・七％、「賃貸一戸建て」は三一・四％)。

これは、この街がおよそ次のような順序で開発＝「重ね描き」されていったことを示している。まずは、「宅地」として、次に「ベッドタウン」として、そして「工業・産業の集積地」として。事実、この地の開発の戦後史[27]をひもとけば、それは裏付けられる。一九五五年から六〇年代後半にかけて、金沢区内の丘陵、および潟で、比較的小単位の住宅地が造成される。その後、七〇年代以降に大規模開発がおこなわれ、造成技術の進歩もあって大きな造成が続き、比較的緩い勾配の直線道路によって整然と区画された街並みが作られる。さらに、湾岸部の大規模な埋め立て（一九七一年から八八年）によって、臨海産業地域が整備されていく。前述の「社宅・寮」は、この地域にある企業や工場の従業員のためのものである。先にもふれたように、この臨海産業地域は、職住接近の市民生活を実現するため、工業用地ばかりではなく住宅用地としても利用することを目指して開発されていた。

金沢八景で育った作家の中沢けいは、この開発を目撃していた一人である。「私が金沢八景を離れたのは一九六六年（昭和四十一年）で、平潟湾の周囲の埋め立て工事が派手に始まっていた。宅地開発のために景勝地が失われてしまうと新聞は書いた。昭和が終わる頃には昔の金沢八景はなくなってしまったと誰もが疑いもなくそう言うようになった。建て売り住宅と集合住宅の波に飲み込まれて平潟湾は小さくなった[28]」

しかもこれらの開発は、決して整然とおこなわれたわけではない。開発の「重ね描き」によって、風致空間が「都市空間にかくされ、収縮してしまったこと」で、「住民に居住ゾーン、レクリエーションゾーン・学芸・文教ゾーンとしての性格づけを混乱させ、不快乱雑の印象を与えるに至ってい」て、しかも「金沢地域の場合には、問題が多様であるばかりでなく、二十世紀の軍事化・工業化・宅地開発の波に身ぐるみ剝がれるような侵攻を受けたために、解きほぐすのが難か《(ママ)》しい問題群のアマルガムをなしている事に特徴がある」と指摘される状況をもたらしていた[29]。これらの「乱雑」な「重ね描き」の帰結として、均質ではない郊外空間——あの「三種類の住居が並存する街」——がある。

このように、いわばこの区間の十六号線を、そして金沢八景という街を特徴づけている「重ね描き」に規定されながら、『昼顔』の物語は駆動するのである。

主人公を罰するもの

また、面白いことに、金沢区民意識調査[30]によると、「現在の職業」としては、最も多い「会社員」(二八・八%)——高校教師の北野はこれに該当する——に次いで、「無職」が二八・四%、その次に「家事専従」——利佳子である——が一六・八%、「パート・アルバイト」——紗和だ——は一四・一%となっていて、『昼顔』の登場人物の職業設定は、この街のリアリティに即したものとなっている。

そうであるからこそ、と言ってしまっていいだろうか、主人公の紗和と北野の不倫関係は、階級を侵犯するものではない。二人の住居、職業とも、この街ではごく平凡なものである。——それでは主人公の紗和は何によって罰せられるのか。それは「神様」(あるいはそれに仮託された「倫理」)という超越的な審級によってである。

「もう一生、男の人に愛されることはないと思っていました。ずっと、こんな風に、好きな人に求められたかった……。ごめんなさい、神様。許してくれなんて言いません。今だけ、彼を私に下さい」(『昼顔』episode5)

「神様、これは罰ですか?」(『昼顔』episode6)

「神様は簡単には許してくれないようです……。」(『昼顔』episode7)

「神様が私に与えた罰のなかで、一番大きな罰でした。」(『昼顔』episode9)

そう考えると、雑然とした「アトリエ」に住まう、「売れない画家」である加藤（北村一輝）は、物語上でも、そしてこの街のリアリティに照らし合わせてみても、初めから異物であらざるをえない（実際、ドラマでは周囲となじもうとしない様子が描かれる）。だから、そんな彼がつかみかけた名声は結局、ついえてしまわざるをえないし、また彼と利佳子の不倫関係には、破局が運命づけられているのだ。

この『昼顔』が、金沢八景という街のリアリティに規定された物語であるならば、それと対置されるのは、金沢八景と東京湾を挟んでちょうど反対側に位置する十六号線上の街・木更津を舞台にした『木更津キャッツアイ』だろう。第9章「国道十六号線／郊外の「果て」としての木更津——『木更津キャッツアイ』は何を描いたのか」で西田善行が論じるように、それはもはや木更津という街の現実を描かない物語なのである。

6 ここは十六号線なのか

「十六号線」だが、「十六号線的」ではない

それにしても、この『昼顔』というドラマは、「十六号線的なドラマ」なのだろうか。それに肯定することは難しい。このドラマと、第2章「鉄塔がある風景——『闇金ウシジマくん』の郊外」で近森高明が検討した『闇金ウシジマくん』や、第6章「ジューロクゴーが片隅を走る世界で——青木淳悟『学校の近くの家』の狭山／入間」で松下優一が検討している『学校の近くの家』のような、なにかしら「十六号線的なるもの」（の断片）が表れている物語を対置してみればいい。『昼顔』から、そうした「十六号線的なるもの」を感知することは困難である。

さらに、金沢八景が「十六号線的な街」なのか、と問われても、やはり肯定することはできないだろう。ここまでみてきたように、この街の十六号線のロードサイドには、本書の各章で検討しているような、「十六号線的

な」アイテムや光景、性質――鉄塔やショッピングモール、歩行者の排除など――を見いだすことができないからである。

すなわちここは、法定上は紛れもなく「十六号線」なのだが、「十六号線的ではない」区間なのである。――その要因は、「重ね描き」に求められなければならない。すなわち、国道と街道が「重ね描き」されているために、自動車と自転車・歩行者が同居している。そして、都市空間が「重ね描き」されているために、さまざまな種類の住居が並存している。だからここは「十六号線的ではない」のである。

この「十六号線的ではない」街で立ち上がる物語である『昼顔』のラストシーンは、街から転居するためにトラックの助手席に乗った北野と、同じくこの街から離れるために路上を歩く紗和が出会いかけるのだが、消防車に気を取られた紗和は北野が乗ったトラックに気づかず、二人は決定的にすれ違ってしまう、というものであった。つまり、自動車の北野と歩行者の紗和の別離で幕を閉じるのである。

「重ね描き」に規定されない十六号線

そして、ここから反対に、否定形で「十六号線的なるもの」を浮かび上がらせることが可能だろう。それは、「重ね描き」に規定されていないこと、すなわち、国道と街道が重ね描きされておらず、また自転車と自動車が同居しておらず、そして、さまざまな種類の住居が並存していない、ということである。

事実、このあと、横浜市を抜けて相模原市に至るにつれ、もはや「重ね描き」に規定されなくなった十六号線のロードサイドで、この「十六号線的なるもの」が前景化してくるのである。そこには、例えば、ファミリーレストラン、パチンコ店、紳士服店、『ドキュメント72時間』が訪れたショッピングモール、そして近森高明が第2章「鉄塔がある風景」で検討した鉄塔、佐幸信介が第8章「死者が住まう風景――国道十六号線ともう一つの郊外」で検討する霊園といった「十六号線的」な景観が広がっていく。

松原隆一郎は、相模原での十六号線のロードサイドの景観の構成要因を検討しているが[31]、なかでも興味深いのは、そのエリアの住民の多くが都市部から流入してきた人々であり、その人々に対し、民間の住宅産業が大量生産する均質的な住宅が普及した、という指摘、そして、ロードサイド産業の外観が、歩く人ではなく自動車で走り抜ける人の目にとまるよう設計されているために、単純でケバケバしいものになった、という指摘である。これら「均質的な住宅」、そして「自動車移動者の優越（と歩行者の排除）」のどちらも、やはり本章で考察してきた「重ね描き」に規定されていないことによるものであり、またそれらは「十六号線的なるもの」を濃密にまとっている。

――そこでは、もはや十六号線から徒歩や自転車移動を前提とした「街道」的性格は抹消されている。そこは、「単調な、しかし魅惑的に延びていくアスファルトの帯」である「国道」になっているのである。

注

（1）ヴァルター・ベンヤミン『パサージュ論』第三巻、今村仁司／三島憲一訳（岩波現代文庫）、岩波書店、二〇〇三年、三二六ページ

（2）横浜市金沢区福祉部市民課編『金沢の古道』横浜市金沢区、一九八四年、七―八ページ

（3）「実は指定当初の十六号は、横浜―横須賀間のみであった。一九六三（昭和三十八）年の改正で、千葉―横浜間の百二十九号と、百二十七号の一部などが組み込まれ、環状の経路を持つ現在の国道十六号が誕生したのだ」（佐藤健太郎監修『知られざる国道の世界――一生に一度は通っておきたい日本の道路』〔別冊宝島2303〕、宝島社、二〇一五年、四三ページ）

（4）横浜市総務局市史編集室編『横浜市史2』第三巻下、横浜市、二〇〇三年、六六一―六六七ページ

（5）一九九一年に釜利谷支線として開通、九七年に金沢支線に名称変更されている。

（6）柳瀬博一「十六号線は日本人である。序論」「Witchenkare」第五号、yoichijerry、二〇一四年、一一ページ

（7）ジークムント・フロイト『幻想の未来／文化への不満』中山元訳（光文社古典新訳文庫）、光文社、二〇〇七年、一三六―一三七ページ

（8）その意味で、松下優一が第6章「ジューロクゴーが片隅を走る世界で――青木淳悟『学校の近くの家』の狭山／入間」で検討している、かつての生活空間としての入間を「上書き」する狭山とは対照的である。

(9) ただし、一九四八年までは磯子区であり、金沢区として独立していなかった。

(10) 横浜市に存在した軍事施設については、『横浜市史2』第一巻下(横浜市総務局市史編集室、横浜市、一九九六年、四五一—四五八ページ)。

(11) 坂元光夫「金沢地域への都市形成論的アプローチ」、横浜市立大学経済研究所『地域社会形成の研究——横浜市金沢地域を中心として』所収、横浜市立大学経済研究所、一九八五年

(12) 今村洋一『旧軍用地と戦後復興』中央公論美術出版、二〇一七年

(13) 横須賀市都市整備部整備指導課編『野島と夏島——横須賀市と横浜市の行政境界問題解決の記録』横須賀市、一九九三年

(14) 横浜金沢の戦跡を調査する会編『横浜金沢の戦跡』(横浜金沢の戦跡を調査する会、二〇一二年)に詳しい。

(15) 前掲「金沢地域への都市形成論的アプローチ」

(16) 宮島泉「現代都市化の半世紀における金沢地域の共同政治課題」、同書所収、四一ページ

(17) 横浜市総務局市史編集室編『横浜市史2』第三巻上、横浜市、二〇〇二年、四四〇ページ

(18) 前掲「金沢地域への都市形成論的アプローチ」

(19) 同論文

(20) ジョン・アーリ『社会を越える社会学——移動・環境・シチズンシップ』吉原直樹監訳(叢書・ウニベルシタス)、法政大学出版局、二〇〇六年、三三九ページ

(21) ドラマでは変更されているが、シナリオはこのようになっている。

第九話:シーン四十　浜辺・レンタカー車内

北野、手順を迷いながら操作を始める。

紗和「(クスクス)大丈夫、運転手さん?」

北野「(照れ)久しぶりだから……でも、大丈夫」

が、ギヤを入れるや、意外に大胆に車をバックさせ、方向転換と《(ママ)》する(「ドラマ」二〇一四年十月号、映人社、八五ページ)。

(22) ジョン・アーリ「自動車移動の「システム」」、マイク・フェザーストン/ナイジェル・スリフト/ジョン・アーリ編著『自動車と移動の社会学——オートモビリティーズ』近森高明訳〔叢書・ウニベルシタス〕所収、法政大学出版局、二〇一〇年

(23) 前掲「ドラマ」五五ページ

（24）同誌
（25）地域総合研究所編『TAMA――もうひとつの東京 多摩白書』東京市町村自治調査会、一九八九年
（26）横浜市金沢区役所区政推進課「平成23年度金沢区民意識調査結果報告書」横浜市金沢区役所区政推進課、二〇一一年
（27）横浜市金沢区区政推進課「横浜市都市計画マスタープラン・金沢区プラン 金沢区まちづくり方針」横浜市金沢区区政推進課、二〇〇〇年
（28）中沢けい「金沢八景 われはうみのこ」「すばる」二〇一〇年五月号、集英社、一二五―一二六ページ
（29）前掲「現代都市化の半世紀における金沢地域の共同政治課題」六六ページ
（30）前掲「平成23年度金沢区民意識調査結果報告書」
（31）松原隆一郎『失われた景観――戦後日本が築いたもの』（PHP新書）、PHP研究所、二〇〇二年

相模原市緑区巡礼

松下優一

二〇一六年夏、マスメディアは「相模原市緑区」という地名を連日報じていた。死者十九人、負傷者二十六人を出した「相模原障害者施設殺傷事件」の現場（知的障害者福祉施設「津久井やまゆり園」の所在地とその容疑者の居住地）として、である。とはいえ、相模原に住む大多数の住民は、事件現場をどこか遠い場所のように感じたのではないだろうか。というのも、「事件が起きた場所は十年前までは相模原市ではなかった」からである(1)。

神奈川県相模原市は、相模川東岸の相模原台地上に広がる人口約七十万人の政令指定都市（二〇一〇年）であり、ＪＲ相模原駅や市役所がある中央区、小田急線相模大野駅を中心とする南区、そして橋本を中心とする緑区で構成される。市の北部に位置する緑区は、ＪＲ横浜線・相模線と京王電鉄が乗り入れる橋本駅を中心とした区域と、二〇〇六年から〇七年にかけて合併した旧津久井郡四町（城山町・津久井町・相模湖町・藤野町）の広大な山間部からなり（市の面積の約七〇％に及ぶ）、事件現場となった施設はその山間部（旧相模湖町）にある。そこは、国道二十号線やＪＲ中央本線の沿線（八王子との結び付きが強い地域）であり、同じ「区」とはいえ大多数の区民の生活空間からは隔たった〝山〟のなかなのである。

相模原の北部から八王子を経て入間・狭山にかけては、国道十六号線ルートのうちで最も〝山〟が近づく区間である。横浜方面から北上すれば左手に、埼玉方

写真1　アリオ橋本屋上駐車場から西方、津久井方面を望む。2016年11月29日、筆者撮影

面から南下すれば右手に〝山〟＝関東山地が見えてくる（関東山地は、相模川を挟んで北の秩父山地と南の丹沢山地に分かれ、相模湖や津久井湖は相模川のダム湖にあたる）。橋本駅に入る京王線や駅周辺の少し高い建物から西の方角を眺めると、山の近さが実感できる（写真1）。十六号線は緑区の東端（橋本地区）をかすめるように走っていて、相模原市街から津久井・相模湖方面へ向かおうとすれば、十六号線から分岐する国道四百十三号線か県道五百八号線が近道である。

橋本駅から少し北に行ったところで、十六号線は八王子バイパス（一九八五年に供用開始、二〇一五年に無料化）と旧道とに分岐し、東京都町田市との境をなす境川や東京都道四十七号線・町田街道と交差して、多摩丘陵に分け入る（写真2）。境川は町田・大和・藤沢を流れ江の島で相模湾に注ぐが、この付近はかなり深い谷川が蛇行している。キンシオが車を止めて歩いたのは旧道のほうである。[2]

写真2　八王子バイパスと墓地と多摩丘陵。2016年12月3日、筆者撮影

横浜方面に向かって南下すると左手に、コンクリート壁と送電線、そびえ立つ大小の鉄塔の群れが現れる（写真3）。この一帯には、住宅地の頭上を送電線が走る風景が広がる（第2章「鉄塔がある風景――『闇金ウシジマくん』の郊外」〔近森高明〕を参照）。「自転車事故多発地点」との警告看板（画面右の信号機）とはるかに続くコンクリート塀の有刺鉄線が殺伐とした雰囲気を醸している。

写真3　東京電力橋本変電所前。2016年11月29日、筆者撮影

十六号線の西側、工業団地が広がる一帯を抜けると視界が開け、大きな建物が取り壊されている（写真4）。

ここにあった学校は二〇一三年に移転し、それ以後廃墟となっていた。

台地を下って少し行けば相模川に出る。相模川付近では、畑地にたたずむひまわりののどかさに癒される一方で、城山（津久井城）東麓は、巨大な橋梁や山を貫く圏央道、ダムや発電所など新旧の建造物が集中していて（小倉橋は一九三八年、城山ダムは六五年完成、新小倉橋は二〇〇四年開通、愛川―高尾山間の圏央道は一四年開通）、開発的近代の地層を露出させるかのように織りなされる山河と人工物のスペクタクルが目をうつ。やがてこのあたりの風景には、リニア中央新幹線が重なることになる。東京からほぼ途切れなく広がった都市が、〝山〟にぶつかる場所。東京の西の淵。そこでは二十世紀に夢見られた近代的プロジェクトがいまなお作動し、

写真4　職業能力開発総合大学校跡。2016年12月3日、筆者撮影

写真5　山へ向かう送電線とその狭間の荒地（看板に、障害者福祉施設の建設予定地とある）。2016年12月3日、筆者撮影

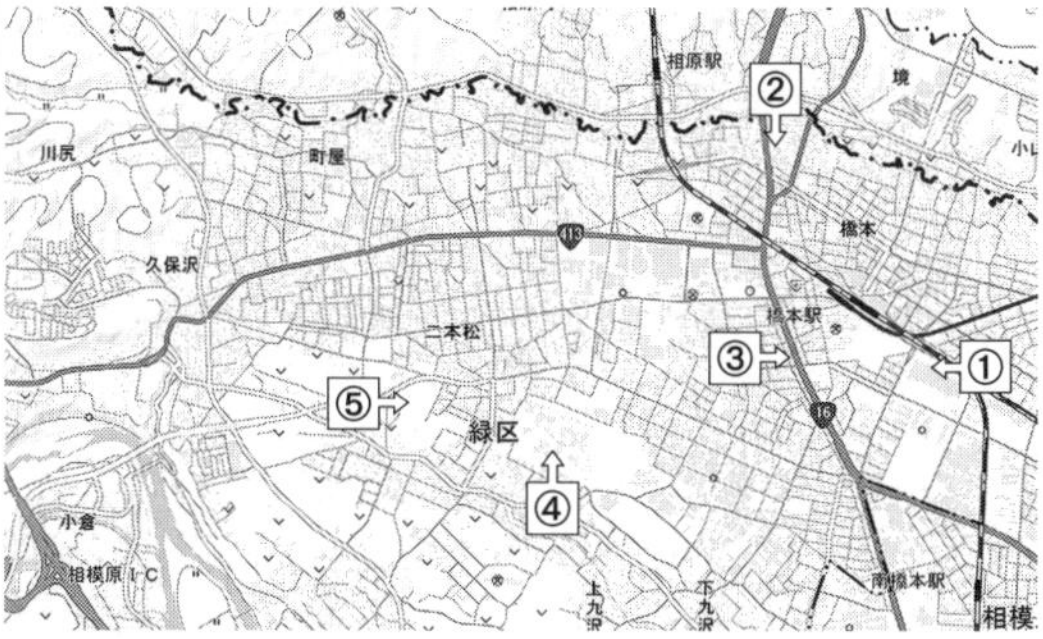

図1　撮影地点
（出典：「地理院地図」）

堆積し続けている。(3)

注

(1) 猪瀬浩平「土地の名前は残ったか?――吶喊の傍らで、相模湖町の地域史を掘る」「現代思想」二〇一六年十月号、青土社、二三二ページ

(2) 「キンシオ特別編 新作録りおろし 123の旅 16号を行く――気ままなぶらり旅」tvk、二〇一二年

(3) 相模湖周辺の開発については、前掲「土地の名前は残ったか?」を参照。

第5章

「軍都」から「商業集積地」へ

国道十六号線と相模原

塚田修一／後藤美緒／松下優一

はじめに
ブックオフと相模原

一九九〇年五月　一号店相模原千代田店
一九九一年一月　二号店上溝店
一九九一年七月　三号店相模原駅前店

「新古書店」として全国展開し、古書だけではなく映像・音楽ソフト、ゲームソフト、そのほかさまざまな文化的生産物を中古販売することで成長・成功したブックオフの歴史は、神奈川県相模原市で始まっている(1)。また現在まで、ブックオフコーポレーションの本社は相模原市南区古淵にある。

しかし、なぜ相模原だったのだろうか。もともと相模原に縁がある企業というわけではないようだ。それならば、例えば、相模原市に隣接する古くからの商業中心地である町田のほうが、選択されるマーケットとしては適当なのではないか。

ブックオフの創業者・坂本孝は、相模原への出店理由を次のように説明している。

最初に立地調査するときに重視するのは、「ここは売れるか」ではなく、「ここは買えるか」なんです。そ

写真1　古淵駅付近。駅付近にはブックオフの建物が並ぶ。2017年11月1日、筆者撮影

こに住んでいるお客さまから古書を買って、そのお客さまに売るのが基本ですから。第一号店は東京都町田市と神奈川県相模原市の境、環状線の国道一六号線付近の住宅地でしたが、この一六号沿線というのは、東京の外周部にあたりまして、団塊の世代とそのジュニアがたくさん住んでいるところなんですね。かつてニューファミリーと呼ばれたこの世代の親子をターゲットにしよう、というのが、狙いとしてありました。というのも、私は団塊世代の《（ママ）》より上の世代なんですが、団塊の世代までは本を集めるのがステイタスという雰囲気があった。けれど、実際には本は増えてくるとやっぱり置き場に困る、家に置いておくと邪魔になる。ということは、団塊家庭＝ニューファミリーが密集して住んでいるところには本がたくさんあるはずだ——そう確信していたんです。そこで一六号線沿線を皮切りにニューファミリーがいるところに店を出し、大型の駐車場を作った。予想は見事適中です。ニューファミリー層が平均してダンボール二箱半くらいを車のトランクに積んで売りにきてくれた。[2]

これによれば、ブックオフは、商品としての中古書籍を効率的に確保するという目的と戦略をもち、「団塊世代」の「自動車」を有した「ニューファミリー」が住む「東京外周部」として、相模原を選んだことになる。ここで興味深いのは、一九九〇年代を通じて全国各地を席巻して団塊ジュニア世代以降の「快適な居場所」[3]として遍在していくことになるブックオフ（現在では都心部の駅前店舗も珍しくない）が当初もっていた文脈性[4]であり、とりわけ当時の坂本に相模原を発見させている契機、つまり東京郊外を「団塊世代」「ニューファミリー」「住宅地」「自動車」といった要素によって分析的に捉え、マーケティングの対象に据えていくようなまなざしの存在である（以下でみるように、一九九〇年代の国道十六号線沿線を団塊世代とそのジュニア世代が住まう商業的フロンティアとしてみるようなまなざしは、坂本に独自なものというわけでは決してない）。

このようなマーケッター的観点からすれば、所定の要素がそろっている郊外地域であれば、ブックオフ創業の地は相模原でなく大宮でも、春日部でも、八千代でも、あるいは隣接する町田でもよかったのかもしれない。しかし、当時の相模原が十六号線沿線の任意の一地点だったかといえば必ずしもそうではない。ブックオフと相模原が結び付くという出来事は、この地域に固有の必然性――一九九〇年代初頭の相模原に固有の歴史的・社会的文脈――で理解されるべきだろう。実際、十六号線を横須賀から木更津まで「実走」してみるとき、二〇一〇年代後半においてなお相模原区間はその商業的集積の密度（華やかさ）で群を抜いているようにみえる。また、十六号線を扱ったNHKのテレビ番組『ドキュメント72時間』（「オン・ザ・ロード　国道16号の〝幸福〟論」二〇一四年六月十三日放送）に登場する商業施設は、ほかでもなく相模原古淵のニトリモールである。十六号線を消費空間としてみていくとき、相模原は際立ってみえる。

本章では、現在十六号線沿線のなかでも際立った商業集積エリアとなっている相模原を、この都市の成り立ちを踏まえながら考察したい。以下ではまず、一九九〇年代に登場した十六号線の商業的可能性、とりわけ相模原の十六号線を語る言説を概観する（第1節）。そのうえで軍都として開始される相模原の歴史をたどり（第2節）、九〇年代の相模原を郊外消費空間たらしめた歴史的・社会的文脈について考察する（第3節）。

1　経済界での十六号線の発見と相模原

「国道十六号、マーケティング、団塊ジュニア」

一九九〇年代、十六号線は、商業的可能性のエリアとして、主にマーケティングの分野で注目を集めるようになる（表1）。

ビジネス系の雑誌を中心に掲載されたこれら十六号線関連の記事では、バブル崩壊後の不況下にあってなお十六号線沿線各地のデパートやロードサイドビジネスが活況を呈している様子とともに、その要因として沿線住民の人口構成の特殊性と経済的潜在力を指摘している。また、味の素やINAXなど大手企業のマーケティング担当者による「新人類と16号線研究会」が存在することや、沿線風景を往復収録しただけのビデオ『国道16号線』(MCネットワーク、一九九三年)が全六巻・価格五万円で発売されたことを紹介している。

　こうしたなかで、一九九〇年代から二〇〇〇年代にかけて、立て続けに十六号線をテーマとする三冊の著書(書籍1・2・3)を上梓した西村晃は、当時十六号線の商業的可能性を語る中心的アクターだったといえる。西村は、長らくテレビ局で経済報道に携わってきた経済ジャーナリストであり、一九九〇年代初頭にはテレビ東京系の『ワールドビジネスサテライト』(一九八八年―)でキャスターを務めていた。彼の十六号線への関心は、番組での特集をきっかけにしているようだ。

> 「ワールドビジネスサテライト」で最初に国道十六号をとりあげたのは九三年四月のことだった。百貨店不況の中でも元気な店があると聞いて取材に行ったのが、伊勢丹相模原店。その市場調査マン小林良夫氏が、この道路沿線に百貨店にとって狙うべき団塊の世代が多く住んでいることを教えてくれた。
>
> 　さらに取材をしてみると、元気な百貨店がほかにもこの沿線にあること、単なる立地上の好条件という意味ではなく、外食産業などのサービス業や食品メーカーをはじめ、ありとあらゆる業種の市場調査マンがこの道路と沿線住民をマークしていることが分かってきた。

記事1	「国道沿いに時代が見える」「THE21」1993年5月号、PHP研究所
記事2	「大量消費文化を陳列する「平和」なショールーム」「東京人」1993年9月号、都市出版
記事3	「「ルート16の法則」ってなんだ!?」「DIME」1994年8月4日号、小学館
記事4	「「国道16号線」に平成不況なし」「PRESIDENT」1995年2月号、プレジデント社
記事5	「ルート16ウエスト商業施設地図」「アクロス」1995年5月号、PARCO出版
記事6	「国道16号線　衰え知らぬ道が創る21世紀の風景」「Foresight」2001年1月号、新潮社
記事7	「郊外ビジネス最前線 国道16号線郊外店 MAP」「宝島」2001年10月17日号、宝島社
書籍1	西村晃『日本が読める国道16号――経済記者の新マーケティング論』双葉社、1994年
書籍2	西村晃『ルート16の法則――21世紀の日本が読める』双葉社、1997年
書籍3	西村晃『東京圏が変わる消費が変わる――国道16号が語る日本の近未来』PHP研究所、2001年

表1　国道16号線に言及する記事・書籍。記事1から7は、大宅壮一文庫で国道16号線をキーワードに検索した

当面の消費回復をはかりたい企業にとって早急の課題は、団塊ジュニア対策。その意味からもこの沿線が重要ポイントであることも共通していた。

「国道十六号、マーケティング、団塊ジュニア」

この三つの言葉をキーワードに、一五分程度の特集をすでに一五本以上も出している。この本は番組のリポートをベースに、改めて行った取材を加えたものである。(5)

西村が取材を開始した一九九〇年代初頭、すでに十六号線に対する関心が「ありとあらゆる業種の市場調査マン」に共有されていたようだ。(6)そして西村もまた経済ジャーナリストとして十六号線に対するマーケッターたちの関心を共有し、バブル崩壊後の不況のなかで「近未来」の消費空間として十六号線を見いだしていくことになるのだ。「首都圏の郊外をぐるっと一周する環状道路「十六号」の沿線はこの団塊の世代を中心とするサラリーマン世帯が多い。日本の標準世帯とも呼ぶべき彼らの家庭消費をみることができるこの道路は日本経済をみるうえで「標本空間」であり、彼らの消費動向やライフスタイルの分析は「先行指標」としての意味をもつと私は考えてきた(7)」

このように一九九〇年代には、十六号線沿線を開拓されるべき消費のフロンティアとする見方が一定の広がりをもって存在するに至っていた。

一九九〇年代の相模原ロードサイド

十六号線を扱う一九九〇年代の記事や書籍では、沿線地域のなかでも特に相模原のプレゼンスが高いことに気づく。どの記事でも相模原が大きく扱われているのである。

西村晃が十六号線を取材するきっかけを作っているのは「伊勢丹相模原店」だし、彼の著作のまえがき部分に提示される十六号線の画像は、三冊とも相模原市内の十六号線の写真である（つまり、本を開いて読み始めるとまず相模原の十六号線に出合う)。

記事4「「国道16号線」に平成不況なし[8]」は、一九九二年三月にオープンしたトイザらス相模原店や、九三年八月十一日に隣り合って開店した二つの巨大ショッピングセンター(ジャスコ相模原店とイトーヨーカドー古淵店[9])を取材し、相模原地区は「十六号線沿線随一の集積地区」だと位置づける。「この地区の地図を見てほしい。単店舗だけで話題となるような店は一つもない。しかしそれらの店が集まって集積することで、大きな集客力をもつ地域を形成したのだ。言ってみれば、自然に成立した『日本型パワーセンター』だろう[10]」

また、記事5「ルート16ウエスト商業施設地図[11]」は、相模原の十六号線を「ルート16ウエスト」と称し単独で取り上げている。この記事では、相模原区間を三つに分け(A区間:橋本―矢部、B区間:矢部から鵜の森交差点、C区間:鵜野森交差点―鶴間)、沿線の店舗をマッピング(図1)、沿線風景をルポしている。この記事は、一九九〇年代当時沿線にどのような店舗があり、区間ごとにどのような特徴があるのかを解説している。橋本―矢部間は、「店は密集しておらず、各店の駐車場の広さが目立ち」、カーディーラーが多い。矢部―鵜の森交差点間は、「ファミリーのお買い物エリアとして目覚ましい発展が見られる」。鵜の森交差点―鶴間間は、小田急線と交差し東急田園都市線沿線至近の「第四山手エリア」であり

図1　1990年代半ばの国道16号線ロードサイドショップ群
(出典:「ルート16ウエスト商業施設地図」「アクロス」1995年5月号、PARCO出版、36—37ページ)

「洗練された雰囲気」とされる。

さらに、記事6「国道16号線　衰え知らぬ道が創る21世紀の風景」[12]は、十六号線沿線のなかで「生活圏として、あるいは商業地域として、最もダイナミックに動いているのが相模原市である」という。作家・水木楊によるこの記事では、相模原は「知られざる大都市」として紹介され、相模原の「特徴の第一は、商業地域が十六号線沿いに集積していることだ。それだけほかの地域には緑が残っていることになる。もう一つは、市民の平均年齢が若いことで、三十八・一歳。リストラ・エイジではなく、購買力が旺盛である。第三の特徴は、座間基地ほか、アメリカ軍施設がなお二ヵ所あることだ。これが返還となれば、広大なスペースが生まれることになるだろう」[13]と書いている。

以上のように、一九九〇年代の十六号線沿線では、特に相模原で群を抜いた商業集積が進み、その存在感を高めていたことがうかがえる。相模原がモデルケースとなって、十六号線沿線全体の商業的可能性を根拠づけていたとさえいえるかもしれない。同時にここで確認されるべきは、九〇年代初頭の相模原には、伊勢丹相模原店を中心とする相模大野エリアと、ジャスコとイトーヨーカドーが同時出店した古淵エリアという地理的には近接しながらも互いに性格を異にする二大商業集積地が、古くからの商業地である町田と隣接しているにもかかわらず、出現していたということである。

活況を呈する相模原の一九九〇年代を準備したものは何か。この点について考察するには、軍都として始まる相模原の歴史をみる必要がある。

2 軍都計画と戦後相模原

相模原の十六号線は広い。数キロにわたって真っすぐに続く幅広の路面。相模原区間は、緑樹帯や歩道などを含めて約四十メートルという広々とした幅員で際立っている（写真2）。これは戦前、戦車の走行にも耐えうるように、また有事の際には飛行機の滑走路としても使用可能なように設計されたものであり、かつてこの地に計画された「軍都」の痕跡にほかならない(14)。

二〇一〇年に政令指定都市となった相模原市は、〇〇年代に合併した山間部の津久井郡四町（城山町・津久井町・相模湖町・藤野町）を除けば、その市域はおおむね相模川東岸の台地上に広がっていて、十六号線はJR横浜線と並行して市域東端の平坦な地域を南北に貫いている。北からJR線と京王線が接続する橋本を中心とする緑区（人口十七万二千四百六十一人）、JR相模原駅や市役所がある中央区（人口二十七万千四百七十六人）、小田急線相模大野駅を中心とする南区（人口二十七万八千二百二十人）で構成され、神奈川県内では横浜・川崎に次ぐ人口規模の都市である（二〇一七年十月一日現在の人口は七十二万二千百五十七人(15)）。十六号線は、この三つの区の中心地（橋本―相模原―相模大野）を直接結ぶ唯一のルートである（横浜線では相模大野に行けない）。その意味で、相模原市は、十六号線を中心軸として成り立つ都市だといえる。

さらに、成立の経緯をさかのぼってみれば、相模原市の前身は、一九四一年四月に上溝町・座間町・相原村・大沢村・大野村・田名村・麻溝村・新磯村の二町六村の合併で誕生した相模原町である（当時の人口は四万五千四百八十二人で、「町」としては日本最大、町役

写真2　相模原市、中央区の国道16号線。2017年9月10日、筆者撮影

場は上溝に置かれた）。当初「町」ではなく「市」としての合併が要望されていたが、内務省に「都市としての形態」が認められないとして却下された[16]。というのも「相模原一帯は、昭和初期まで畑地や山林の広がる農村地帯であった[17]」からである。戦後の市制施行時（一九五四年）でさえ、「荒涼とした相模原の台地は、『満洲』（中国東北部）を題材とした映画の恰好のロケ地として使われた[18]」とされる。つまり、かつての相模原は、部分的に集落が散在するだけの平坦な荒野が広がる地域であり、中心的な市街地をもたず都市と見なされないような地域だったということである。

そのような拡散状態でもなお、このエリアの町村統合を動機づけていたのが、帝国陸軍の軍事施設の相次ぐ進出だった。一九三七年に市ケ谷から移転した陸軍士官学校（「相武台」、地図中③）とその練兵場（座間町・麻溝村、地図中⑥⑪）に始まり、三八年には臨時東京第三陸軍病院（座間町・大野村、現・国立相模原病院、地図中⑩）・相模陸軍造兵廠（相原村・大野村、現アメリカ軍相模総合補給廠、地図中①）・陸軍兵器学校（大野村、地図中⑧）、三九年には電信第一連隊（大野村、現アメリカ軍相模原住宅地区、地図中②）と陸軍通信学校（大野村、地図中⑨）、四〇年には相模原陸軍病院（大野村、地図中⑤）が設置されている[19]（図2）。

地図で見れば明らかなように、これらの軍事施設は小田急線と横浜線に沿うように展開し、相模原一帯（小田急線と横浜線、そして相模川の段丘沿いに走る相模線が形作る直角三角形状のエリア）は陸軍の一大軍事拠点としての様相を呈することになった。こうした軍事施設の集積に並行して一九三九年から神奈川県を主体として進められ

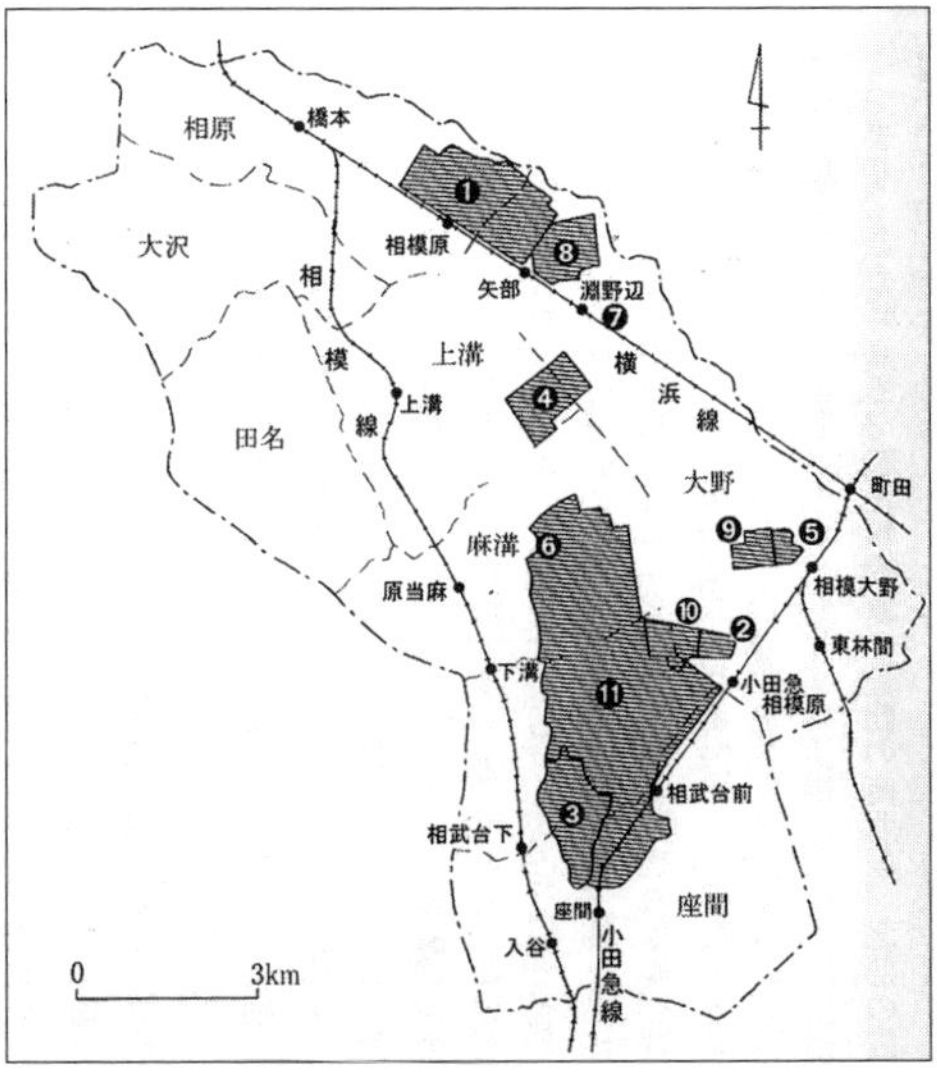

図2　相模原の軍事施設
（出典：栗田尚弥編『米軍基地と神奈川』〔有隣新書〕、有隣堂、2011年、51ページ）

たのが、相模陸軍造兵廠を中核に据えた区画整理事業であり、この都市計画がいわゆる「軍都計画」である。これによって造兵廠正門前から扇状に区画整理が施されることになった。浜田弘明は、造兵廠の西門と古くからこの地域の中心だった上溝とを直結させて設定されている幹線道路（西門通り）や、「造兵廠を都市の象徴」として「この原野を造兵廠の門前町、又は城下町にする様な構想であった」という地元ガス事業者（柿沢篤太郎）の証言などから、「造兵廠という軍事施設をシンボリックに演出した軍事都市」が構想されていたと指摘している。[20]

このように軍都として行政上の統合を図って都市計画事業を進めた相模原[21]だったが、敗戦によって地域統合の要だった帝国陸軍は消滅してしまう。そして、相模原の広大な軍用地は、占領軍（アメリカ軍）の拠点として接収される。では、戦後の民主化のもと、軍都は相模原から消失してしまったのだろうか。戦後相模原の「軍都」は、大きく分けて二つの仕方で残存する。一つは、軍都計画が残した都市構造として、もう一つはアメリカ軍基地としてである。

軍都の戦後史

軍都計画は、戦後相模原の都市計画や都市景観の形成に対して少なからぬ影響力をもった。区画整理が施された造兵廠西門を中心とする区域は、相模原市の行政の中心として現在に至っていて、相模原市役所や相模原警察署、税務署といった公共機関が西門—上溝間の幹線道路に沿って十六号線との交差点付近に集中している。

しかし軍都計画の影響は、扇状に区画整理されたこのエリアだけにとどまらない。再び浜田弘明によれば、軍都計画の立案に携わった神奈川県都市計画課長・野坂相如（野坂昭如の父）は、士官学校ができた南部を「学都」、造兵廠がある北部を「軍都」として発展させようと計画していたという。南部の士官学校や陸軍病院、他方で北部の造兵廠（兵器製造）という軍施設の配置とそれに基づく軍都計画は、「戦後相模原の景観の南北差、北部の広い道路網を持った工業都市的景観と、南部の狭隘な道路事情に悩む住宅都市的景観」の形成に影響を及ぼしていると浜田は論じている。[22] これにしたがえば、旧日本軍の軍事施設の配置が、現代に至るまで小田急線沿いの南部（現在の南区）と横浜線沿いの北部（現在の中央区・緑区橋本地区）の都市としての性格の差異（郊外住宅地／工業都市）を根底で規定しているということになるだろう。

実際、一九五四年に市制施行した相模原市は、「首都圏整備法」（一九五六年）に基づいて五八年には「市街地開発区域」に指定されるが、これを受けて北部では国道を軸とした工業都市化、南部では新宿に直結する小田急線沿線の団地建設などによって住宅都市化が急速に進むことになる。

内陸工業都市としての工業集積の中心となったのは、具体的には軍都計画で区画整理された造兵廠前の一帯からみて北部から西部にかけての周辺部だった（現在の緑区と中央区の境界付近）。造成された工業団地はおおむね、「橋本五差路」と呼ばれる十六号線と厚木方面へ向かう国道百二十九号線などの分岐／合流地点から延びる道路に沿って広がっている。

市内の工業団地としては、ほかに中小企業を集約するために造成された峡の原工業団地（一九七三年、緑区橋本台）や清水原工業団地（一九七八―七九年、中央区田名）、また大山工業団地の東西に自然集積した南橋本工業団地と小山工業団地などがあるが、いずれも橋本五差路を中心とした北西部に立地している。

他方で、東京郊外として住宅地化が急激に進んでいったのが、小田急線沿線の南部である。その端緒は、一九五九年から六六年にかけて建設された日本住宅公団による「相模大野団地」「上鶴間団地」「鶴ケ丘団地」「上原団地」「相模台団地」である。この五つの団地建設によって、小田急線の相模大野と小田急相模原駅周辺には一万人を超える団地住民が出現することになった。『相模原市史』によれば、六四年までに「市内に建設された十二団地のうち、城山ダム建設に伴う移転のため造成された相原二本松団地

造成時期	工業団地名	主な進出企業	立地
1959年	大山工業団地	山村硝子、セントラル自動車、会田鉄工所ほか	緑区南橋本
1963-64年	田名工業団地	キャタピラー三菱、三菱重工ほか	中央区田名
1969-71年	相模原機械金属工業団地	中小企業	緑区橋本台
1970-71年	麻溝台工業団地	日本光学、日産自動車ほか	南区麻溝台

表2　相模原市内の主な工業団地
（出典：相模原市教育委員会教育局生涯学習部博物館編『相模原市史 現代通史編』〔相模原市、2011年〕394―398ページから作成）

を除けば、すべて市南部の小田急線沿線に建設されて」いて、「小田急電鉄自身も東林間に住宅分譲地を開発するなどしている」[23]。住宅建設の波が、横浜線沿線を北上していくのは、七〇年代に入ってからである[24]。このようにして相模原は、東京のベッドタウンとして加速度的に人口を増やしていく。六〇年にようやく十万人を超えた相模原市の人口は、六七年には二十万人となり、七一年には三十万人、七七年には四十万人、八七年には五十万人を突破している。特に六二年から七一年までの対前年比人口比率は毎年ほぼ一〇％を超えていて、六五年は一三・五％にも達している[25]。この人口増の担い手となったのが、外部からやってきた「団塊の世代」の「ニューファミリー」にほかならない。

このように相模原は、軍都計画の時点で準備されていた土台のうえに成立している。この土台が持続したのは、軍用地の多くがアメリカ軍基地として存続していたためである。

アメリカ軍基地の街・相模原

二〇一七年現在、相模原市には、三カ所のアメリカ軍関連施設がある。現在の南区と戦後分離した座間市にまたがる「キャンプ座間」（陸軍士官学校と練兵場の跡地）、南区の「相模原住宅地区」（陸軍電信第一連隊の跡地）、そして中央区の「相模総合補給廠」（陸軍造兵廠の跡地）である。いずれも旧陸軍の時代から軍用地として使用され続けている土地であり、それらもまた現在の相模原に残された軍都の痕跡である。

東京の一大郊外住宅地としての性格を強めていく一方で、一九七〇年代初頭までの相模原は、やはり「アメリカ軍基地の街」だった。六〇年代にベトナム戦争が激化すると、「アメリカ陸軍医療センター」には「野戦病院」が設けられ、ベトナムでの傷病兵がヘリコプターで運ばれ、特に六七年から六八年頃には激しい騒音が問題となった。また「相模補給廠」では戦闘車両の修理と修理車両の走行試験が盛んにおこなわれ、近隣住民に埃と騒音の被害をもたらしていた。この相模補給廠で修理した戦闘車両が十六号線を通って横浜ノースドックへ搬出され、そこから南ベトナムに運ばれて戦闘に参加していることが明らかになり、七二年には、その戦車輸送を監

施設名	内容	面積（平方メートル）	年月	用途など
相模工廠	一部返還	42,866	1953.5	
キャンプ座間	一部返還	105,454	1953.11	
相模工廠	一部返還	125,907	1954.2	学校・住宅・道路
相模工廠	一部返還	92,709	1959.8	住宅・道路など
相模工廠淵野辺工場	全面返還	191,659	1960.1	工場
キャンプ淵野辺	一部返還	1,045	1962.12	
相模総合補給廠	一部返還	13,394	1963.12	道路
米陸軍医療センター	一部返還	1,069	1966.5	道路
座間小銃射撃場	全面返還	124,483	1969.7	公園
相模原住宅地区	共同使用	3,906	1970.3	排水管埋没
キャンプ淵野辺	一部返還	4,521	1970.1	
米陸軍医療センター	一部返還	2,640	1972.5	道路
相模原住宅地区	一部返還	1,214	1973.4	道路
相模原住宅地区	一部返還	1,173	1973.6	道路
相模原住宅地区	一部返還	724	1973.8	道路
キャンプ淵野辺	全面返還	663,301	1974.11	公園・研究施設・学校施設など
相模総合補給廠	一部返還	1,045	1975.8	
相模原住宅地区	一部返還	865	1976.1	道路
米陸軍医療センター	共同使用	50	1977.2	排水管接続用地
相模総合補給廠	一部返還	530	1977.12	駅前広場など
相模総合補給廠	一部返還	24,420	1978.7	道路
相模総合補給廠	一部返還	9,490	1980.9	道路
米陸軍医療センター	全面返還	197,535	1981.4	文化施設・住宅・道路など
相模原住宅地区	一部返還	606	1981.6	道路
相模原住宅地区	一部返還	258	1982.5	道路
キャンプ座間	共同使用	9,297	1984.1	道路
相模総合補給廠	一部返還	565	1985.2	
キャンプ座間	共同使用	7,073	1985.5	公園・道路
相模総合補給廠	一部返還	2,476	1986.1	道路
相模総合補給廠	共同使用	116	1987.6	駅前広場など
相模総合補給廠	一部返還	1,567	1987.8	
相模総合補給廠	共同使用	3,102	1988.1	下水管埋没用地
キャンプ座間	共同使用	2,383	1989.4	道路
キャンプ座間	共同使用	18	1991.1	ボーリング用地
相模総合補給廠	一部返還	4,410	1992.11	道路
相模総合補給廠	一部返還	3,056	1997.1	道路
相模原住宅地区	一部返還	1,140	2009.3	道路
キャンプ座間	一部返還	126	2011.6	道路
相模総合補給廠	一部返還	176,108	2014.9	広域交流拠点

表3　相模原市内での基地返還の経過
（出典：総務局渉外部渉外課編『相模原市と米軍基地』相模原市、2015年、66ページ）

視して阻止するために政党や学生グループ、労働組合員、さらにはサラリーマンや主婦たちが結成した「ただの市民が戦車を止める」会などによる抗議闘争（いわゆる「戦車闘争」）がおこなわれた。[26] 七〇年代初頭まで、十六号線は紛れもない「軍事道路」だった。

状況が変化するのは、ベトナム戦争終結以後である。在日アメリカ軍の整理・縮小によって、相模原市内の基地の全面返還・一部返還が進んでいくことになったのである（表3）。

まとめよう。相模原の根幹をなしていた軍事施設（軍用地の）多くは、戦後もアメリカ軍基地となって鉄道駅や幹線道路の至近にあり続けていた。これによって、戦後相模原の開発は一定の方向付けを受け（基地の間隙を縫うかたち）、結果的に「軍都」は土台として相模原という都市を規定し続けた、といえるだろう。比喩的に言えば、相模原は、骨格である「軍都」と「基地」が「工業団地」「住宅地」などの皮膚で覆われていくのである。

3 埋没する基地／浮上する消費空間
一九九〇年代の十六号線沿線相模原をめぐって

軍都の痕跡

しかしながら、これまでみてきたような「軍都」との連続性や「アメリカ軍基地の存在」にもかかわらず、現在の相模原の街に、目立つ「軍都の痕跡」やアメリカ軍基地の存在による明らかな影響関係の証左を探すのは難しい。例えば、横須賀や福生といった十六号線沿いの「基地の街」を対置させてみるといい。周知のように、横須賀ではアメリカ軍基地の影響を色濃く受けた音楽やファッションが醸成されたし、アメリカ空軍横田基地が所在する福生でも〈アメリカンな雰囲気〉に魅了されて若者たちが集まり、やはりアメリカ軍基地文化が形成された。だが、現在の相模原で、そうした「アメリカ軍基地文化」の形成を観察することは困難である。中央区の市役所付近の区画が軍都計画の産物だったとしても、それを知らぬ者にとっては単なる広々とした道でしかないだろう。

本章の執筆者三人が相模原でフィールド調査をおこなった際に、旧陸軍通信学校の跡地に立つ相模女子大学を訪れ、基地の痕跡を探した。だがそこで見つけることができた――守衛に教えてもらってやっと見つけた――唯一の基地の痕跡は、「陸軍のマンホールの蓋」だった（写真3）。

さらに、相模原に所在するアメリカ軍基地の周りを回ってみて気づいたのは、住宅地のなかに基地がある、ということである。ここでは、基地にへばりつくように住宅が立っている。基地のフェンスのすぐ隣の住宅の庭では洗濯物を干していて――洗濯物が風に飛ばされて基地のなかに入ってしまうのではないかと心配になったほどだ――、同じくフェンスに隣接する住宅地の路地では子供がボール遊びに興じている。

地図上では「軍都計画」の痕跡も「アメリカ軍基地」も確かに存在しているのだが、実際に現地へ行ってみるとその存在は見えにくくなっている――いわば「埋没」しているのである。ここで問われるべきは、軍事的なものが地域で「埋没」していく条件だろう。相模原で基地の埋没を促すものの一つが、十六号線沿線の商業集積であるように思われる。

以下では、軍都・アメリカ軍基地という文脈で、一九九〇年代の相模原十六号線、特に相模大野エリアと古淵エリアへの商業集積／消費空間化についてみていこう。

写真3　相模女子大構内の陸軍マンホール（2017年9月10日、筆者撮影）

相模大野――基地返還地に生み出された消費空間

一九八一年に返還されたアメリカ陸軍医療センター（相模原陸軍病院の跡地）は、小田急線相模大野駅北口の二十ヘクタールに及ぶ土地を占めていた。その跡地には、文化施設や公園が整備され、八八年には住宅・都市整備公団（現・都市再生機構）によって千戸を超える公団住宅ロビーシティ相模大野、さらに九〇年には市内初の百貨店である相模原伊勢丹がオープンする。「アメリカ軍基地」が物理的に「住宅地」と「商業地」に取って代わられることで、相模大野は相模原市内随一の都市型商業エリアとなるのである。そして、新たな街として生まれ変わった相模大野は、第1節でみた、十六号線相模原を語る九〇年代の言説が注目するスポットとなり、伊勢丹相模原店はドラマの舞台ともなる（『デパート夏物語』TBS系、一九九一年）。

表1の記事6は、相模原の特徴の一つとしてアメリカ軍基地の存在を挙げ、「これが返還となれば、広大なスペースが生まれることになるだろう」と述べていた。基地返還の流れは、今後も引き続き市内を占める広大な軍用地が返還され、宅地や商業地として開発可能なフロンティアが生み出され続けるはずだという予想と期待の根拠を形作ることになるだろう。そのような期待が、相模原を消費のフロンティアとしてみる言説を下支えしている。経済ジャーナリストの西村晃は著書で、十六号線沿線が団塊世代の郊外住宅地となっていく契機の一つとして、ベトナム戦争終結による首都圏のアメリカ軍基地の返還・縮小とそこに生まれた「浮いた土地」の存在を指摘している。「このことが成長のきっかけとなった代表的な都市が神奈川県相模原市」であり「七〇年代から八〇年代にかけて市内の大小二三の米軍施設が地元に返還され」、相模大野ではアメリカ陸軍医療センターの跡地に伊勢丹のような商業施設や高層マンションが立ち並び「街の雰囲気」が「一変」することになったという[(27)]。基地の返還が新たな住宅地化や商業化を促すという期待感・高揚感が、一九九〇年代の相模原を包んでいたことがうかがえるだろう（その一方では、市の主力産業だった工業の低迷と工場の撤退という深刻な事態が生じていたのではあるが）。

この相模大野が百貨店によってマーケットとして見いだされていく様子を確認しておこう。伊勢丹は相模大野への出店に際し、徹底的な市場調査をおこなったという。「調査してみると、相模大野駅周辺の人々は当時四十歳前後の団塊の世代を中心にダブルのブレザーを着こなして通勤したり、休日も赤のセーターにチェックのパンツをおしゃれに着こなすような男性が目についた。地元に店はなくても、都心に通勤し、町田や横浜の百貨店などの情報に接しているこの地区の感度は高いと思いました」[28]。また、朝のゴミ集積所も調査し、ゴミを入れてある袋から、住民の行動範囲をこのように読んだ。「相模原の住民は国道十六号線を中心に移動が頻繁で、良い店となればかなり遠くまで出かけることがこの調査で裏付けられました。車の使用頻度が高いことも意味します」[29]。伊勢丹は、この「感度が高く」「車の使用頻度が高い」――実際、相模原市の自動車の世帯普及率は、一九七〇年には〇・三三、八〇年には〇・六九であり、九〇年にはついに一・〇一となっている[30]――団塊の世代が住む相模原に商機を見いだすのである。

こうして相模大野は、隣接する町田に比肩する商業地として形成されていく。現在も相模大野は、このアメリカ軍基地跡にできた伊勢丹百貨店を中心とする商業空間であり、二〇一五年に実施された相模原市民の買い物行動調査によれば、例えば市民が「贈答品」を購入する場所として最も多いのが、この相模大野である[31]。

古淵――ロードサイドの商業的フロンティア

十六号線がすぐそばを通っているとはいえ、相模大野は古くからある小田急の駅を求心力として形作られた、百貨店を中心とした商業空間である。それに対し、古淵エリアは、一九八〇年代末まで鉄道駅がなく(JR横浜線古淵駅が設置されたのは一九八八年)、十六号線が直接的に形作るロードサイド型商業集積地という色彩が強いエリアである。

商業者にとって、相模原の十六号線のロードサイドはメリットが大きかった。沿線には、前述のように自動車を所有する団塊世代が暮らす住宅地を抱えている――ブックオフが狙ったのは彼らの蔵書だ――うえに、広い店舗面積を確保できる広い土地があり、地価が安かったのである。神奈川県の十六号線のロードサイド商業を調査した『ロードサイド商業新世紀』によれば、相模原市のロードサイドの地価は、住宅地よりも高い水準にあるものの、駅前商業地の半額程度の水準であり、ロードサイドと同様規模の大きな商業施設建設の可能性がある再開発地区よりはるかに低い水準にあった[32]。事実、相模原商工会議所が二〇〇一年度に十六号線沿線の出店者に対しておこなった調査によれば、十六号線沿線へ出店した理由として、「将来的な発展が見込めるから」と回答したものが最も多く（五〇・三％）、次いで「国道十六号線利用者を顧客にしたかったから」（四一・五％）、「車での買い物客を見込めるから」（三一・四％）と続いているが、「広い店舗面積を確保できるから」や「費用が少なくてすむから」との回答も一定の割合を占めている。(33)

さて、十六号線ロードサイド古淵エリアの商業集積は、基地返還によって直接的に条件づけられているわけではない。しかし、古淵ロードサイドの活況もまた、相模原の軍都・アメリカ軍基地という文脈と、相模大野とは異なったものとして結び付いていたといえる。

そもそも十六号線沿いのロードサイド店の始まりは、一九五五年に十六号線沿い（現在の中央区相模原市役所近く）に開設された相模原レストハウスだった。これは、当時、日本国内を車で移動する駐留軍人や外国人観光客などから、道路沿いに公衆便所などの休憩施設がないという苦情が出され、神奈川県が補助金を設けてその整備を奨励したことによるものであり、相模原市のロードサイド店の草分け的存在だった。(34)すなわち、相模原のロードサイドビジネスの起源にはアメリカ軍基地——駐留軍人やその自動車——が存在していたのである。

これを踏まえて、相模原市内で返還された主な基地を地図で確認してみよう（図

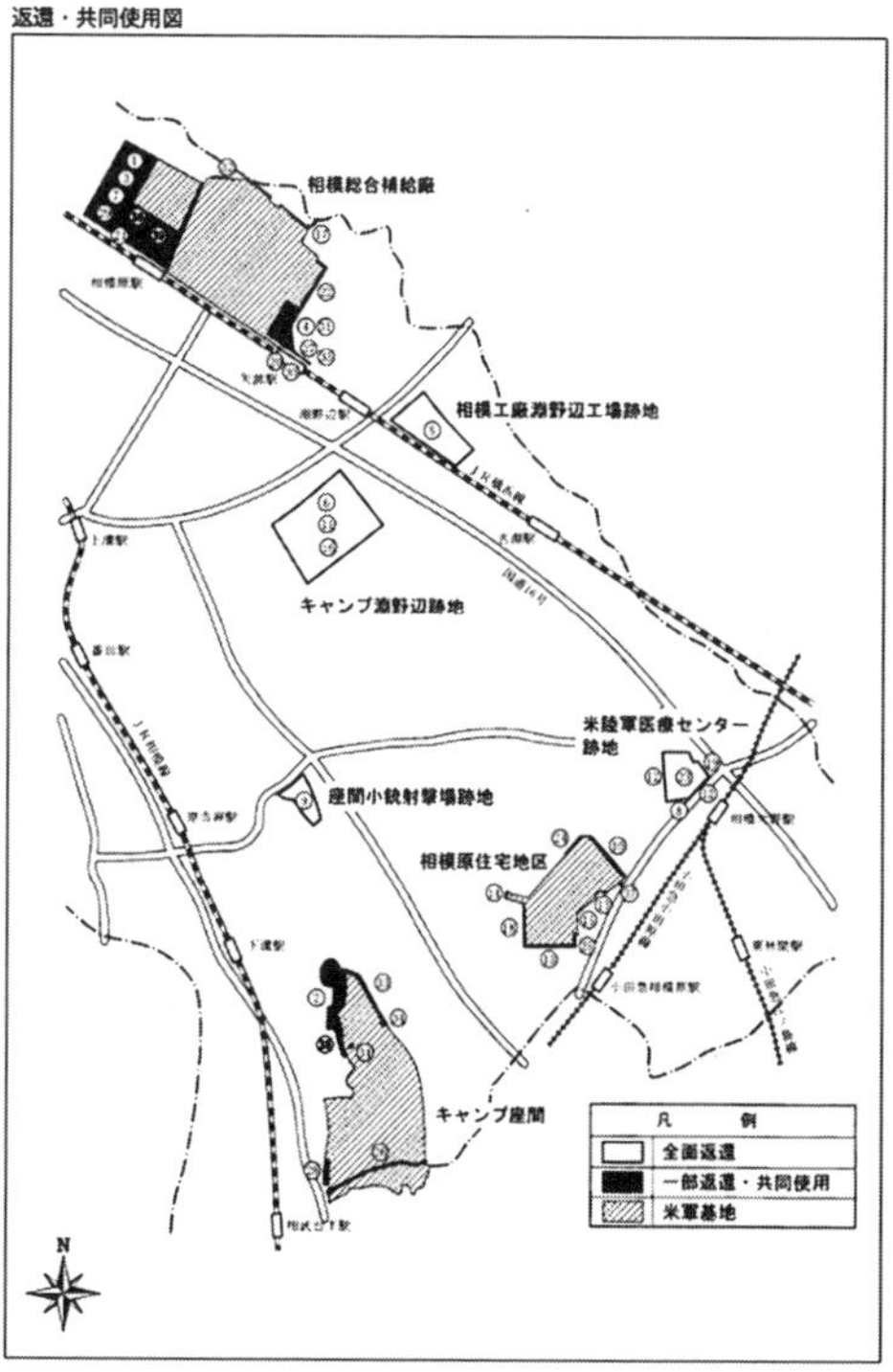

図3　返還・共同使用図
（出典：前掲『相模原市と米軍基地』67ページ）

3)。十六号線を中心軸としてみれば、キャンプ淵野辺（一九七四年に全面返還）、相模大野のアメリカ陸軍医療センター（一九八一年に全面返還）など沿線付近に立地していた基地が返還される一方で、そこから離れた市内周辺部の基地（北から相模補給廠・相模原住宅地区・キャンプ座間）が維持されている。まさに古淵を中心とした中央区から南区にかけての十六号線付近で、基地の空白地帯が生まれているように見えるのではないだろうか。こうしてみれば、基地返還によって相模原に生じていたのは、十六号線沿線から物理的に「基地」が見えなくなっていくという事態なのである。この歴史的地平で、一九九〇年代の相模原古淵ロードサイドは、郊外型消費空間として活況を呈し、商業的可能性のフロンティアとして脚光を浴びることになるのだ。

ここで注目されるのが、表1の記事2「大量消費文化を陳列する「平和」なショールーム」[35]である。この記事は、相模原の十六号線沿いにあるマクドナルドやトイザらスに「アメリカの大量消費文化のシンボル」を見て取り、相模原の「ロードサイドは、アメリカの文化を受容することによって自己の歴史を形成してきた戦後日本の大量消費文化の一大ショールーム」であり、「考えてみれば、横須賀から相模原を経て、八王子、所沢へと至る国道十六号ゾーンは、かつてアメリカ軍施設ゾーンであった。この地の文化は、すべてあらかじめ周到に準備されていたのである」[36]と書いている。この記事で、相模原ロードサイドへの郊外型商業施設の集積は、アメリカ軍基地との対照で捉えられている。「かつてアメリカ軍施設ゾーンであった」過去に対し、「大量消費文化」の「平和」な現在が強調・対置されているのだ。

他方で、相模原の基地は、「キャンプ座間」や「相模原住宅地区」など、十六号線を外れた市の周辺部で持続していく。

こうしてみれば、一九九〇年代の相模原で起きていたのは、十六号線沿線が商業的フロンティアとして、あるいは現実に商業集積が進むエリアとして脚光を浴びるのに並行して、アメリカ軍基地のプレゼンスが低下していく事態だったといえるだろう。

おわりに
土地に埋め込まれた軍都の記憶

一九九〇年代に商業的フロンティアとして浮上してきた相模原エリアの十六号線沿線エリア（相模大野と古淵）を、「軍都」として誕生し、アメリカ軍基地と隣り合わせで営まれてきたというこの地域の歴史的文脈のなかに位置づけること。私たちは、そのようにして二〇一〇年代の現在なお相模原の十六号線を際立たせているようにみえる商業集積地／消費空間の基盤を理解しようと試みた。これまでの議論からみえてくる相模原の十六号線の特徴は、次の二点にまとめられるだろう。

第一に、消費空間という観点からみれば、同じ相模原の十六号線沿線と言ってもそこには、異なった質をもった消費空間が近接し併存しているということ。一九九〇年代初頭のマーケッターたちは、「十六号線沿線」というくくりで、百貨店を中核にする都市型消費空間と、ロードサイドに展開する郊外型消費空間を、どちらも「団塊の世代」の「ニューファミリー」が利用するということで並列的に扱っていた向きがある。しかしながら、相模大野の小田急線沿線の駅前商業施設群（「アクロス」の記事が「第四山手の論」の延長線上に言及するような空間）と、古淵の十六号線のロードサイド型商業施設群が形作る二つの消費空間は、商業集積のありようや消費の性質の水準で区別されるべき差異をはらんでいるだろう。紙幅の関係上、生活者に照準した分析は十分にはできなかったが、第3節で取り上げたマーケッターや出店者の声は、生活者の行動パターンに踏み込んで分析する糸口を与えてくれる。この点に関しては、より具体的で詳細な検討が必要だろうが、ひとまずこの二つの消費空間の差異は、「郊外」としての相模原がもつ二面性に対応するものだといえる。相模原は、東京都心から延びる私鉄沿線地域という意味では「東京の郊外」である。他方で、十六号線を軸として見れば、町田や横浜、あるいは八王子といった周辺地域に所在する古くからの中心都市の中継地点である（実際に相模原ロードサイドは、家族連れが自動車で八王子から横浜方面へ、あるいは横浜から八王子方面へ向かう行き帰りに立ち寄るには好都合な位置にある）。

第二に、十六号線を基礎とした（軍都としての）街の形成と、軍都の記憶という観点が重要である。一九九〇年代の相模原に立ち上がった二つの消費空間は、その性格は異にすれども、相模原の軍事都市としての性格の後退あるいは不可視化とともにあるということ。十六号線を走っても、もはや基地の街としての相模原を感じることはできない。他方で、相模原の軍事都市としての過去は、十六号線沿線の目に見える風景からは消えながらもなお、そこに立ち現れる消費空間の土台をなしているということ。中心街を迂回するバイパスが新設され、そこに郊外ロードサイド消費の場が形成されていくのとは異なり、相模原の十六号線はこの都市の中心を貫く道であると同時にロードサイド型商業集積の場ともなっている。つまり、相模原の十六号線は、軍都計画で設計された道路の広さと直線性によって、バイパスが設けられることもなく、時代によって軍事道路・産業道路・商業道路と異なる機能を浮沈させながら、この平坦な台地の過去と現在を貫いているのである。

以上を踏まえ、再び、本章の冒頭でふれたブックオフをみてみよう。ブックオフは、家庭からあふれたモノを売却したついでに、（ときには型落ちだが）ちょっとした、あったらいいものを廉価に購入する（リ）サイクルによって存立する。そこには、新たに開発された「住宅地」に住む「団塊世代」の「ニューファミリー」たちが「自動車」で立ち寄る姿が想定されていた。くしくも創業者のモデルは成功したが、地域の歴史的文脈に留意するとき、空間配置の観点からみれば、一九九〇年代初頭、相模原に出店したブックオフ一号店・二号店・三号店の立地は、実は軍都計画で区画整理された区域に重なっている。そして、消費行動からみれば、百貨店を中心としたぜいたく品を求める相模大野での消費と、普段着のまま車で乗りつけて日用品を買い、疲れたら食事をするロードサイドでの消費の途上に位置づけられるだろう。なお、二〇一八年三月現在、この三つの店舗はすでにない。相模原市内のブックオフは「ブックオフ PLUS」を含め、十六号線により沿うかたちで展開している。商業の実験場である相模原を揺籃器として生まれたブックオフ。ブックオフの姿は、十六号線の現在を表すものであるのだ。

注

（1）ここでの店舗情報は、小田光雄『ブックオフと出版業界――ブックオフ・ビジネスの実像』（ぱる出版、二〇〇〇年）を参照。

（2）村野まさよし編著『ブックオフの真実――坂本孝ブックオフ社長、語る』日経ＢＰ社、二〇〇三年、一二三―一二五ページ

（3）菊池哲彦「「快適な居場所」としての郊外型複合書店」、近森高明／工藤保則編『無印都市の社会学――どこにでもある日常空間をフィールドワークする』所収、法律文化社、二〇一三年、一四二ページ

（4）この点に関しては、小田光雄の郊外文化論『〈郊外〉の誕生と死』（青弓社、一九九七年。新装版は論創社、二〇一七年）に詳しい。

（5）西村晃『日本が読める国道16号――経済記者の新マーケティング論』双葉社、一九九四年、三一五―三一六ページ

（6）西村は、不況下でも時代のニーズをくみ取って成長している企業の一つとして、「国道十六号線沿線の相模原からスタート、あっという間に六百店のチェーン網を作り上げた」ブックオフと坂本孝社長の弁を紹介している。西村晃『東京圏が変わる消費が変わる――国道16号が語る日本の近未来』ＰＨＰ研究所、二〇〇一年、二四―二五ページ

（7）西村晃『ルート16の法則――21世紀の日本が読める』双葉社、一九九七年、一〇ページ

（8）「「国道16号線」に平成不況なし」「PRESIDENT」一九九五年二月号、プレジデント社

（9）このエピソードは、相模原の十六号線沿いに進む商業集積を物語る象徴的事例としてさまざまな記事で言及されている。「「ルート16の法則」ってなんだ!?」（「DIME」一九九四年八月四日号、小学館）では、道一本隔てた隣にもかかわらず両者が出店を決断したのは、「国道十六号線エリアであれば、たとえライバル店と競合しても十分に採算が取れると読んだからにほかならない」とされる。なお、一九九〇年代以降の郊外大型店の進出については、それまで大型店舗の出店を規制していた「大店法」（「大規模小売店舗における小売業の事業活動の調整に関する法律」）の緩和と廃止（二〇〇〇年）が関わっている。箸本健二は、相模原で「大店法」の規制が強化された時期に、忠実屋橋本店がどれだけ出店調整に苦労したか（一九八〇年の出店表明から開店まで五年半もの歳月がかかっている）、また規制緩和期に、古淵へのショッピングセンターがスムーズに出店に至ったこと（一九九〇年の出店表明から開店まで三年余り）を詳細に記述している。箸本健二「消費と商業をめぐる相模原市の現代史」、相模原市教育委員会教育局生涯学習部博物館編『相模原市史 現代テーマ編――軍都・基地そして都市化』所収、相模原市、

二〇一四年
（10）前掲「「国道16号線」に平成不況なし」五〇ページ
（11）「ルート16ウエスト商業施設地図」「アクロス」一九九五年五月号、ＰＡＲＣＯ出版
（12）「国道16号線　衰え知らぬ道が創る21世紀の風景」「Foresight」二〇〇一年一月号、新潮社
（13）同誌七三ページ
（14）浜田弘明「計画された軍事都市――「軍都相模原」の街路計画を中心に」（軍事史学会編「軍事史学」第三十九巻第二号、錦正社、二〇〇三年）。軍都相模原研究の第一人者である人文地理学者の浜田弘明は、このほかにも『相模原市史　現代通史編』（相模原市教育委員会教育局生涯学習部博物館編、相模原市、二〇一一年）、前掲『相模原市史　現代テーマ編』、粟田尚弥編『米軍基地と神奈川』（〔有隣新書〕、有隣堂、二〇一一年）に、「軍都計画」を軸とした相模原の現代史について論考を寄せている。それらは、一九四一年の「相模原都市建設区画整理事業概要説明書」や「相模原土地区画整理設計方針」、あるいは当時の担当者の後日談といった資料をもとにして、造兵廠を中心とした南北・東西の幹線道路が、防空・防火対策としてだけでなく、いざというときの飛行機の発着を考慮し、防火区画線としては「破格の幅員」で計画されたと指摘する。
（15）「相模原市」（http://www.city.sagamihara.kanagawa.jp/）［二〇一七年十一月一日アクセス］
（16）前掲『相模原市史　現代通史編』七一ページ
（17）同書三三九ページ
（18）前掲『相模原市史　現代テーマ編』三九五ページ
（19）浜田弘明「街づくりの限界――相模原の都市計画」、前掲『米軍基地と神奈川』所収、五一ページ
（20）同論文九八ページ
（21）相模原以外の十六号線沿線地域では、例えば埼玉の狭山・入間地域にも戦時中、航空士官学校（「修武台」）と陸軍狭山飛行場を軸に軍都としての合併構想があったが、こちらは実現されなかった。相模原では陸軍士官学校と相模造兵廠を軸に周辺町村の合併が実現したわけだが、もともと拡散的な地域に、軍の施設が設けられ、軍を中心とした地域統合が画策されたという点では共通している。
（22）浜田弘明「相模原・座間――日本陸軍の軍都から米陸軍の街へ」、前掲『米軍基地と神奈川』所収、五二ページ
（23）前掲『相模原市史　現代通史編』四五〇ページ
（24）同書四五〇ページ
（25）相模原市総務部総務課市史編さん室編『相模原市史　現代図録編』相模原市総務部総務課市史編さん室、二〇〇四

年、二二九ページ

(26)前掲『米軍基地と神奈川』一二二―一三〇ページ

(27)前掲『東京圏が変わる消費が変わる』二一―三ページ

(28)同書一〇ページ

(29)前掲『日本が読める国道16号』一一一ページ

(30)前掲「消費と商業をめぐる相模原市の現代史」六四五ページ

(31)相模原市「平成27年度相模原市商業実態調査報告書――買物行動調査」相模原市、二〇一六年

(32)川野訓志／坂本秀夫／中山健／鷲尾紀吉『ロードサイド商業新世紀――国道16号線にみる実態と今後の展望』同友館、一九九九年、七四―七五ページ

(33)相模原市『平成13年度相模原市商業実態調査報告書』相模原市、二〇〇二年、一〇六―一〇七ページ

(34)前掲「消費と商業をめぐる相模原市の現代史」六八四―六八五ページ

(35)「大量消費文化を陳列する「平和」なショールーム」「東京人」一九九三年九月号、都市出版

(36)同誌一〇一ページ

「国境」としての国道十六号線

福生・基地の街のリアリティ

塚田修一

国道十六号線が、都心／郊外の「境界」としての性質を有していることは、しばしば指摘される。その十六号線が、文字どおりの「国境（Border）」となっている箇所がある。それがここ、福生である。十六号線の向こう側はアメリカ空軍横田基地である。許可なしに入ることは許されないアメリカ合衆国なのだ。

ちなみに十六号線のこのあたりの区間の歴史も古い。明治期には「埼玉往還」、大正期の道路法下では「府県道十一号線」と呼ばれ、太平洋戦争時には、早くもこの道路を産業上・軍事上の基盤道路として、東京を取り巻く環状線にする動きが本格化していたという(1)。

にじみ出ていたアメリカ

かつては、このアメリカ空軍横田基地から「国境」を越えてにじみ出すアメリカンな文化や雰囲気を求めて、多くの若者やアーティストが福生に集まった。

周知のように、村上龍の『限りなく透明に近いブルー』（講談社、一九七六年）は、この福生が舞台である。また、一九七三年にここに移り住んだ大瀧詠一は次のように語っていた。

「福生のよさ？そりゃ住んでいる仲間たちが素晴らしいということだね。ここには、朝八時半から夕方の五時まで働くような、スクウエアな人種はいないんだ。みんな金はないけど、ミュージシャンになろうとか、絵描きになろうとか、そういう目的をちゃんと持ってる。つまり、みんなビビットに生きているのさ。

それが素晴らしいんだヨ」この福生から、深夜放送『ゴーゴー・ナイアガラ』のワンマンＤＪを流している大瀧詠一クン（二十七）は、〝わが街〟のよさを語る。(2)

実際、福生、横須賀、狭山という在日アメリカ軍基地の所在地を結ぶ十六号線は、「米軍基地文化」を運ぶ道でもあった。一九七一年にアメリカ軍ジョンソン基地近くの「狭山アメリカ村」で暮らし始め、細野晴臣や大瀧詠一とも親交が深かった写真家の野上眞宏は、この十六号線を通って、福生や横須賀に足を伸ばし、「アメリカ文化」に接触したことを回想している。(3)

――だが、現在の福生の十六号線沿いを「歩いて」みて感じるのは、こうしたかつての「アメリカンな匂い」の希薄化である。

確かに、十六号線沿いには、多少、「アメリカン」な店舗が並んでいるし、十六号線と沿うように走るＪＲ八高線とわらつけ街道沿いには古びたアメリカ軍ハウスが現在も点在している。また地元の商店会も「基地の街」や「アメリカンな雰囲気」を特色として打ち出している。(4)だが、現在の福生で、何よりも「基地の街」としてのリアリティが希薄化しているように思えるのである。

「聖地巡礼」の頓挫

映画『シュガー＆スパイス――風味絶佳』（二〇〇六年）は、「基地の街・東京－福生（ふっさ）。アメリカの香り漂う街角で、少年ははじめて〝本当の恋〟を知る――」と銘打っていたように、ここ福生の「アメリカンな香り」を存分に演出した、ほろ苦いラブストーリーである（原作は、山田詠美の短篇小説『風味絶佳』文藝春秋、二〇〇五年）。

写真1　東京都福生市アメリカ軍横田基地第5ゲート付近、2016年9月27日撮影

しかしながら、福生でこの映画の「聖地巡礼」を試みるならば、早々に頓挫するだろう。

JR福生駅前や、横田基地のフェンスなど、確かに福生でロケーションがおこなわれた場面もあるが、この物語中で「福生のアメリカの香り」を演出している肝心な箇所であるガソリンスタンド——グランマ（夏木マリ）風に言えば、「ガスステイション」——や、また主人公二人（柳楽優弥と沢尻エリカ）が同棲するアメリカ軍ハウスを、ここ福生で探そうとしても無駄である。実は「ガスステイション」（原作では立川にある設定になっている）は木更津に作られたセットであり、[5]二人が暮らすアメリカ軍ハウスは、埼玉県入間市の「ジョンソンタウン」——狭山にあったアメリカ空軍ジョンソン基地の跡を利用して、「ハウス」と町並みを保存している地域——で撮影しているのである。——木更津も入間も「十六号線つながり」であるのはただの偶然だろうが。

ここで、ただ「アメリカ文化が廃れている」ことを指摘したいわけではない。

「基地の街としての福生らしさ」を「福生以外の場所」によって演出しなければならないほどに、「基地」の存在が日常に溶解してしまっていること、すなわち、福生の街と「基地」とが、象徴的な意味で「地続き（Borderless）」になってしまっている、ということが言いたいのである。

その意味で、もはや福生は「基地の街」らしくないのである。

そして、「国境」としての十六号線のリアリティも考え直さなければならないのだろうか。

「国境」が無効になる日に

写真2　横田基地第5ゲートから出てくる人たちが16号線を横断する　2016年9月17日撮影

いや、そういえば、一年に一度だけ、ここ福生が紛れもなく「基地の街」であることを強く意識せざるをえない日がある。

年に一度、横田基地で開催されている「日米友好祭」である。この日は横田基地が開放され、基地内のアメリカンな匂いを思う存分味わうことができるため、非常に大勢の人がこの基地を目指して福生を訪れ、十六号線を横断して基地へ出入りする（写真2）。福生が紛れもなく「基地の街」として意識される日である。「国境」が物理的に無効になる日に、「基地」の存在が強く意識されるとは、なんとも逆説的な話だが。

注

（1）鈴木芳行「近代多摩の道路と道路交通」、相武国道二十五周年記念誌編集委員会編『多摩歴史街道――時代とともに、暮らしとともに……』所収、建設省関東地方建設局相武国道工事事務所、一九九二年

（2）「FUSSA＝若き芸術家たちの限りなく透明なブルーの世界」「女性自身」一九七六年七月二十九日、五一ページ

（3）WORKSHOP MU!!『WORKSHOP MU!!』主婦の友社、二〇〇六年、一一二―一一三ページ

（4）この点に関しては、以下の論文に詳しい。新井智一「東京都福生市における在日米軍横田基地をめぐる「場所の政治」」「地学雑誌」第百十四巻第五号、東京地学協会、二〇〇五年、七六七―七九〇ページ

（5）宮崎祐治『東京映画地図』（キネマ旬報ムック）、キネマ旬報社、二〇一六年、二四〇ページ

第6章

ジューロクゴーが片隅を走る世界で

青木淳悟『学校の近くの家』の狭山／入間

松下優一

はじめに

青木淳悟の短篇連作小説集『学校の近くの家』（新潮社、二〇一五年）をテクストに、国道十六号線とその沿線地域の現実感《リアリティ》を把捉すること。それが本章の課題である。

作品の舞台となるのは、埼玉県狭山市。県南に位置する中規模都市で、市域のやや西寄りを入間川が流れ、その東岸を十六号線が通る。南東の河岸段丘上には航空自衛隊入間基地があり、その東側を西武新宿線、西側を西武池袋線が走っている。狭山市は、一九五四年、入間郡入間川町・入間村・堀兼村・奥富村・柏原村・水富村の一町五村の合併によって発足。当初の人口は約三万人だったが、六〇年代以降、工業団地造成による工業都市化（一九六六年に完成した川越狭山工業団地には本田技研やロッテが進出）、ならびに分譲住宅地開発によるベッドタウン化が進み、八四年には十五万人に達している。

十六号線が狭山市史に登場するのは、「狭山事件」として知られる女子高生誘拐殺人事件（一九六三年）の前年、この地域が工業都市・郊外住宅地へと変貌し始めた時期のことである。(1)

国道一六号線は、かつては国道一二九号線と称し、入間川地区の中心部を貫通していた。当時の国道は道幅が狭く、しかもカーブが連続していたため、大型車両がすれ違うときは徐行を余儀なくされ、市民はバスや砂利を満載したトラックが行き交うなかで買い物をしなければならなかった。（略）昭和三十七年（一九六二年）五月一日、そうした道路が一級国道一六号線に昇格した。これは川越・狭山工業団地の造成に伴う輸送路確保の必要性からとられた措置で、併せて入間川地区にはバイパス道路が新設されることになった。(2)

狭山市にとって十六号線の整備は工業団地造成計画と不可分の事柄であり、西武鉄道がこの市の東京のベッドタウンとしての側面を形作っているとすれば、十六号線は工業都市としての側面を形作っている。

早稲田大学在学中に小説家としてデビューした青木淳悟は、一九七九年、この狭山市で生まれている。ここで取り上げる『学校の近くの家』は、二〇一四年九月から文芸誌に隔月で掲載された、狭山の市立小学校に通う小学五年生「杉田一善」の身辺を描く短篇を集めたものである（全七話）[3]。この作品については、「学校という凡庸な空間を鮮烈なものとして描き出す」[4]、「生徒と親と学校と地域が微妙につながり、微妙に断絶し」ながら形成される小学生の日常を描く[5]と評され、とりわけ一九九〇年前後を小学生男子として過ごした者なら「つい、自分を重ね」てしまうような挿話やアイテムが随所に織り込まれている[6]。主人公・杉田一善は、八一年十月十五日生まれ、作中の現在は九一年四月から十月、教室から玄関先が丸見えという学校至近の一軒家に、両親と生まれたばかりの妹とともに暮らし、彼らは数年前に県外から移住してきた新住民とされる。

狭山という場所性と歴史性（一九九〇年前後＝平成の始まり）は、この小説の重要な構成要素となっている。青木は、刊行に際してのインタビュー[7]で、「地理的なものまで含めて故郷について書きたいという気持ちがありました。自分が暮らしていた学区内の風景をベタベタ書いていったら、読者にどのように読まれるのか」との興味から、「わざと、小説として少し過剰なくらい本当の狭山を書いてやろうと、熟知している実家の近所を書きました」と述べている。また、狭山という都市については「特徴がないというのが一つの特徴」の「西武線に一時間乗れば新宿や池袋に通じている普通の住宅街」だが、「調べてみるとどこかに町の古い歴史と繋がっていく裂け目が存在」するような場所であり、そんな「地域性が薄まったなかでの郊外をそのまま書きたい」と語ってもいる。「地域性が薄まったなかでの郊外」としての狭山をどう書くか。それが、この小説の賭け金（の一つ）であるとすれば、十六号線とその沿線地域の様相を捉えようとする私たちにとって、格好のテクストだといえるだろう。狭山の小学生を描く『学校の近くの家』で、十六号線は、どのような場面でどのような意味を帯びて登場しているのだろうか。小説の読解を通じ、十六号線が沿線住民の生活世界にどう組み込まれているのかをうかがい知ることができるかもしれない。

本章では、まず『学校の近くの家』のロケーションと作品に登場する十六号線についての記述を確認し、主人公の主観的世界でこの道路が帯びる意味を検討する。また、作中にみられる狭山らしさとは何かという主題を跡付けることで、小説が提示する十六号線的現実について考察したい。

1 『学校の近くの家』の十六号線

学校と杉田家の位置

主人公が通うのは「狭山市立入曾小学校」。小説にはその周辺の地理が具体的に書き込まれている。

> 如何ともしがたいのがこの入曾小の建つ場所で、校舎裏が航空自衛隊入間基地にぴったりと接しており、通学路として裏手を通って迂回するような道路がないところがどうにも息苦しい。校庭が周囲から少し掘り下げてあって見通しだけはいい。北側を自衛隊、東側を西武新宿線の線路によって塞がれている。（「存在の父親」一〇三ページ）

東側を西武新宿線が通る、入間基地の南に隣接した区画。これが小説世界での小学校の位置である（図1）。実際に行ってみるとそこにあるのは中学校で、小学校は別の名前で線路の東側にある。著者インタビューによれば、「出身中学を小学校に見立てて書き始めた[8]」という。

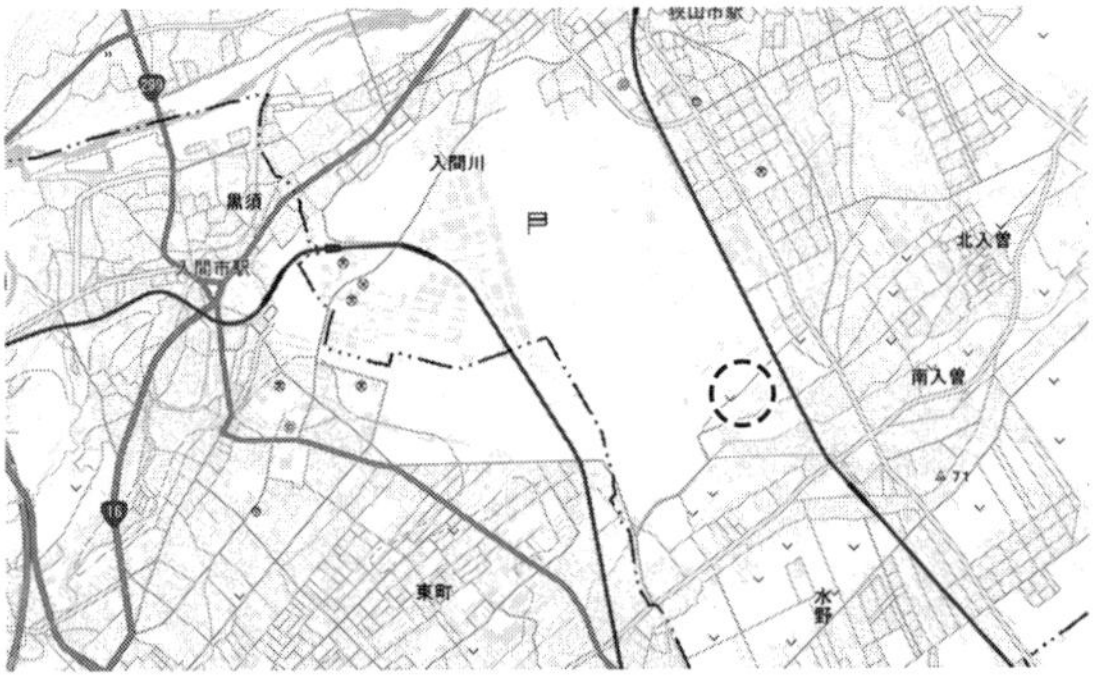

図1　狭山市入曾地区。破線で囲んだ部分が作品の小学校の立地（出典：「地理院地図」を加工）

主人公とその家族は、小学校の向かいの家に居住するとされる。この地域は、狭山市南東部の入曾と呼ばれる一帯で、大きな起伏や高層建築はなく、住宅や畑地が広がる平坦な土地である。この狭山市入曾地区の小学生の視界《パースペクティヴ》ないしは意味世界に、十六号線は現れる。何よりこの小説は、主人公の視界に関してきわめて自覚的である。一善は「自分の知る範囲にしか目を向け」ず、「彼の場合それは「所沢まで」」であり、彼には「鉄道も道路も、所沢からあらゆる方角に延びているように見え」、「東京ならまだしも同じ県内ですら、ある範囲を越えるとそこはもう知らない町ばかりの別天地」だという（「光子のヒミツ」七四―七五ページ）。主人公に経験可能・想像可能な都会は東京ではなく所沢なのである。所沢が彼の生活世界の東南の限界だとすれば、その反対側の限界を画するのが十六号線、ということになるだろう。

十六号線に関する記述

ここで、『学校の近くの家』で十六号線について言及される箇所をすべて抜粋しておこう（番号と傍点は引用者）。

①「ねえあれ……」

旅人が背を向けて指差す反対車線側でも同様の案内標識が、県道の北の終点を示していた。

（な、一本道で、進んだ先が『国道16号』って、え？　それだけ……？）

国道の存在、ただそれだけを示す案内の看板だった。そこから分かってくるのは、主要な県道が市内のここで十字に交差していて、国道16号線の円の一部が北側を通っている、ということで、この市を経てどこへ行けるかがとりわけ重要なようなのだ。（同六七―六八ページ）

② 改めて地図を見ると学校から西隣の入間市へ向かうには、国道16号線で北から回り込んだりするよりも、

県道「川越入間線（茶つみ通り）」を西進するルートを選ぶか、あるいは両市を隔てるように存在する自衛隊基地の南側の敷地に沿う道を行くのが近かった。（同六八ページ）

③　一善は父親と二人、車でここへやって来ていた。自宅からは「茶つみ通り」を西へ進むとすぐに入間市に入る。他に交通手段はなく、友達と自転車で行くと母親に告げたところ、どこを通ればいいか父親に相談しなければならなくなった。そこで道路地図を見ているうち、途中で国道16号線の一部区間を通らざるをえないこと、目当ての小学校（「入間市立S山小」）――工業団地所在地（S山ヶ原、S山台）――ゴルフ場（「S山ゴルフクラブ」）周辺での安全面、また周囲に畑しかなさそうな「茶どころ通り」に出てから先のルートなど、だいぶ心配な点が多いというので、車での下見が必要との判断が下されたのだった。（略）

『宮寺交差点』てったら16号線に出るとき何度も車で通ってるけどさ、そこの周辺の入間市内がこんなふうだなんて、お父さんもとんと知らなかったなあ……」（同六九ページ）

④そこが入間市内でも入間市駅方面だったなら、市役所をはじめ公共施設がいくつか集まり、銀行やビジネスホテルやデパートまであって、きっと狭山市駅周辺のように一つの街としてイメージもしやすかったのだが、目的地が「茶つみ通りをずっと進んで宮寺交差点で国道16号線に出て、道路の反対側にある工業団地のあたりへ行く」といった説明しかできない場所だったことが、「子供たちだけで行くようなところではない」と判断された原因だろう。（「十一年間の思い出」一四七―一四八ページ）

⑤父親の運転する車で出かけるとき、しかも近隣の川越だとか所沢だとか（日本初の「アウトレット何とか」が開業する）大井町などではなく、東京の八王子を経由してはるか遠方の神奈川方面へ、さらに先の山梨や静岡方面へ向かうべく国道16号線に出ようとして、「まず宮寺からジューロクゴーに乗って……」というと

きに、何度かそこを通っていた。（同一四八ページ）

⑥父の盛人が車を出すとなると踏切を渡る駅方面へは向かわずに、ガードをくぐってすぐ県道に出てしまう。そこで一番多く日常の買い物で利用したのが、スロープを上った三階屋上に駐車場があって、行けば買いたい物は何でもそろう「忠実屋」だった。（略）（――市内でここよりも大きな商業施設を探すとしたら、狭山市駅や市役所の先をずっと下ってあの七夕祭りで有名な商店街を過ぎた先で、急にそこで空が開けた感じになる、入間川沿いの国道16号線にぶつかる手前の「ニチイ」くらいのものだっただろう）。（「別の学校」一八八―一八九ページ）

十六号線は、どのような意味連関のなかに現れているだろうか。以下、『学校の近くの家』でこの道路が帯びる意味を、主人公が帰属する二つの社会圏域（家族と学校）に即して検討していくことにしたい。

2 一善の世界

小学五年生／杉田一善

『学校の近くの家』の特徴の一つは、語り手が当の小学生自身ではないという点にある。(9) この小説では、主人公＝語り手、つまり「わたし（私）」や「ぼく（僕）」の語りではなく、作中人物より語り手が圧倒的に多くの情報をもつ全知の語り手が採用され、当事者が生きる世界の半ば外部から小学五年生の日常が描き出されていく。

例えば「学校の近くの家」は、授業参観日の教室の場面で始まる。主人公は、同級生が教室に入ってきて席に着く、ただそれだけの動作に目を奪われている。

な……なんであんなに目立っているのに平気そうで堂々としてて――動きを目で追っていた一人の児童が圧倒される――しかも女子のランドセルの赤なのに、別に女の色みたいに見えない！

杉田一善は、小学五年のその頃から、さして目ざといところもない、目端がきくとは決していえない児童だった。いまも自分が何に感動したのか分からずにいた。ほとんど感覚のなかで生きている。色に着目し、目に映った上着が鮮やかに見えたとは思ったが、疑いもなくナカジマと赤とを結びつけるに留まっていた。だいたいあの暗緑色の黒板と上着の赤とがいわゆる「補色の関係」にあるなどとは、二年後に小学校を卒業したあと中学の『新しい美術1』の教科書で「色相環」にまで進まなければ、公式には学習的な理解の及ばないところなのだ。（八―九ページ）

主人公が感じたこと・思ったことは、それに続く語りによって、解説され（「ほとんど感覚のなかで生きている」）、批評される（「に留まっていた」）。語り手は過去を振り返る者の位置にあり、狭く限定的な登場人物のパースペクティブを相対化し、過去に彼のかたわらにあったはずの「可能性の扉」、当事者にはそれとして立ち現れてこないような可能性の幅を開示する。別の箇所では、母親の日記を引用・参照したり、文部省（当時）が進めようとしていた教育改革にふれたりしながら、一善の学校生活を成立させていた人間や環境や状況を語りもする。そのようにして、当時の小学生の視野は文脈化され、渦中の当事者にはそれとして経験されていないような現実の諸相（かつてそこにあったはずの日常）が浮き彫りになる。

そんな主人公の視界に立ち現れる重要な他者はといえば、母親（「杉田光子」）や父親（「杉田盛人」）、担任教師や同じ班の男子や女子といった学校関係者である。特に父母との関係は大きな比重をもって記述されていて、小説世界はこの両親によって構造化されていると言っていい。

母親／杉田光子

光子（専業主婦、作中の現在で四十代半ば）は、学校で「家の人のシゴト」についての宿題が出た際には、「親の職業」を「宿題で強制的に答えさせるなんて、教育の場での行き過ぎ」だと抗議するような親である（同三〇ページ）。ただし、学校への抗議をいとわないとはいえ、彼女は必ずしも学校に対置される存在というわけではない。むしろ学校的なものに対する親和性が高い人物である。第一話では、参観日の教室を訪れた光子が、学校教育への参加者として覚醒する様子が語られている。

光子はいま立場が変わって初めての参観日に学校を訪れて何事か衝撃を受け、あたかも過ぎし日の小学生に返ったかのような気がしていた。

「衝動？　気まぐれ？　いいえ、きっとやってやる、やってやるわよ……年季の入った新一年生を……！」（略）希望に燃えてさっそく何か始めようと、その日学んだことをその日のうちに、しっかりと当用日記に書き留めていた。

「個は皆の為、皆は個の為――」

「協力一致で和気藹々――」（一三ページ）

ここで呼び覚まされているのは、過去に獲得され、潜在させてきた学校的身体とでも呼ぶべき何かだろう。だから彼女はさっそく「日記」に、「その日学んだこと」（教室の壁の標語！）を書き留めるのだ。光子が学校に対峙しうるのは、教育という営みに自覚的な母親として主体化され、学校を過剰に意識するがゆえであり、実際、彼女は積極的にPTA活動に取り組むだけでなく、やがて「入會小学童クラブ」（放課後の児童たちを受け入れる学童保育所）の補助指導員として自ら教育者的な役割を担い（「帰る友達の後ろ姿」）、子供たちから「光子先生」と呼ばれる存在になる（「十一年間の思い出」）。

では、この母親は、一善の目にはどう映るのか。「光子のヒミツ」で、一善は級友たちと「親って変だ」ということを話題にし、日曜の朝に「遠くへ行きたい」と歌い上げる母親の姿を異様なものとして想起している。「天井に張りつくような裏声を使い、あくまでそのまま歌い続けようとする」光子の歌声は、「何かの害か悪か呪いとして歌が茶の間に侵入してきた」（七一ページ）。「ここではないどこか遠く」を歌い、「真実なものや美を追い求める」（七三ページ）光子の志向は、やはり学校に適合的な性向であるといえるが（学校生徒は現状に満足することを許されない）、一善のほうはそんな母親に得体の知れない何かを嗅ぎつけているようだ。「「どこか遠くへ行きたい」と女の声が歌うのが、どこか知らない町で別の人間になろうという決意のように聞こえて怖かった。所沢の先へと去っていこうとする女だ」（七五ページ）[10]

父親／杉田盛人

一善の父親については、「目立たぬようにスッと文章の中に紛れ込んでいる。それはまるでコソコソしているというか『飛ばし読み』もしくは『速読』によって無視されるのを『期待』しているかのよう[11]」だという評がある。その存在感の希薄さは、主人公の学校生活と接点がないことからくるのかもしれない。「学校は、父親の自動車産業の職場とはどういう点でも関係がない」（一九ページ）。しかし、自動車産業で働くというこの父親は、主人公を学校的日常の外部へと媒介する重要な役割を担ってもいる。

「存在の父親」には、一善と父とが、入間基地の「北側エンド」で離着陸する自衛隊機を眺めながら会話する場面がある。この場面で、母と妹は家で留守番をし、父と息子だけが自動車に乗って出かけている。父と自動車については、次のような記述もある。

父親と二人並んで会話する機会というのも、家にソファーがないからか、車の車内においてほかにないも同然なのだった。そこで山間部のワインディングロードでも、高速道路の追い越し車線上でも、父子のあいだで何気ないやりとりが生まれる。それは「運転のこと」が中心でありながら、どこかしら社会一般について

学ぶところがなくもない、といったふうなものであった。(「十一年間の思い出」一五〇ページ)

少年にとって助手席は、運転者(大人)と同じ対象を見、それについて語り合うことができるポジションであり、一つの社会化の回路となりうる。ここで重要なのは、この小説では、「父」「車」「社会」が互いに結び付く記号になっていることである。したがって主人公と父の会話の場が、家と学校から基地を隔てて向こう側に位置する「北側エンド」であるのは、おそらく偶然ではない。その場所は、「母」「家」「学校」という記号系列との対照性で際立つのだ。

先に抜粋した十六号線に関する記述に立ち戻れば、十六号線はしばしば父親とセットで語られ、父や車が登場する場面は十六号線が登場する場面でもあることが確認できるだろう(抜粋③⑤⑥)。つまり、この小説で〈父/自動車/十六号線〉は、〈母/家/学校〉に対する外部性を示す記号として機能している。十六号線とその向こう側は、父と車で行くべき場所、言い換えれば主人公の生活世界の外部なのである。

3 〝狭山らしさ〟の探求

社会の授業

この小説作品には、学校を媒介にした〝狭山的なものの探求〟とでもいうべき主題が存在し、反復的に学校での地域学習の場面が語られる(「学校の近くの家」「光子のヒミツ」「十一年間の思い出」)。父と車で十六号線の向こう側へ行くという一善の行為(抜粋③④)は、学校での地域学習に促されてのものである。狭山を主題とする授業の場面を、順を追ってみていこう。

「学校の近くの家」には、「小学三年次社会科副読本『わたしたちのS山市』(S山市教育委員会編・昭和六十一年度改定版)」を教材に、学校の周りや市の様子について学ぶ社会科の授業場面がある。[12]

その本に出てくるクラスでの話し合いを読みながら、現実の三年二組でも「学校のまわり」や「市のようす」について話し合った。

「『自動車とお菓子を製造する大きな工場が市内にあり』、の部分だけど」
「はい、市内側では本田技研とロッテ工場が大きいです」
「うん、でも『まとめ』には会社の名前ではなくって、製造品の種類によって『じどうしゃ、おおがたきかい』『しょくひん』と書くことにしましょう」(四一ページ)

興味深いことに、先生は子どもたちが挙げる具体的な会社名(固有名詞)を、製造品の種類(抽象名詞)へと置き換えさせている。ここでおこなわれているのは、具体的な固有名の抽象化ないしは記号化だが、これに続く校舎の屋上に上がって地域学習をする場面(の記述)でも同様の置換が生じているようにみえる。教員は「あの辺にずうっと、北入曾や南入曾、そして水野地区の畑地が広がっています」と具体的地名を説明しながら、近くを流れる川について「白地図には『F川』とでも記しておきましょう」(四二ページ)と指示している。白地図という教材に書き込む段になると地名が記号化されるのである(ちなみに入曾地区を流れるのは、かつて日本一汚い川と称された「不老川」である)。

地域の小学校はその地域から相対的に自律した空間を形作り、そこでおこなわれる社会科の授業は子どもたちが住まう地域を、学習の対象に変える。地域学習は、学校的な知と子どもたち自身が経験的に獲得した知とが交錯するポイントである。小説は、教師が具現する学校的な知の枠組みのありようを、地域社会を抽象化・記号化するものとして戯画的に提示しているのだ。

「S山」の探求

「光子のヒミツ」では、『わたしたちのS山市』の改定作業に携わっているという小五の新担任・馬淵先生が登場し、「S山らしさはどこにあるか」というテーマで、班ごとに話し合いをさせている。「おーい、いいかー。『S山らしさはどこにあるか』って、これ漠然とした質問だからなー。別に何が正しいとか、何か決まった答えがあるわけじゃないぞー」（五九ページ）

これを受けて地図を広げていた一善の班の男子・寺西旅人は、あることに気づく。


小学校、工業団地、バス停。

（ほら、ここにあるゴルフ場の名前も……！）

と、旅人はさきほどの授業中に、教室の学級文庫から分県地図帳を持ち出して熱心に眺めるうち、隣の市にその名前「S山」がつく場所をいくつも見つけ出していた。

これによって何それの事実が分かり、「わかったこと」として文章や表やグラフにでもまとめられたなら、そこでもう地図帳を閉じてしまうところだ。しかし何も分からず、むしろここで知った事実のせいで、見ようとしていた物の輪郭線がぼやけてきたように感じられた。（六〇ページ）

自分たちの市と同じ「S山」の名をもつ場所が隣の市に複数ある。この事実を発見した彼らは、今度隣の市の「S山」へ行ってみようと示し合わせる。教師のもたらした謎は、主人公たちを地域的独自性の探求者として主体化し、「S山」をめぐる探求の物語が動きだす。

これに続くのは、放課後、班の男子三人が県道に出て、「S山市の中心」を示す案内板を探す場面である。旅人は「ここをあと何キロ進めばS山市の中心に着く」という看板を見たことがあるという。しかし、三人はその看板を見つけることができない。かわりに見つけるのが、十六号線や別の都市（所沢や川越）を指示する案内板である。『学校の近くの家』に十六号線が初登場するのは、この場面である（抜粋①）。十六号線は、県道の道路案内板として彼らの前に現れ、十六号線の存在を示すだけのその看板は主人公に驚き（インパクト）をもって受け止められている。

「S山らしさ」を探す旅でまず出合うのが、所沢や川越へ向かう道や、十六号線の存在を表示するだけの道路案内であるということ。それは、この探求の旅が成就されない性質のものであるのを先取りしているかのようである。

写真1　県道50号線沿いにある16号線の存在を示す案内板。1990年代には圏央道の表示はなかったはずだ。2017年3月22日、筆者撮影

浮上する「入間」

狭山をめぐる一善たちの探求は、決まった答えはないという馬淵先生の言葉どおり、明確な結論にはたどり着かない。隣の市＝入間市に実地調査に行こうとするが、光子に阻まれ、一善は父と二人で下見に行くことになる（「光子のヒミツ」、抜粋③④）。そこは入曾からみれば、十六号線の向こう側の場所である。広大な茶畑の広がるその一帯で一善は、「北狭山茶場碑入り口」という石碑を目にし、「どこか懐かしい思い」とともに「地元を代表する特産品の名前、その本場の中心部ともいうべき場所にたどり着いたのかもしれない」という感慨を抱くのだが、「これではなんだかいまいち、狭山市の狭山らしさとはいえないかなあ」とも感じる。結局、一善たちの実地調査計画は、ほかの二人に「行ったことを秘密にしているうちにそのまま取りやめになってしま」う（一五三ページ）。

探求は、同じ班の女子たちによって継続される。彼女らは、中央図書館の郷土資料コーナーに赴き、「入間村」について調べてくる。それに対して馬淵先生は、以下のようにコメントする。

「それで百年以上も前に、学校の周辺は『入間村』の一部になったんだね。学校にしろ神社にしろ地図を見てもいろんな証拠を探し出せるよ。またその名残を感じさせるのが、例えば入曾駅前にある『JAいるま野』だったりする。そして農協系スーパーの『Aコープ』のところには『入間村の碑』という、この黒板よりも黒くて大きな石碑が建てられています。そこには一体どんな歴史が刻まれているのか。何が書かれていたか……。うん、これは今度各自で見に行ってみるといいだろう」

まるで入間市の歴史であるかのようで、話を聞いても謎は深まるばかりだった。（「十一年間の思い出」一五五ページ）

これを受けて一善たちは実際にその石碑を見にいくのだが、碑文の内容は「なぜ狭山市になったか？」という「市名の由来」に答えるものではなく、「なぜ入間市にならなかったか？」というような「新たな疑問」を招くものであり、「もっと謎が深まって」しまうのだった（同一五六ページ）。

やがて「事実をつきとめようとしたことも忘れさった」ころ、一善は自治会の主婦たちの噂話のなかで「母親光子の口から一つの解答」を得る（同一五六ページ）。

「よく聞くのはさ、市が誕生するっていうときに、こっちの村長さんだか

写真2　入間村の碑。西武線入曽駅付近。2017年3月22日、筆者撮影

町長さんだかが向こうのお偉いさんと争ってね、とうとう最後はじゃんけんをして勝ったから、狭山茶の狭山市って名前をつけられたんだっていう噂、聞いたことない？　ホントなのかしらねえ、まったく。でも本当っていえば、本当はこっちが入間川町を中心に昔から栄えていて、入間路って古街道がそこの所沢線のところを通っていたくらいだし、反対に向こうが狭山茶の名産地で狭山丘陵にも近いっていうんだから、もう『なんだ？』って話。ね、この不思議な世の中」（同一五七ページ）

狭山をめぐる探求のピリオドは、この噂話によって打たれている。担任教師が発動させた探求の物語は、〝入間のなかの狭山／狭山のなかの入間〟を浮上させながら、噂というあやふやな情報提示で終わる。その探求は、明確な結論にたどり着かずに頓挫しているようにみえる。あるいは、主人公たちが住まう地域の名が「狭山」でなければならない（「入間」であってはいけない必然性はない）という結論が示されていると読むべきか。

4 記号化された世界、その空虚な中心としての入間基地

地域学習は、各地の小学校でおこなわれていることだろう。公立小学校は、そこに集う子どもたちに対し、自らが暮らす地域についてのまとまった学習機会を提供する。そうでなくとも小・中学校は、地域社会を意識化する回路として機能する。

主に市内の小中学生を対象とした「さやまっ子」との呼称、また小学生でも改まったときには「狭山市立〇〇小学校」と書くのを求められたりするように、早くから学校を通じて嫌でもその市の名前を意識させられてきたのだった。（同一四六ページ）

しかし、この小説では、小学校がよって立つ狭山市の独自性が問われると、地名問題が浮上し、主人公たちは確かな答えには行き着けない。市が冠する「狭山」という名の恣意性が、児童たちの地域学習をはぐらかすのだ。大岡昇平の小説『武蔵野夫人』（大日本雄弁会講談社、一九五〇年）には、「狭山」と題された章がある。狭山市の誕生以前に書かれたこの小説の「狭山」は、武蔵野の奥、東京都と埼玉県の境界をなす狭山丘陵を指していた。鎌田慧の著作には、狭山という地名が狭山市に固有のものではないことについて、次のような記述がある。

新しい市の名称が、由緒ある「入間川」ではなく、合併する各町村の地名もいっさい関係なく、さらには地形的にも「狭山丘陵」とはまったく無関係なのに、あえて「狭山市」にされたのは、製茶業者たちが「狭山市」の宣伝効果を意識して、「狭山、狭山と大騒ぎ」したからだ、とつたえられている。

その運動は、愛知県の豊田市のように、地域を支配するに至った企業の名前を由緒ある「挙母」市のうえに市名をかぶせてしまったほどには露骨ではないにせよ、製品のブランドが市名になった一例であることにはまちがいない。[13]

事実関係はさておき、入間市でないところに入間、狭山市でないところに狭山の地名が散在する事態が残されている。[14]かつてなされた境界設定と市名付与の恣意がもたらした混乱のうえに主人公たちの世界は成立していて、彼らが生きるのはよその地名が「上書き」された世界なのである。そうであるならば、彼らの前に狭山の中心（核心）に導く案内が現れず、所沢や入間や幹線道路に導く案内板が現れることには、相応の意味がある。それは、狭山市内に狭山の本質はないこと、彼らが生きる場所がもはや空間的な座標（位置関係）でしか自己の位置を測ることができないような記号化された世界であることを示唆しているのだ（「学校の近くの家」という題名自体がすでに位置関係の小説だと告げている）。そのようにして、青木の小説は「地域性が薄まった中での郊外」の位相を提示しているのではないだろうか。

他方で、この小説には地域の歴史へとつながっていくような「裂け目」もまた見え隠れしている。ここで目を向けるべきは、狭山市と入間市の間に、二つの市が誕生する以前から存在し続ける「基地」だろう。地域学習の場面で屋上に出た際、担任教師は、まるでそこは学ぶべき地域ではないかのように、「向こうは自衛隊だから、こっちの南側と東側とを眺めてみよう」と言っている（四二ページ）。児童たちの地域学習には大きな「空白」が残されているのだ。地域の歴史につながる「裂け目」の一つがそこにある。だからこそ、小説が明示的には語らないでいる狭山／入間の軍事基地の歴史をみておかなくてはならない。

その存在を「地域住民はともすると忘れてしまいがち」（二三ページ）という航空自衛隊入間基地は、在日アメリカ軍ジョンソン基地（一九七八年に全面返還）を前身とし、さらにその前は大日本帝国陸軍航空士官学校（「修武台」）である。入間川町（現・狭山市）と豊岡町（現・入間市）にまたがるその土地が軍用地として買収され、当時の新聞が「第四の空都建設へ」と報じたのは一九三七年のことであった。[15]

5 「空都」の跡地で

鈴木芳行『首都防空網と〈空都〉多摩』によれば、そもそも東京の外郭に円弧をなす十六号線は「日中戦争後に急浮上した軍用道路構想」の産物であり、この道路がつなごうとした東京近郊の軍事都市群は首都防衛の役割を担っていた。[16]

日中戦争後、埼玉往還の沿線では、多摩に〈空都〉化が進行し、軍港横須賀、軍都相模原、〈空都〉立川、〈空都〉所沢など、千葉県の東京湾岸には軍都柏、軍都市川、軍都千葉、軍都習志野、軍都木更津などの軍事都市が顕在化した。（略）軍事都市は膨大な重工業製品を需要し、かつ軍事産業製品も供給するから、埼玉往還と千葉県下の道路を結び、東京の外郭をぐるりと循環する道路とし、沿線の軍事都市と京浜工業地帯を連絡させて、軍事産業製品などの輸送を目的とする軍事用道路とする構想が急浮上、まず埼玉往還を優先し、道路橋の建設、道路の拡幅や舗装などの事業が施工された。(17)

小説の主人公が世界の中心と見なす所沢は、かつて東京を環状に取り巻く軍事都市の一つだった。「〈空都〉所沢」の中核は、日本で最初の飛行場として一九一一年に開設された所沢飛行場である。(18)所沢飛行場には陸軍航空学校が設置されるのだが、その分教場として当時の入間郡元狭山村・宮寺村・東金子村・金子村にかけての一帯に建設された飛行場がある。その名は、「陸軍狭山飛行場」。かつて狭山／入間地域には、現在の入間基地とは別の場所に、もう一つの飛行場があった。

狭山陸軍飛行場は、昭和九年（一九三四）、当時所沢にあった陸軍航空学校の分教場として開設され、その後昭和一三年に現在の航空自衛隊入間基地の場所に陸軍航空士官学校が発足すると、その付属飛行場として利用されるようになりました。山林を開拓し、格納庫や事務棟、宿舎、飛行訓練台などを備えた総面積二〇〇町歩（約一九八ヘクタール）に及ぶ広大な飛行場でした。（略）年々強化される航空兵力の一翼を担う施設として、昭和一八年頃には東西、上下に四分されていたという過密な空域で毎日訓練が行われ、ここから巣立った多くの士官候補生たちが、戦地へ赴きました。(19)

狭山飛行場があったのは、現在の入間市南西部、十六号線宮寺交差点や三井アウトレットパーク入間の西方、武蔵工業団地などが立地する一帯である（図2・3）。そして、「狭山ケ原」「狭山台」あるいは「入間市立狭山小」「狭山ゴルフクラブ」など、入間市内であるにもかかわらず狭山の名を冠する土地や施設があるとして小説の主人公たちの関心を呼んでいたのは、この一帯にほかならない。彼らは、かつて狭山飛行場だった場所に行こうとしていたことになる。

一九三七年、狭山飛行場の北東、豊岡の台地に陸軍航空士官学校が開設される。『入間市史』は、当時の様子を証言する次のような新聞記事（「東京日日新聞」〔埼玉版〕一九四一年六月七日付）を引用している。

陸鷲《わし》の最高学府航《こう》士校の設《せっ》置に伴ふ各種軍需《ぐんじゅ》施設《しせつ》に次いで憲《けん》兵隊《たい》、陸軍《ぐん》病院《いん》も新設《せつ》され光栄《えい》に輝《かがや》く行幸《こう》道路

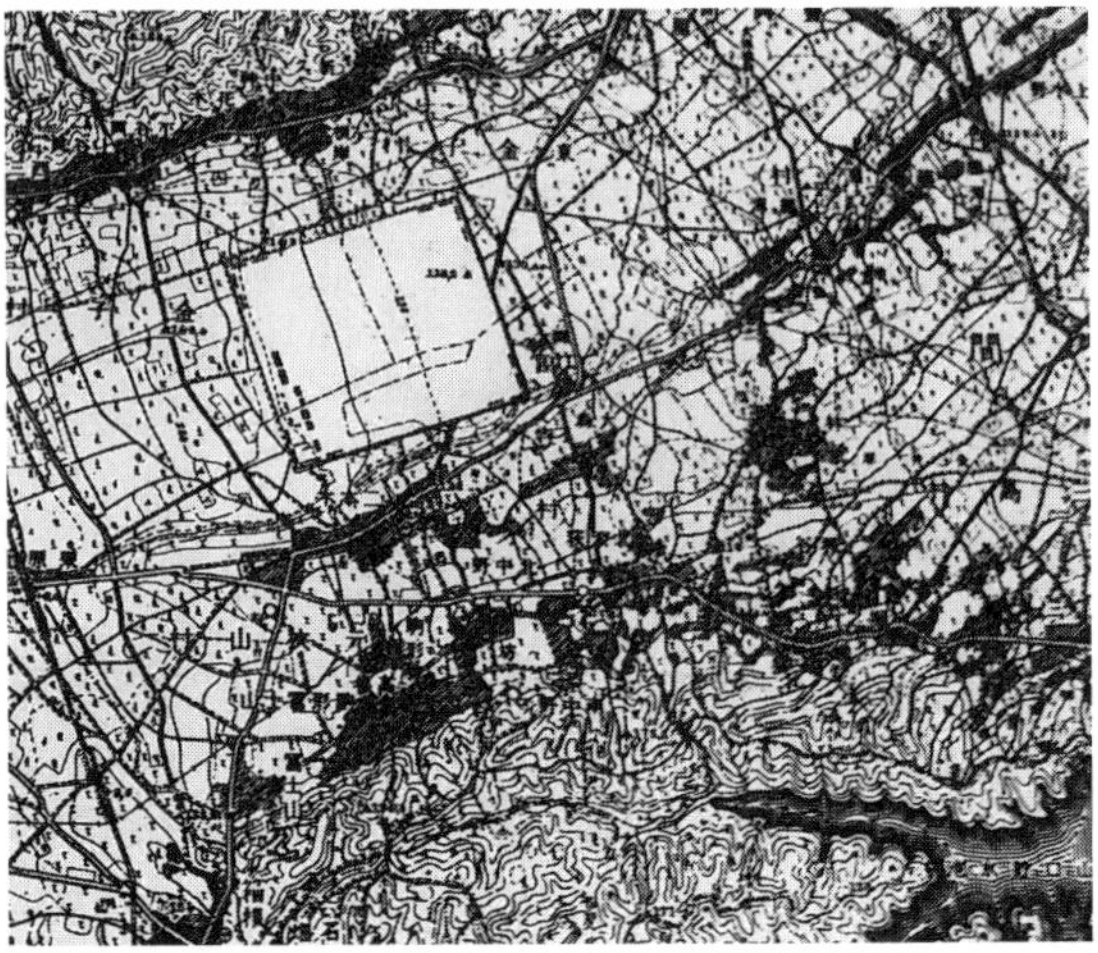

図2　1947年の地図。狭山丘陵の北に方形に浮かび上がっているのが狭山飛行場跡
（出典：入間市史編さん室編『入間市史 通史編』入間市、1994年、882ページから）

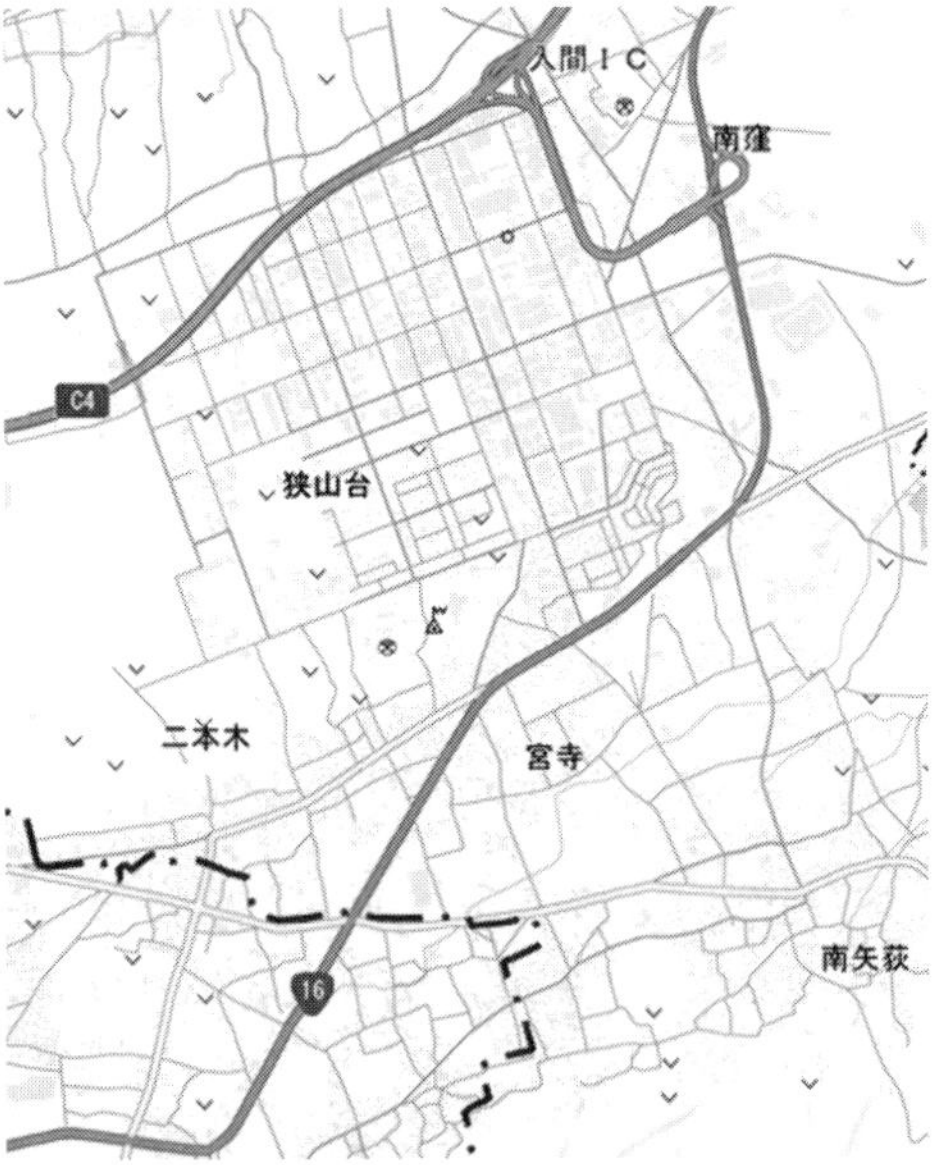

図3　狭山飛行場跡地。16号線と圏央道に囲まれたあたりに、現在でも四角形の輪郭線が浮かび上がっている
（出典：「地理院地図」）

をはじめ、幹線《かんせん》道路は面目を一新（略）町や駅《えき》には若鷲《わし》の群氾濫《むれはんらん》し大空に轟《とどろ》く爆《ばく》音は絶《た》え間もない。いまや所沢《さは》から空都の名を奪《うば》ひとって市街《がい》地の膨脹《ぼうてう》ぶりは入間川町と結《むす》びつき行くゝは同町と合併して市制《せい》を施行《し》も近き将《せう》来とみられる。(20)

この記事からは太平洋戦争開戦前夜、狭山／入間の一帯が所沢に代わる「空都」として繁栄していたことがうかがえる。この記事で語られているように当時、航空士官学校を要として豊岡町・入間川町と周辺七カ村の合併構想があった。それは、現在の狭山市と入間市にあたる地域を一つの「空都」として統合する計画だったといえよう。しかし合併計画は実現しないまま敗戦を迎え、関係施設はアメリカ軍に接収され、ジョンソン基地を挟んで北東側に狭山市（一九五四年）、南西側に入間市（一九六六年）が、それぞれ誕生し、それぞれの市史を刻み始める。(21) 地名の混乱を引き起こしながら、である。こうしてみると、この地域の地名の混乱は、先の大戦に際し「空都」としての内実をもちながら、行政単位としての統合が実現しなかったことに端を発しているのだ。

おわりに

一九九〇年代、十六号線沿線はロードサイドの消費空間として見いだされていく。その一方で、大戦前の軍事拠点はなおアメリカ軍基地や自衛隊

写真3　旧狭山飛行場の西北端。向こうには広大な茶畑が広がる。2017年6月4日、筆者撮影

基地として存続しつつも、規模の縮小あるいは狭山飛行場のように農地や工業団地や住宅地や学校用地などへの転用を経て、ことさら住民の意識にのぼらない日常のなかに埋没していくのだろう。

『学校の近くの家』は、歴史的文脈でみれば、入間基地以外は風景から消え去った「空都」の跡地で、そこに残された地名の混乱に惑わされながら、小学五年生の日常を生きる者たちを描いている。彼らの学校的日常は、はるか大戦前に構想された帝都防衛ラインの巨大なダイヤグラム（終章「「東京都市圏」の縁をなぞる——国道十六号線と沿線地域の歴史と現状」〔西田善行〕を参照）の一環をなす軍事基地に隣接しながら、かつそれを視野の外に追いやりながら営まれている。あえて言えば、『学校の近くの家』という題には「基地の隣の」が省略されている。この小説作品は、そこで生きる人々の生活世界の基底を形作りながら、それが省略可能なほどに不可視化されうる十六号線沿線の現在を提示するものとして読むことができる。

主人公たちが生きる世界の片隅をかすめ、その世界を枠づける十六号線《ジューロクゴー》。その向こうに子どもたちだけで行っていたなら、彼らは何に出遭っただろうか。

注

（1）「一九六七年から一九七〇年までのたった四年間で、住宅用地に転用された農地は、二百ヘクタールにものぼっている。狭山事件の背景には、このような農村地帯の急速な都市化があった」（鎌田慧『狭山事件の真実』〔岩波現代文庫〕、岩波書店、二〇一〇年、三四ページ）

（2）狭山市『狭山市史 通史編2』（狭山市、一九九五年、九二六ページ）。現行のルートは、一九六〇年代に中心市街を迂回するバイパスとして新設されたものである。

（3）初出は、第一話「学校の近くの家」（「新潮」二〇一四年九月号、新潮社。以下、同）、第二話「光子のヒミツ」（「新潮」二〇一四年十一月号〔「心のレタリング」改題〕）、第三話「二年生の曲がり角」（「新潮」二〇一五年一月号）、第四話「存在の父親」（「新潮」二〇一五年三月号）第五話「帰る友達の後ろ姿」（「新潮」二〇一五年五月号〔「友達のルート」改題〕）、第六話「十一年間の思い出」（「新潮」二〇一五年七月号）、第七話「別の学校」は単行本書き下ろし。以下の本文中、ページ数だけを表示した引用は、すべて新潮社刊の単行本による。

（4）矢野利裕「躍動する学校あるある」「群像」二〇一六年三月号、講談社、二九八ページ

（5）松田青子「小学生の日々の不思議」「新潮」二〇一六年三月号、新潮社、二七二ページ

（6）ミヤギフトシ「小学生の頃から、忘れていた」「すばる」二〇一六年三月号、集英社、三一八ページ

（7）「青木淳悟さんインタビュー」「BOOK SHORTS」(http://bookshorts.jp/aokijyungo/)［二〇一六年六月五日アクセス］

（8）「bestseller's interview 第七八回青木淳悟さん」「新刊ＪＰ」(http://www.sinkan.jp/special/interview/bestsellers78.html)［二〇一六年六月五日アクセス］

（9）「日本経済新聞」二〇一六年二月十六日付夕刊に掲載の「気鋭の作家『子供小説』相次ぎ発刊」と題された時評は、西加奈子『まく子』（福音館書店、二〇一六年）、川上未映子『あこがれ』（新潮社、二〇一五年）などとともに『学校の近くの家』を取り上げ、村田沙耶香『マウス』（講談社、二〇〇八年）に示唆を受けたという作者の言葉が引かれている。『あこがれ』は小学四年生、『まく子』『学校の近くの家』『マウス』は小学五年生を主人公にしている。この設定について、青木は「大きくもなく小さくもないという不安定な年齢」であり、六年生だと卒業式や修学旅行など「『ドラマ』の要素が入ってきてしまう」ので避けたという（前掲「bestseller's interview 第七八回青木淳悟さん」）。

（10）杉田家は東京都清瀬市から移住したとされ、その移住は光子の流産を契機とする。「新しくやり直そうと都内西郊の地から鉄道沿線を下って武蔵野を奥へと分け入るように埼玉県Ｓ山市のここに移り住み、もう以前のように安定剤と睡眠薬を多用することはなくなり」（二一ページ）、「三矢」が生まれる（九八ページ）。こうした子を亡くした母親像との重なり合いで、連続少女誘拐殺人事件（一九八八―八九年）は、小説世界に呼び込まれている。宮崎勤の逮捕・自供以前、被害者家族には「今田勇子」と称する子を亡くした母親からの犯行声明が届いていた。なお、この事件のうち二人の被害者は十六号線沿いで誘拐されている（一橋文哉『宮崎勤事件――塗り潰されたシナリオ』〔新潮文庫〕、新潮社、二〇〇三年、巻末「宮崎勤事件関連地図」参照）。

（11）福永信「近づけばそのときまるで主人公のような……」「文学界」二〇一六年三月号、文藝春秋、三二一ページ

（12）第一話と第二話では「Ｓ山」と表記されるが、それ以降は伏せられず「狭山」と表記されている。本論ではこの表記の揺れについてはひとまず度外視する。

（13）前掲『狭山事件の真実』三三―三四ページ

（14）前掲『狭山市史 通史編2』には、合併促進協議会での議決（一九五四年五月）が「狭山丘陵に由来する地名を、直接関係のない土地が市名に選んだことは問題を残すことになり、その後発生した地名混乱のもと」になったとあ

る（七八三―七八四ページ）。また、埼玉新聞社『埼玉大百科事典2（き―しゃ）』（埼玉新聞社、一九七四年）の「狭山市」の項には「当時の関係者は、新市名を狭山市としたが、これは当然入間市とすべきであった。昭和四十一年南に隣接して入間市が生まれ、遂に狭山市を入間市に改める機会を逸した。狭山丘陵から遠く離れ、狭山茶産地の中心でもないのに狭山市を名乗り、入間郡の名の出た所で、入間郡の中心部にありながら、入間市の名称を放棄してしまった」（三九四ページ）とある。

(15) 入間市史編さん室編『入間市史 通史編』入間市、一九九四年、八八四ページ

(16) 鈴木芳行『首都防空網と〈空都〉多摩』（〔歴史文化ライブラリー〕、吉川弘文館、二〇一二年）によれば、「空都」とは、「航空部隊の常駐する飛行場」をもち、航空工廠や航空学校などの「防空軍事施設」「航空機生産工場」が集積し、「生産労働者などによる人口増大」が生じている都市を指す（一五ページ）。

(17) 同書一一九ページ。「埼玉往還」は、十六号線の原型となる埼玉―神奈川間の幹線道路の通称。

(18) 所沢飛行場は、現在の西武新宿線航空公園駅の東側に所在。戦後、アメリカ軍に接収され、現在でも通信施設がある。返還された区域には、航空公園のほか、所沢市役所や東京航空交通管制部などが立地する。航空公園には「航空発祥の地」との石碑がある。

(19) 入間博物館編『今・昔絵巻いるまタイムカプセル――見る・聞く・残す・わたしの入間史：市制施行45周年記念アリットフェスタ2011特別展図録』入間市博物館、二〇一一年、二四ページ

(20) 前掲『入間市史 通史編』八八一ページ

(21) 同書八八七ページ

第7章

不在の場所

春日部にみる「町」と「道」のつながり／つながらなさ

鈴木智之

1 ゴースト・プレイス

二〇一六年九月十八日付の「埼玉新聞」に、次のような記事が掲載されている。

一七日午後三時一五分ごろ、春日部市新方袋、廃店舗二階で、白骨化した遺体が倒れているのを、訪れた男性（六四）が発見し一一〇番した。

春日部署によると、遺体は性別不明。四つに区切られた座敷の一角にあおむけで倒れており、人が生活していたような跡があった。廃店舗は二階建て。一階でラーメン店、二階で焼き肉店を経営していたが、両店ともに約二〇年前に閉店したとみられている。

廃店舗の前にはフェンスがあったが、損壊していた外壁の隙間から誰でも入れる状態だった。男性は知人男性（六四）から「（廃店舗で）三～四年前に死体を見た」と聞き、興味本位で知人男性と共に廃店舗を訪れたところ、遺体を発見したという。

遺体は死後数年が経過しているとみられ、同署で店舗の所有者や遺体の死因、身元を調べている。

白骨化した遺体が発見された場所は、春日部市西部、国道十六号線の外縁に建てられた工業団地の外れである。荒れ果てた建屋を取り巻いて鬱蒼とした木立が生い茂り、冬場で木の葉が落ちても、店のなかは薄暗く、様子をうかがうことは容易ではない。現場に立ってみると、轟音を響かせて通り過ぎる車の流れ（写真1の左手を十六号線が走る）と、裏手に広がる手入れが行き届いた農地と、打ち捨てられた店舗の並びがいかにもちぐはぐで、空間としての調和がとれないまま時間が止まっている印象があった。(1)

この死体が誰のもので、どのような経緯でここに横たわっていたのかについては、その後報道がなされていない（二〇一八年四月現在）。新聞報道の直後には、女性週刊誌やラジオ番組が興味をもって取材に訪れ、「空き家問題」というフレームのなかで番組や記事を構成していた。他方、ネットメディアにはさまざまな憶測や噂が飛び交い、そのなかには、現場の写真に霊《ゴースト》が写っているという語りもあった。しかし、事件の真相に関わるような新たな情報がもたらされることもなく、この出来事は忘れ去られていくようにみえる。

十六号線沿道というロケーションに引き付けて、この事件に象徴的なものをみてしまうのは、いささか恣意的にすぎるだろうか。しかし、少なくともこれは、この道沿いに新しい店が開かれたときには誰も想像してみなかった結末だと言えるだろう。国道が敷設され、人や物の往来が見込まれ、周辺の町の成長が予測されて、ここに商売の可能性を感じ取った人がいたにちがいない。そして（ネット上の書き込みを信じるならば）この店も一時はそれなりのにぎわいをみせていたようである。だが、いつしか商売は行き詰まり、店は閉められ、残された不動産も売れ残って廃屋となる。もちろん、この店が続かなかったのは（私たちには知ることができない）個別事情に関わることである。だが、店舗の外観や周囲に広がる茫漠とした風景は、この夢の破綻が、この地域《エリア》の問題でもあることを物語ってはいないだろうか。その印象を頼って、この「白骨死体」の浮上は、一つの道が町を作り損ねてきたことを示す徴候であると言っておこう。「道」が「町」を育てきれずにいる。その果てに「十六号線的」な風景が広がる。この直観的な認識を起点にして、この「道」が私たちにもたらす殺伐とした感覚の正体を考えてみたい。

写真1　事件の現場となった「廃店舗」。
2017年1月6日、筆者撮影

2 道が町を作る

道は、しばしば、町を作るものである。

道は人や物の往来を促し、人々の交わりの場を生み出す。沿道に市《いち》が立ち、宿が設けられる。市はやがて店としての構えをみせ、宿の周辺には旅人に供せられるサービスが準備される。そこに、近隣（あるいは遠方）から物産が運び込まれ、流通の拠点となる。こうして路上の節々に人々の活動の拠点が生まれ、それぞれのにぎわいをみせるようになる。

こうした形成過程を経ると、当然のことながら、町の中心を道が走る。道を伝ってやってきた人が、そのまま町の心央部へと導き入れられる。そのとき、町の内部空間では、道は単に移動のための通路にはとどまらない。鳴海邦碩が論じたように(2)、道はそこに集住する人々の共有の「庭」であり、「空地」である。その「自由空間」に人が集い、交易や娯楽や祭祀の場として活用され、コミュニケーションの結節点となる。かくして、道が動脈として息づく一つの有機的空間が生まれる。

だが、道は常に町の中心にまで入り込み、生活空間の内部を貫通するとは限らない。例えば、ひとたびでき上がった都市に外から道が継ぎ足されていくときには、町が道の侵入を拒むことがある。とりわけ、道幅が広くなり、町なかの往来の様式やリズムと道なかのそれとが一致しなくなると、道は町の内部には招き入れられなくなる。そのような「大きくなりすぎた道」は、町という空間の有機的組織を破壊してしまうし、逆に、市街地に入り込むことによって交通の流れが滞ってしまうからである。このとき、道は町の外縁をかすめて通り過ぎる。道は、町と町をつなぐ通路でありながら、町の人々の生活の場所からみれば、その外部にあって、可視化されない存在にとどまる。

このようなラフな見取り図を描いているのは、十六号線と町とのつながり方、あるいはその「つながらなさ」を考えてみたいからである。この道を車で走破してみて思ったことの一つは、ここをいくら走っても町にはたどり着けないということであった。道は町のなかには侵入せず、近くをよぎっていくだけである（例外は、横浜ぐらいだろうか）。町は道の左右に、少し隔たりをもって、遠く見えている。あるいは、交差点の標識に「ここを曲がると○○町にたどり着ける」ことが記されているにとどまる。それもそのはずで、現在の十六号線はかなりの部分で、意図的に市街地を回避する「バイパス」として建設されているからである。この道は、文字どおり町（市街地）の「かたわら《バイ》」を「通過《パス》」する。だから、人々の生活と産業を支える物資の輸送路でありながら、町の生活圏から切断された異種の空間となる。

そのことは、本章で取り上げるエリア、春日部とその周辺地域に足を踏み入れ、町の側から十六号線を眺めてみたとき、あらためて強く感じられる。マンガ・アニメ『クレヨンしんちゃん』（臼井儀人。一九九〇年から二〇一〇年まで双葉社の雑誌に連載し、その後、テレビアニメ、アニメ映画になっている）の舞台となった町と言えば、多くの人にイメージしてもらえるだろうか――春日部は、埼玉県の南東部、千葉県境近くに位置する郊外都市である。その市内には、国道四号線と十六号線が交わっている。というよりもむしろ、それぞれの道の原軌道だった日光街道と岩槻道の交差が、春日部――江戸時代には「粕壁」とも記された――の町を生み出したとすべきだろう。

しかし、現在、四号線と十六号線にはどちらもバイパスが建設され、市街地を迂回して通行することが可能になっている。これによって、「町」と「道」のつながり方に大きな変化が生まれている。そのうえでさらに比べてみると、二つの道は春日部という町に対して異なる関係をとっていることがわかる。四号線は、旧道と新道の二軌道が「国道」指定されていて、特に旧道はいまも町の構成に内在的な関わりを示している。他方の十六号線は、旧道が県道に配置換えされ、バイパスつまり現在の十六号線のほうは、町の生活に無縁であるかのようなよそよそしさをみせる。この落差に着目するところから、「町」と「道」のつながりを問い直してみることができるだろう。そのためにも、ひとまず、春日部という町の歴史をひもといてみなければならない。

3 春日部
道が生み出した町

川と道の交錯

　春日部は川が生み落とした町だった。市の中央部に広がる平地は、東の下総台地、西の大宮台地の合間に、河川が運び込んだ堆積土が作り出した土地である。この「中川低地」には、東から、江戸川、中川（庄内古川）、大落古利根川、古隅田川が流れる。江戸川は、江戸時代に掘削して作った人工の河川であり、大落古利根川は、江戸時代以前の利根川の流れの一つであった。河川は土を運び、自然堤防を形成し、その外にさらに低い後背湿地を生み出す。それによって、平らな土地にわずかな起伏のニュアンスが生まれる。自然堤防の上には「住居」が建てられ、治水の手が加えられた後背湿地は水田として開発されていく。

　一方で、河川は、中世、鎌倉・室町時代から水運の道として利用されてきた。「古利根川・古隅田川・元荒川などの舟運」は、「鎌倉や江戸湾岸、東海地方とも結びつ」き「流域の荘園や御厨の年貢などの貢納物も船で運ばれ」、同時に「東海地方の焼物なども船で内陸にもたらされた(3)」のである。

　陸路は、この水路に並行して作られてきた。鎌倉時代に、幕府所在地から各国に向けて道が開かれるなかで、武蔵野国東部から下野の国に至る道──「鎌倉街道の中道《なかつみち》」──が、現在の板橋から岩槻、栗橋を経て古河につながっていく。こうした水陸交通路のネットワークが発展するなかで、戦国時代には春日部（粕壁）に市《いち》が立つようになる。江戸時代に入ると、日光街道（日光道中）が整備され、一六〇〇年代の初頭に「宿場町」が形成される。周知のように、徳川幕府は江戸を中心とした国土作りのために、五街道を中心とする街道の整備に乗り出し、日光街道は江戸から千住、草加、越ケ谷から栗橋を抜けて、日光東照宮へとつながっていく。粕壁は日光道中四番目の宿場町になり、地域の商業拠点として栄える。沿道には「旅籠以外にも商家が軒を並べ」、「在郷町」として発展していく。「四」と「九」がつく日に「市」が立ち、「周辺の農産物や生活用品など多くの商品が売り買いされた」。「また、宿場には農具や桐簞笥をはじめ日常生活や農業生産を支える諸道具を作る職人も多く暮らしていた。職人が生み出す産物は、やがて春日部の特産物となっていった」(4)

春日部の町が水路と陸路、河川と街道によって作られてきたことは、旧日光街道から古利根川沿いの道を歩いてみれば、いまでも体感的に理解できる。この「川」と「道」は、地域に暮らす人々が構成する空間地図のなかで、人と物を導く基本的な方向の感覚を形作っている。日光街道と古利根川が描き出す南北のラインこそが、「町」の中心線である。そして、明治時代に敷設された鉄道も、この導線に沿って人や物の輸送を担うものだった(千住―幸手間に「千住馬車鉄道」が開業したのは一八九三年〔明治二十六年〕。北千住―久喜間に東武鉄道が運行を開始するのは九九年である)。

脇往還としての「岩槻道」――「旧十六号線」の軌道

しかし、水路も、また陸路も、南北の方向にだけ通じていたわけではない。春日部は、古利根川の流れに古隅田川のそれが合流する場所に開かれた町である。この東西に流れるもう一つの川筋に沿って、「岩槻道」と呼ばれる古道があった。それは、粕壁宿と近隣の城下町―岩槻城(さいたま市岩槻区)や関宿城(千葉県野田市)―を結ぶ「脇往還《わきおうかん》」の一筋である。「日光道中が縦軸で、城下町と宿とを結ぶ道を横軸とすれば、二つの道と道とが重なる粕壁宿は、地域間交通の交差点である」(5)

「岩槻道」は、粕壁宿の北、「最勝院などの寺院がひしめく寺町通から、宿の鎮守八幡社を経て岩槻に向かう一里三〇町の道」(6)であった。近代に入ると、このルートに沿って県道が整備され、一八八九年に「岩槻新道」として開通する。これが、のちの埼玉県道二号線の原軌道を形作る。

現在、日光街道の旧道を北西に進み、春日部の中心街を越えて、新町橋(西)の交差点を左に折れると、「開

4

町と道の接続／断絶

かずの踏切」として悪名高い「東武伊勢崎線第百二十四号踏切」に通じる。これを過ぎて、東武野田線を右手に見ながら真っすぐに走る道が県道二号線である。二号線は、地元では「旧十六号」「十六号線の旧道」と呼称されることが多い。この道は一九六三年に国道十六号線に指定され、その後「十六号線バイパス」の開通に伴い、順次県道に降格してきた歴史をもつからである。

春日部という町の発展を考えるうえでは、東西に（地図では、南西から北東に）走る道が果たした役割にも目を向けなければならない。春日部旧市街の最勝院を起点に、古隅田川の流れに沿って続くかつての岩槻道を歩けば、中世の武将・春日部氏の居城跡（浜川戸遺跡）、春日部八幡神社、謡曲「隅田川」に謡われた梅若丸伝説にゆかりの満蔵寺（春日部市新方袋）、古隅田公園をたどることができる。[7] 県道二号線沿道にも、人々の往来と交易の痕跡（例えば、古風な店構えの商店）が数多く残されている。そしてこの道は、直接春日部の町の中心部に入り込んでいる。このように、古隅田川と古利根川が交わる場所、そして日光街道が古利根川を渡る手前の場所に宿が生まれ、この宿場と近隣の城下町とを結ぶ「脇」の道が形成されていった。水路と複数の陸路の交差する場所に「粕壁＝春日部」という町は育ってきたのである。

図1　春日部市街と16号線
（出典：「地理院地図」）

しかし、町を生み出し、その町の中心を走っていた道は、モータリゼーションの進行とともに、市街地を迂回する径路を必要とするようになる。一九六〇年代以降の交通量の増加に対応して、四号線は新道の建設が進められ、越谷—春日部間は七七年に、春日部—古河間は八七年に供用が始まっている。他方、十六号線バイパスは、六七年に岩槻—春日部間で、七五年から春日部—野田間で使用が可能になっている。

こうして、国道の「バイパス化」が進んでいく時代。それは、春日部の町が「郊外都市」としての成長をみせる時期に重なっている。

春日部の郊外都市化と十六号線（バイパス）

春日部一帯が、東京へと通うサラリーマンたちが居住する「ベッドタウン」としての性格をもつようになったのは、一九六〇年代（昭和三十年代後半）以降のことである。その頃からの地域人口の急増がそれを物語っている。六五年には四万二千四百六十人だった春日部市の人口は、その後「激増に転じ」、八五年にはすでに十七万人を超えるに至る。こうした人口の受け皿の一つになったのは、六〇年代後半から建設された日本住宅公団の団地である。六六年には、春日部市最南部の大枝・大場地区六十ヘクタールに七街区からなる武里団地の建設に着工する。六千十世帯、人口一万九千人が住むマンモス団地で、建設当時は「東洋一」の規模とうたわれた。このほかにも民間企業による宅地の造成が進み、「市域は住宅都市として急速に変貌を遂げていく」[8]。

他方、郊外居住区としての成長を見せ始めるとともに、春日部地域は産業構造の転換を果たす。旧宿場町とそれを取り巻く稲作中心の農村地帯だったこの地域を変貌させる一つの契機となったのは、「工業団地」の造成だった。春日部市は、一九五九年に「自主財源」の創出と「雇用対策」を目的に「工場誘致条例」を議決。六〇年にアンデスハム春日部工場が建設される。六二年からは、十六号線沿いの梅田・天神地区に四十三・五ヘクタールの工業団地が造成され、六七年には十六号線バイパスの開通とともに入居が始まる[9]。新しい十六号線は、春日部地域の工業生産を支える輸送路として敷設されたのである。

団地に暮らして東京方面へ通うサラリーマンたちの移動を支えたのは、東武鉄道であり四号線であった。したがってそれは、南北のルートをなぞっている。しかし、もう一つの団地——工業団地——に供給される物資の輸送は、東西に市内を横断するもう一つの道——十六号線（バイパス）——に大きく依存していた。したがって、この郊外化の流れのなかでも、複数の道の交わりが春日部の町を形作ってきたと言える。十六号線は、新たな「脇往還」としての役割を果たしてきたのである。

だが、ここで私たちは冒頭の問いに立ち返ることになる。十六号線は、どのような意味で「町」を作ってきたのか。「道」と「町」は、どのような接続《アーティキュレーション》をみせているのだろうか。

一般に、モータリゼーションの進行が郊外都市の成長にとって不可欠の条件となることは言うまでもない。人の移動にとっても、物の輸送にとっても、歩行と鉄道という手段だけでは広域に点在する大規模な人口集住（都市）を支えるだけのネットワークを形成できないからである。しかし、「自動車移動《オートモビリティ》」というシステムは、「町」という生活空間の組織と必ずしも相性がいいものではない。その点を、ジョン・アーリは次のように述べていた。

自動車移動は職場を家庭から分離し、都市への、あるいは都市間の長く退屈な通勤を生み出す。それはまた家庭と商業地区を切り離し、徒歩や自転車で行けるような地域の小売店を衰えさせ、繁華街や車の通らない小道や公的空間を蝕んでゆく。それは家庭と娯楽地を引き離し、そうした娯楽地はしばしば自動車交通でしか利用できないものとなってしまう。(10)

「自動車移動」が要求する時間と空間の配置、そのスケールや速度、移動の距離や形態は、「徒歩や自転車」という手段でつながっていた町の有機的近接性を断ち切っていく危険性をはらんでいる。ましてや、自動車による移動の円滑な流れを実現するためにバイパスが形成され、その「道」のスケールに見合った産業・商業施設が構築されていくとき、人々の居住区としての「町」とのつながりは構造的な変質を被らざるをえない。

新たな「市《いち》」としてのショッピング・モール

街道の往来がにぎやかになれば、沿道にはやがて市が立ち、店が構えられる。その古典的なパターンを現代でも反復しているのが、「ロードサイド」のさまざまな商業施設——ショッピング・モールやコンビニエンス・ストアなど——だと言うべきだろう。

ただし、十六号線沿道では、モールとコンビニは中心的な顧客層を異にしている。後藤美緒がリレーエッセー(11)で論じているように、コンビニは、この道を車で往来する人々（例えばトラックドライバー）をターゲットにしている。比喩的に言えば、それは「旅人」のための商業店舗である。これに対し、「モール」は近隣の地域に暮らす住人のための消費の場。「町人」のための商業施設である。町に暮らす人々は、「車」を利用して、国道（バイパス）沿いのショッピング・モールまで買い物にやってくる。巨大なモールは、その気になれば、丸一日をそこで過ごすことができるような多様なサービスを準備して人々を迎え入れる。

イオンモール春日部（春日部市下柳）には、洋服やアクセサリーなどのショップやカフェ、レストラン、ファストフードショップのほか、銀行や保険機関、映画館、ペットショップ、CD／DVDショップ、整体サロン、理容店、クリーニング店、仏壇店、ゲームセンターなど、およそ消費生活の全域をカバーする店舗が準備されている。少なくとも、余暇と消費の局面でみれば、日常生活がそのまま持ち込まれていくような空間が国道沿いに伸長していて、そこに家族の時間、友達や恋人と過ごす時間が流れている。また、南後由和が指摘するように、ショッピング・モールでは通路にカーペットを敷いていて、このカーペットというインテリアを媒介として、「家というプライベートな空間」から「地続き」のものとして経験されている。(12)

その意味では、「道」は新たな「市」を開き、消費空間としての「町」を拡張している。少なくとも、「モール」をはじめとする商業施設は、「町」の外縁を通り過ぎる「道」と、町なかに居住する人々の生活の結節点をなしている、と言えるだろう。

しかし、クルマという閉鎖的な移動手段を使って家族や友人との付き合いをそのユニットのままで持ち込むことができる場所には、レイ・オルデンバーグが言う「サードプレイス」[13]――あらかじめ近しい関係にあったわけではない人々が交わる「インフォーマルな公共生活」の場――が育ちにくい。

また、これはすでに言うまでもないことだが、市街地から外れた商業施設は、町の中心部の商店街や商業施設と競合関係に立ち、ロードサイドのビジネスが成功すればするほど、旧市街地が廃れていくという帰結をもたらす。実際、現在十六号線に近接するいくつかの地域（例えば柏、木更津）では、商業拠点が市街地の外部に奪い取られ、中心部の地盤沈下が進むことで「町」が寂れつつある。春日部では、十六号線と四号線のバイパスが交差する地点（春日部市下柳）にイオンモールが開業した二〇一三年に、中心市街地のシンボル的存在だったロビンソン百貨店が閉店している[14]。こうして、町の商業活動を担う主役の交代が進むのだが、これは単なる店舗や経営主体の入れ替わりを意味するだけではない。周知のように、日本の郊外都市の成長は鉄道会社を中心とした企業による宅地・商業開発によって支えられ、鉄道の駅を中心とした円環・放射線状の空間を形成してきた。町の外縁に位置する商業施設の興隆は、この「中心」の空洞化を招き、各店舗は広域に散在する「点」的な存在としてイメージされるようになる。「町」の空間地図は、「中心―周縁」の構造をもたない、フラットなネットワーク構造へと書き換えられていく。

それでも、その点と点が近接的なつながりのなかで連なっていくのであれば、「町」は一定の密度を保つ活動の空間であり続けるだろう。しかし、実際に十六号線沿いを車で走ってみると、商業施設の集積は特定の場所に偏り、中心市街地から離れているだけでなく、相互にかなり隔たっていて、その周辺には実に大きな土地が取り残されていることがわかる。明石達生が記しているように、「自動車移動」を前提として広域にわたる開発が進むと、「住宅はもとより、商業などの集客力を要する用途ですらも立地限定性がなくなり、都市のあらゆる機能が、安くて広い土地を求めて、市街地の外へと拡散する傾向を帯びる」。これによって虫食い的な土地利用（スプロール化）が進んでいくなかで、商業施設が一定数、建築されると事業者間の競争が生まれ、「新しい店舗が既存の店舗のお客を奪おうと挑み、淘汰が繰り返される」。「この過程で、新たな店舗のために農地や山林が新たに開発され、競争に敗れた既存の店舗の土地や建物は他の利用に転用されない限り空地や廃屋となって放置される」[15]。ロードサイドの商業施設が、ある程度の数をもって「集積」されていくとしても、沿道の全域を線的なつながりで開発するには至らず、成功し存続している店舗と店舗の間に、空地や廃屋などが置き去りにされることになる（本章の冒頭にあげたラーメン店・焼き肉店の残骸も、こうした風景のなかに位置づけることができる）。

どれほど巨大な商業施設であっても、十六号線のような道を、長い距離にわたって店舗が連なり人々が往き交うような「町」に変えるだけの力をもたない。むしろ、大型のショッピング・モールであれば広大な敷地を要するため、それだけ立地が市街地から遠ざかる。そして、モールのなかには一通りすべてのアイテムがそろっているので、その周辺にほかの店舗が育ちにくくなる。かくして、大型店舗が成功すると、それは旧中心市街地だけでなく、ロードサイドの他店舗をも淘汰し、もはや農地ではなく、かといって商業利用されているのでもない、中途半端な土地を取り残していく。したがって、車で移動する者の目には、沿道のところどころに浮島のような「巨大モール」が出現し、次のモールにたどり着くまでは、またどこか「荒野」のなかをひた走るような印象が生まれる。「モール」の周辺には、しばしば空漠とした風景が広がっているのである。

「道」と「店」の断絶

十六号線のように片側複数の車線を備えた広い道の両側に、かなりの間隔をもって店舗が点在するという配置は、この空間を「自動車移動」専用にさせ、人の歩行を拒むようになる（歩いても快適ではないし、なかなか目的地にはたどり着けない）。

そして、車でしか人が訪れないという条件は、「店」と「道」の関係を変質させる。単純化して言えば、「店」は「道」に対して、遠距離から目につくような「大型のサイン（看板）」を掲げているだけで、「店舗」のなかの様子をみせたり、「ショーウインドー」のような「展示」をおこなったりする必要がなくなる（実際に歩いてみるとわかるのだが、春日部地域の十六号線沿道で商品を表に展示しているのは車のディーラーだけである）。「店」はその内部の様子を外にみせなくなり、逆に、ひとたび店舗の内部に足を踏み入れると、外の「道」の様子は全く目に入らなくなる。古い街道沿いの店であれば、店舗の内部と外部はきれいに遮断されず、表からなかが、なかから表が（少なくとも透けて）みえるような構造が保たれている。しかし、「人が歩いて通り過ぎることがない道」に面した店舗は、内に閉じた建造物となる。特に、大型のショッピング・モールは、その内部に「何でもある」ような「自足的空間」を形成して、外の世界から切断される。

写真2　イオンモール春日部の外観。ショッピング・モールは、看板だけを外部にさらして内部をみせない巨大な「黒い箱《ブラック・ボックス》」である。筆者撮影

ショッピング・モールが、どこへ行っても全く同じであるような（例えば、その商品の並びで）「均質」な空間であるかどうかについては慎重な検討が必要だろう。しかし、モールは、多様かつ大量の商品の集積を必要条件としていて、ここにしかないレアな品物の提供よりも、一通り何でもあるという品ぞろえを優先する。そのために、多様かつ大量の商品が常に準備され、これをわかりやすく展示するために、どのショッピング・モールでも同質の空間構造のなかに店舗を配置するようになる。その結果、私たちは、どのモールに行っても「〝どこかで見たことがある〟、〝こういう場所を知っている〟という既視感を抱いてしまう[16]」。言い換えれば、この種の大型商業施設は、商品の集積性と多様性のために、立地環境から強く自立した、施設に固有の空間設計にしたがって組織されるのである。

かくしてモールは、路面にありながら、道から絶縁した「小宇宙《ミクロ・コスモス》」と化す。モールは、外の道路から切り離さ

れた空間を構成し、内部に「道」を抱え込むのだと言うべきかもしれない。実際、その空間のなかでは店が商品を陳列し、人々（顧客）は街路を歩くようにその間を闊歩する。モールは、その名が示すように――mall は「木陰がある散歩道」を意味する――一つの「路」である。

このような新しい大型商業施設の設計と配置がそれ自体で「問題」をはらんでいるわけではない。地域の人々が、旧市街の商店街やデパートよりも、ロードサイドのチェーン店やモールを好むのであれば、その選好（嗜好・性向）のあり方を批評的に――例えば、「文化的に貧困である」と――語ってもあまり意味はない。しかし、春日部という地域に焦点を当ててみたとき、経済的な意味でも、都市文化論的な意味でも、「道」が「町」を育てるような形で接続されてきたと言えるかどうか。郊外住宅地の拡張が頭打ちになってしまった現時点で、ごく素朴にそういう問いが掲げられていいだろう。

5 人口減少のフロントラインとしての十六号線

武里団地への入居が始まり、工業団地の建設が始まってから、半世紀余りの時間が過ぎようとしている。確かに、この間、春日部は商業都市としても発展をみせ、町の中心部も開発が進んできた。そして、一九九〇年代末には、春日部は国土交通省によって「業務核都市」の一つに指定される。東京都区部への一極依存型の都市構造を緩和的に改善し、「分散型のネットワーク」を作るための「諸機能の集積地」となることを期待され、「育成・整備」の対象に据えられたのである。しかし、皮肉なことに、「業務核都市」に指定された直後から、「春日部市」の人口は減少傾向を示している。周知のように、全国的にも、二〇一〇年代に入ってから人口の減少が始まっているが、埼玉県は全体としてみればなお（二〇一六年現在）人口増の局面にある。しかし春日部市は、〇三年の二十四万四千四百八十三人をピークに、人口がマイナスの方向に推移し続けている。

埼玉県内で人口の増加がみられるのは、さいたま市、川口市、川越市、越谷市、戸田市、新座市、蕨市など、県東南部の市域である。対照的に人口の減少が顕著なのは西部・北部の郡部であり、市部の増加分が郡部の減少分を補う関係にある。そのなかにあって、春日部市の人口減少は着目されざるをえない事態となる。人口の減少は税収の減少や地価の下落とも連動していて、近隣の草加市と越谷市が人口増を保っていることもあって、市では特に重要な政策上の問題として意識されている。(17) 市内の死亡数が出生数を超えて「自然減」の状態になるのは二〇〇九年だが、それ以前に、一九九六年にはすでに「社会減」(転入に対する転出の超過)が始まっている。人口の地域移動の年齢別の傾向をみると二十代から三十代の転出の超過が目立って多くなっていて、新しく世帯を形成する層に居住地として選択されなくなっている傾向がうかがわれる。(18) ただし、世帯数については、人口数ほど明確な減少傾向がみられない。世帯の数は変わらないか、もしくは微増していながら、人口は減っていく。つまり、一世帯当たりの人口が減っているということである。これには少子化と高齢者世帯の増加が関わっていると推測される。子どもたちは独立して外へ転出してしまう。その一方で、高齢者が少人数の世帯を形成して暮らし続ける町。これが現在の春日部である。

不思議なことに、このような人口規模縮小のフェイズに入っても、新しい住宅地の開発が止まってしまうわけではない。したがって、「スプロール化」による「虫食い的な開発」はいまだに生じている。しかし、同時に、「スポンジ化」――人口減少による空き家や空き地の増加――による「空洞」の発生が主題化される段階にさしかかっている。ここに、冒頭に示したような「事件」が「空き家問題」として語られる文脈が生じる。この人口規模の縮小の原因を体系的に論じることはできそうにもないが、少なくとも、十六号線沿いに広がる風景の「空漠感」と、この町の人口増加の「停滞」とが無縁のものであるとは思われない。

ロードサイドに立地するショッピング・モールをはじめとした大型商業施設の存続は、郊外居住地の拡張(それに伴う近隣エリアの人口増加)とモータリゼーションの進展を前提条件とするものである。しかし、「いつかは持ち家に」たどり着くことをゴールとする「住宅すごろく」は、一九九〇年代以降、安定的な雇用が縮小し、結婚から出産・子育てにつながるライフコースが多様化し、未婚率と離婚率が上昇することによって、居住履歴のモデルコースとして機能しづらくなっていく。他方、バブル経済がはじけたあとの資本の循環の停滞、長期化するデフレ傾向は不動産の資産価値の目減りをもたらし、郊外の住宅購入のインセンティブを引き下げていく。こうした流れのなかで、大規模資本は都心の「ホットスポット」に集中し、いくつかの地点に「再開発」の流れを生み出すが、その周辺や合間に取り残された「コールドスポット」は商業的に冷え込むばかりで、「シャッター商店街」に代表される寂しい風景をみせる。首都圏全域が面として開発され、居住地が広域に展開されていく時代は、どうやら終わりを告げている。[19]

そうしたなかで、モータリゼーションはどこまで進むのだろうか。日本国内の自動車保有者数は現在も増え続けていて、埼玉県はそのなかでも保有率・保有数で高位を占めている。しかし、二十代の若年層に「車離れ」が進み、高齢化に伴う運転の安全性が取りざたされるなかで、「車の利用」を常態化する層とそうでない層の分離が進んでいる。人口の絶対数が減少するなかで、「歩いて移動する」ことを基本とする「市街地」と、「自動車移動」を前提とする「バイパス沿い」とがつながらない状態が続けば、ロードサイドの店舗までもが（大型商業施設間の）市場競争に負けていく危険性をはらんでいる。実際、現時点で、「春日部市民」の買い物先が「春日部市外」に移動しつつあることが指摘されている。[20] このとき、市内の商業施設にとって大きなライバルとなっているのは、武蔵野線の越谷レイクタウン駅前に建てられた大型モール、つまり鉄道に直結した同型の商業施設である。同系列のショッピング・モール同士が顧客を奪い合う構図がここにみえている。

人口の減少という現実は、マクロにみれば国全体に広がるものだが、その速度の違いは地域的な条件に依存する。図式的にみれば、都心部にはまだ居住者の転入が続いていて、人口は増加し続けている。しかし、その外縁からじわじわと「人口減少地帯」が迫っている。かつて郊外化の拡張の最前線とみなされていた十六号線は、いまや人口縮小現象のフロントラインに転じつつある。ただし、次第に狭まっていくその包囲網は、完全にきれいな同心円を描いているわけではない。（都心に対する）鉄道の便のいい地域はまだ人口増の状態を保っていて、条件の脆弱な地域が食い破られるようにして減少地帯に取り込まれようとしている（二〇〇〇年と一〇年の国勢調査データを比較してみた場合、十六号線が通過している埼玉県内の市町村で人口の減少に転じているのは春日部市と狭山市の二市である）。

「道」によって生み落とされ、成長してきた春日部の衰徴。その構造的な一因は、新たに拡張された「道」が、この「町」との有機的なつながりを作り損ねてきたことにある。そう言ってしまうのは、やや早急だろうか。

6 不在の場所

「町」と「道」の接続の不全。その現実はまず何より、十六号線上の「人気《ひとけ》のなさ」に表れている。

実際に筆者は、春日部市新方袋（冒頭にあげた「事件」の現場に近い）から春日部イオンモール（春日部市下柳）まで、十六号線を歩いてみたことがある。一月初頭の寒い日ではあったが、穏やかに晴れた金曜日の午後のことである。歩行距離約六キロメートル、所要時間約一時間半。その間、この道の「歩道」上ですれ違った人は、追い抜かれた人、追い越した人を含めて、自転車走行者十四人、歩行者四人であった。この道を歩いて移動する人は（ほとんど）いない。そもそも、人が歩いて移動することが想定されていないようにもみえる。例えば、十六号線が東武スカイツリーライン（伊勢崎線）の線路を越えていく高架橋では、歩道部分が「工事中」でブロックされていて、歩いて通り過ぎることができなかった。補修工事のための通行止めであることは理解できるのだが、歩行者のために道が整備されているようには感じられないのである。

十六号線は歩行者を拒む道である。しかし、もちろん「無人の場所」ではない。この道には、「自動車」に乗って移動する人が、二十四時間存在している。しかし、彼らはどのような意味で、この場所に「いる」のか。どのようにして、人と人は出会っているのだろうか。

アーリは言う。「自動車の運転者は、日常的なエチケットや道路にいる他のすべての人びととの対面的相互作用を免除されている」と。「道路の市民」（運転者）は、「共通の視覚的・聴覚的シグナルによってコミュニケートし」、「アイコンタクトもなしに相互作用ができる」。このとき、この固有のコミュニケーション空間から脱落するのは、「互いにまなざしを交わす」関係、「顔と顔」の交換関係である。自動車移動は、「道」を、「移動する危険な鉄の檻」でいっぱいにしてしまう。そこではもはや「まなざしが交換されることはなく、「機械のなかの幽霊」からまなざしが返されることもない」。路上では、「人びとの共同体は、顔のない幽霊めいた機械たちの匿名的な流れへと変容してしまう[21]」のである。

もちろんこれは、いささか誇張がすぎる記述である。走行する車の運転手同士でもアイコンタクトを交わすことはあるし、相手の風貌を気にすることもある。しかし、一瞬の知覚の内に生まれるこの接触が、人と人の交わり方として特異なものであることは間違いない。周知のようにアーヴィング・ゴフマンは、人々が互いに匿名のままですれ違う大都市の公共空間でも、「儀礼的無関心」という形で、お互いの顔に繊細なまなざしが注がれていることを明らかにした。しかし、この「道」に生じている「社交」の姿は明らかにそれとも違う。そこに現れるのは、配慮の焦点としての人間の「顔」ではなく、車同士の円滑な相互作用を可能にするシグナルの一部である。その限りで、私たちはここでは「他者に出会う」ことがないのだと言えるだろう。私たちは「顔」をなくした「幽霊」として、このゴースト・プレイスを通過していくのだ。

とはいえ、もちろんこの道に暮らす人々もいる。例えば、後藤美緒が第3章「幹線移動者たち――国道十六号

写真3　国道16号線が東武鉄道を越える高架橋の歩道。2017年1月6日、筆者撮影。18年4月時点では修復がなされ、歩行者も通行できる。しかし、筆者が知るかぎりでも、半年以上この状態のままであった

線上のトラックドライバーと文化」で論じたトラックドライバーたちはこの道を主戦場に働いている。あるいは、『ドキュメント72時間』に映し出された「路上生活者」たちのように、この道のかたわらに暮らしている人々もいる。しかし、彼らもまた「町」の外に生きる存在だとは言えないだろうか。十六号線の「路上」でどのような「生活」が、そして「社交」が可能になるのか。それはまた別の課題として、別の方法で問われなければならないだろう。

ひとまずの結論。「十六号線（バイパス）」は、そのかたわらに新しい「市」――商業施設――を形成しながらも、「町」を形成しない。少なくとも、「町」に暮らす人の姿をこの道の上にみることはできない。そこには、多数の人が往来しながら、人の気配を感じさせない空間が広がっている。

ウェブサイト上のリレーエッセー[22]で紹介したように、北村薫のミステリー作品「円紫さんと私」シリーズでは、しばしば杉戸から春日部のエリアが物語の舞台になるが、その作品のなかに十六号線は一度も登場しない。主人公の「私」が、作中で何度も横断しているはずなのに、この道についての言及が一度もない。それは、十六号線が物理的には存在していても、彼女の「物語」に対して「無縁」の道であるからだ。

十六号線は不在の場所である。「人が現れない」という意味でも、「町」の生活に有意味な関わりをもたないという意味でも。この「道」には今日もたくさんの「人」が存在し、移動している。しかし、そこはなお「幽霊」だけが行き交う「無人の空間」である。

注

（1）ただし二〇一七年十一月、この廃屋の隣に新しいラーメン店が開業し、にぎわいをみせている。
（2）鳴海邦碩『都市の自由空間――道の生活史から』（中公新書）、中央公論社、一九八二年
（3）春日部市史編さん委員会編『新編図録春日部の歴史』春日部市、二〇一六年、六〇ページ
（4）同書一〇〇ページ

(5) 同書九六ページ

(6) 同書九六ページ

(7) 秋葉一男編『埼玉ふるさと散歩 日光道・古利根流域編』さきたま出版会、二〇〇一年、参照

(8) 前掲『新編図録春日部の歴史』二六八ページ

(9) 同書二六四ページ

(10) ジョン・アーリ「自動車移動の「システム」」、マイク・フェザーストン／ナイジェル・スリフト／ジョン・アーリ編著『自動車と移動の社会学――オートモビリティーズ』近森高明訳〔叢書・ウニベルシタス〕所収、法政大学出版局、二〇一〇年、四五ページ

(11) 後藤美緒「第4回 トラックドライバーがコンビニエンスストアを変えた？――私の国道16号線見聞録」「国道16号線スタディーズ」(https://yomimono.seikyusha.co.jp/category/kokudou16gou)

(12) 南後由和「建築空間／情報空間としてのショッピングモール」、若林幹夫編著『モール化する都市と社会――巨大商業施設論』所収、NTT出版、二〇一三年

(13) レイ・オルデンバーグ『サードプレイス――コミュニティの核になる「とびきり居心地よい場所」』忠平美幸訳、みすず書房、二〇一三年

(14) この店舗は西武春日部店に引き継がれるが、二〇一六年に撤退。現在は地元の家具メーカー匠大塚の大型ショールームとなっている。

(15) 明石達生「人口減少時代の都市計画」「住宅総合研究財団研究論文集」第三十六号、住宅総合研究財団、二〇〇九年、三四ページ

(16) 若林幹夫「多様性・均質性・巨大性・透過性」、前掲『モール化する都市と社会』所収、二〇〇ページ

(17) かすかべ未来研究所「人口増加策の必要性と具体策についての調査研究――人口動態からみた春日部市の取り組むべき施策の提案について」春日部市、二〇一三年、中村哲也／丸山敦史「業務核都市の自然及び都市景観に関する市民評価――埼玉県春日部市を事例として」、共栄大学広報委員会編「共栄大学研究論集」第十四号、共栄大学、二〇一六年

(18) 春日部市「春日部市人口ビジョン（素案）」春日部市、二〇一六年

(19) 平山洋介『東京の果てに』（日本の〈現代〉）、NTT出版、二〇〇六年

(20) 前掲「人口増加策の必要性と具体策についての調査研究」

(21) 前掲「自動車移動の「システム」」四七―四九ページ

(22) 鈴木智之「第5回 杉戸から春日部へ――北村薫「円紫さんと私」シリーズの「町」と不在の国道16号線」、前掲「国道16号線スタディーズ」

第8章

死者が住まう風景

国道十六号線ともう一つの郊外

佐幸信介

はじめに
もう一つの住まいとしての墓

墓と住宅とは対になっている。住宅は、家庭（home）生活がおこなわれる家屋である。墓もまた同様に家庭を構成する場所である。家庭＝ホームには住居や住まいという意味や、故郷や安息の場所といった意味が含まれているが、住宅と墓との関係はホームに込められたこれらの重層的な意味と対応している。(1)

しかし、両者は対称的な関係にあるのではなく、墓をもっていない世帯はありうるが、その逆はない。このことは、端的に死者を受け止めている他者がいることを意味している。死を受容する他者は、血縁的な家族や親族に限られない。現代の家族関係や家族概念の多様化を考えるとき、友人や恋人など生活をともにする者も死者との関係を取り結ぶ。

多くの場合、墓と住宅とは、仏壇や位牌を通してつながっていて、墓と住宅は空間的に分節・接合されている。一年のなかで、彼岸やお盆などにおこなわれる儀礼を通してこの分節と接合の関係が繰り返し遂行される。あるいは、次のように言うこともできる。生者と死者とは、墓とそれにまつわる儀礼を通してつながっている。生者が住まう住宅に対して、死者が住まう墓という感覚を抱くことがあるように、墓をもつということは、住まうことの経験的な一角となっているのである。

しかし、現在、住宅と墓との関係が多様になり、あるいは不確かなものになってきている。例えば、死者を受け止めてくれる者がいない孤独死や遺骨を受け取ることを拒否する家族。人の死がぞんざいに扱われ、誰にも受容されることのない死が生じている社会に問題があると感じるのは、死の問題はその人の生が置かれていた状況を想像せざるをえないからだ。死は、二人称の死として、つまり身近な他者によって死が受容される社会が当たり前だと、私たちは考えている。その意味で、社会はウォームな温度をもっているべきであり、墓がこのウォームな関係の証しであるかのように見なしているのである。

他方で、現在、自らが死んだあとの葬儀や埋葬の仕方は、自らが選択する対象ともなっている。「終活」という言葉を語ることがあるように、自らの死後について関心を払う度合いがますます強くなっている。そのことに対応するかのように、葬送や墳墓の形式も多様になる。家族や親族による葬儀、家族葬、直葬、葬儀自体をしない、家族墓、樹木葬、庭園葬、合同葬、納骨堂など、墓石のデザインも含めて選択肢は多様だ。霊園に関する雑誌やウェブサイトを見ればわかるように、霊園のデザインはまるでマンションやニュータウンの広告を見ているかのように自由だ。墓もまた選択的な性向の対象であるのだ。

こうしたことを物語るように、二十年から三十年の間で数多くの民営の霊園が都市の郊外に造成・販売されてきた。霊園には大きく分けて公営霊園、寺院に付設されている霊園、そして民間霊園があるが、東京都市圏の霊園は、一九二〇年代の大正期以降、人口増加と相関しながら都内から郊外へと新たに造成されてきた。戦後のある程度の時期——およそ七〇年代までは、行政による公営の霊園が受け皿となってきた。しかし、公営霊園も限界になり、その後、徐々に霊園の主要な担い手は民間へと移行する。(2) 本章で検討する八千代市周辺の国道十六号線沿線にあるいくつもの霊園もそうした社会的な文脈の一角にある。

ところで、住宅と墓との関係を私たちの生活の場面に引き付けるとき、墓の問題はきわめて現実的であり、ときには面倒な事柄に直面することになる。人の死や死者をめぐって簡単には割り切れない社会の姿が浮かび上がってくるのである。それは、例えば家族や親族がいなくなり墓を守る者がいなくなったとき、つまり、それらの人々が住む住宅が空っぽになったとき、同時に墓は単なる遺骨の収納場所でしかなくなる。墓を管理し守る者がいなくなり、この墓が宙に浮いた状態になると、墓じまいとか墓所の永代使用権の返還をすることになる。残された遺骨は、財産のように相続したり処分したりすることができない。遺骨は所有物ではないからだ。だから、このことを反照するように、「家」という擬制や家族、夫婦の関係が問われ、墓のあり方も多様になるのである。

墓と住宅との関係について、私自身が身近で経験した、千葉県船橋市の郊外の団地に住んでいたある家族のライフヒストリーを通して考えてみよう。その家族は、戦後に構造化された住宅階層を上昇し、船橋市の郊外の団地に住戸を購入する。そして、夫が両親のために墓を購入する。墓を購入することはもう一つの「住まい」を用意することでもあった。ある事情で墓じまいをせざるをえなくなるが、この過程が家族と住宅、そして墓との関係を物語っているように思われるのだ。

1 墓じまいの話
ある家族のライフヒストリー

その夫婦は、結婚して東京都の東部に位置する小岩の賃貸アパートで生活をスタートさせた。一九六〇年代後半のことである。二四年生まれの夫は小岩の社宅で生まれ育った長男。二七年生まれの妻は長野県から結婚のために上京した長女。お見合い結婚だった。夫は鉄道郵便の仕事に従事し、妻は専業主婦。子どもが六七年に生まれる。その後、小岩から船橋市にある夫の会社の社宅に転居する。

一九七二年に夫の母親が死去し、船橋市の郊外にある市営霊園に墓地を購入する。この市営霊園は五一年に船橋市の郊外に作られ、現在ではおよそ二万千区画の大規模霊園の一つである。

その二年後の一九七四年、子どもの小学校への入学に合わせて、船橋市に新しくできた団地の2LDKの住戸を購入する。およそ二千戸が集住する大きな団地の一つである。すでに高根公団団地、芝山団地、公団米山団地など、千葉県には大規模な団地が次々と造成されていた。団地には私鉄資本のスーパーと商店街があり、幼稚園も併設され、小学校と中学校は徒歩十五分圏内にあり、子育てをするための条件が整っていた。団地の公民館では自治会活動やサークル活動がおこなわれ、公園と運動場は、団地の運動会や夏の盆踊りの会場になった。ただ、この団地は駅から遠いところに造成・建設されたため、最寄りの国鉄の駅までバスで二十分から二十五分ほど時間がかかってしまう。だから、通勤の苦労に目をつぶり、子育てする条件と分譲価格を優先させた人々、つまりライフステージと経済的階層がほぼ同質な二千世帯の家族が住む団地だった。

三人の家族は、一九七四年以降この団地で生活を続けるが、八一年に、夫の父親が死去。その後、八〇年代の後半に夫が定年退職、息子は短大卒業後、社団法人に就職する。そして、夫は、退職してからおよそ二十年後の二〇〇六年に病気で死去する。その後、息子は勤務で遠隔地に住み、ときどき一人で住んでいる母親のもとに帰ってくる生活が続く。ところが、息子が一〇年に病気で急逝してしまう。墓には母親よりも先に息子の遺骨が納められることになった。

妻はしばらく一人で生活を続けるが、認知症の症状が出始める。団地に住む近隣の友人や民生委員がサポートをするものの、それには限界があり、長野県に住む妻の弟のもとに連絡が入る。結局、弟が姉を引き取って故郷に帰ることになった。この団地に住み始めてからおよそ四十年後のことである。

最後に残された妻も病気で二〇一三年に八十六歳で死去する。弟夫婦が最後を看取ったが、姉の死に伴って問題となったのは、葬儀の仕方や財産の相続とその対処の仕方であった。相続問題は、いうまでもなく法律的な論理に即しながら対処すればいい。しかし、それ以上に法的合理性だけでは引き受けられない事柄がある。葬儀の仕方と船橋にある墓をどうするかについても決めなければならなかった。墓だけは、不動産として処理すればいいという性質のものではない。墓地の永代使用権を譲渡ないし放棄することはたやすいが、そこに納められている遺骨を廃棄することなどできないからだ。遺骨に対するこの感覚は、宗教的な理由や慣習からきているということもできる。だがそれ以上に、この家族が歩んできた関係の実存的な問題があるといえるだろう。

結局、弟の地元で親交がある寺に葬儀と墓じまいや分骨の供養をしてもらい、墓地の使用権は、疎遠になっていた夫の親族に夫の両親が眠る墓の墓守りをすることを条件に譲渡した。そして、この寺に三人の家族を永代供養してもらうことにした。墓じまいと分骨の供養には、長野県から寺の住職に足を運んでもらった。墓から夫と息子の遺骨を取り出すだけの作業ではあるが、経を読んでもらうことが何かにけじめをつけることであり正しいことのように思えたという。

二万以上も墓地が並ぶ霊園は、田舎の寺院と一体となった墓地の風景とは全く異質である。そこは、もう一つの団地だった。住職に相談すると、いまは遺骨が入った骨壺は宅配便でも送ることができるという。しかし、弟自身が運ぶことにした。そうすべきことのように思えたからだ。遺骨は弟が守っている墓にあらためて納骨することも考えたが、三人の遺骨を一緒に供養してもらうことを選んだ。そのほうが、この三人の家族が歩んできた人生を大切にすることのように思えたからだという。そのことが本当に正しいことだったかどうかはわからない。しかし、そのときはそうすべきことのように思えた。こうして船橋市に購入した家族のための住宅と墓は、四十年余りの一世代の歴史で終止符を打つことになった。

この家族は、戦後の住宅制度に誘導されて構造化された住宅階層をライフステージに伴って上昇し、住宅の取得と、もう一つのすみかである墓を購入した。結婚を機に新たな家族を形成した家族にとって、二つのすみかを取得しなければならなかった。長男だった夫は、両親と自分たち夫婦のために墓を購入した。持ち家だろうと賃貸だろうと家族のための住宅を確保したあと、次に必要となるのは墓をもつことである。私たちの経験では、定住することを求める場合は特に、住宅と墓とが一対になったものと見なされているのだろう。しかし、息子が早く死去したという事情があり、家族を存続させることができなくなってしまった。家族の物語の終わりは、住宅と墓とをともに失うことでもあった。

墓について考えることは、住宅と一対となった家族の物語が固有にあるのだということをあらためて再確認させてくれる。だが、この固有の物語を成立させているシステムのほうは均質的に構造化されている。先に述べたように、墓をもたない世帯はあるが、住宅をもたない墓はない。この両者の関係が、住宅階層システムのもう一つの姿でもあるのだ。だから、この一対の関係は、住宅階層のシステムのなかで生活が可能な場合に成立することを意味している。墓をもつことができることは、住宅階層システムのなかで住宅を取得できることでもあるのだ。そして、当時、このシステムのなかで生活を成り立たせるための社会的仕掛けが団地であり、郊外であった。

2 十六号線沿いの霊園の風景

八千代市の三つのゾーン

十六号線は、八千代市を縦断するように通っている。八千代市周辺は、公団住宅のなかでも最も古いといわれる八千代台団地をはじめ、一九五〇年代以降に建設された松原団地、高津団地、米本団地などが立地する東京都市圏の代表的な郊外である。そして、この十六号線沿いには数多くの民間霊園が点在する。

この八千代市に向かって柏市を抜けて千葉市方面に十六号線を自動車で走ると、白井市から船橋市、八千代市に入るにつれて風景が変わってくる。雑木林を切り開いた痕跡を感じ取ることができる。ただし、それはなんとなく感じる道路沿いの雰囲気でしかない。そもそも自動車による時速五、六十キロでの移動では、風景は限定的にしか見ることができず、両サイドの風景は、速度とともに書き割りのように後方へ移動していくだけである。

特に十六号線のようなバイパス型の道路は、高速道路とまでは言わないまでも、土地に対して土木技術を用いて強引に建設されている場合があるから、周辺の地勢や地形とは無縁に道路が直線的に造られることが多い。それは、まるで自動車が走るためだけに機能特化したチューブ（管）のような様相を呈することになる。風景は、佐藤健二がかつて風景について論じるなかで指摘していたように、歩くことで体験する風景と、移動することが自己目的化しスピードのなかで体感する風景とでは全く質が異なる。(3) 別の言い方をするならば、自動車や電車のような高速で移動することから得られる風景は、あくまでも窓越しに見る風景でしかない。つまり、自動車の車内の窓とスピードがもたらす環境からしか、人間の視覚は風景を捉えることができない。

また、このことは自動車から見る風景がメディア的になることを意味している。文字どおりに車の窓がフレームとなり、情報のフローのようにスピードとともに道路の両サイドの風景が流れ続ける。移動し続けているときには、そのフローを止めることができない。十六号線のロードサイドが均質的だとしばしば指摘されるが、それはロードサイドの空間が均質的になるということだけでなく、フローが作り出す表象の問題である。[4]つまり、均質な風景を自動車によって体験するのでも、速いスピードで走る自動車からは均質的な風景しか見ることができないのでもなく、自動車と風景とは移動するという行為において一体となっている。ロードサイドの看板や広告が織り成す風景は、自動車の速度に見合ったデザインからなっており、ロードサイドの空間がメディアとして機能しているのである。[5]

しかし、いうまでもなく十六号線からそれてほかの道路に分け入ったり、自動車を停車させて周辺を歩いたりすると、ロードサイドとは違った風景や街区に出合うことができる。国道を自動車で走っているとわからない土地の起伏や高低差、つまり地勢や地形の姿を見いだし、ロードサイドの書き割りの表象の奥には生活空間が、独特の雰囲気や街の匂いのようなものを伴って形成されていることがわかる。自動車にとって通路としての十六号線には、こうしたいくつもの生活空間への出入り口があるのだ。

自動車での移動のスピードやリズムを変え、地図を参照しながら八千代市を通る十六号線をあらためてみると、いくつかのユニークな特徴が浮かび上がってくる。一つは、柏や白井方面から八千代市の小池や島田台に入り、米本のあたりで印旛沼から流れる新川を十六号線は横断するが、横断したあとは新川に沿って千葉市との市境まで八千代市を縦断するように十六号線が通っていることだ。新川は、江戸時代から問題になっていた利根川の氾濫による洪水対策で作られた印旛沼からの放水路で、人工的に作られた大きな水路である。新川は、印旛沼から印西市との市境を通り、東京成徳大学のキャンパスや米本団地が立つ丘陵地を円を描くように迂回して八千代市に流れ込み、辺田前を経たあと千葉市の花見川に流れ込んでいく。

このあたりは、すでにあった新川の水系の地勢を利用して十六号線が敷設されている。[6]そうすると、八千代市の場合、十六号線は新川の地勢利用と、米本から船橋市や白井市にかけての丘陵地を直線的に造成された部分とが接合されて敷設されていることがわかってくる。このことから、少なくとも次のようなことがいえる。新川の水系に沿ったエリアは、すでにあった道を活用して十六号線は作られ、ロードサイドはいわばリノベーションされた空間であること。そして、丘陵地の林や農地を切り開いたロードサイドは、新たに作られた空間ということである。

もう一つの特徴は、十六号線と私鉄が交叉する場所に市街地を形成していることである。私鉄は北総線、東葉高速鉄道、京成本線の三本が西から東へ横切って八千代市を通っている。北総線と十六号線が交叉する場所に小室駅（小室駅は実際には船橋市だが、八千代市と船橋市、白井市が入り組んでいる）がある。この小室駅が八千代市（船橋市）の北端にあり、南端の千葉市との市境の近くには、東葉高速鉄道と交叉する場所に村上駅や八千代中央駅、京成本線や東葉高速鉄道と交叉する場所に勝田台駅がある。つまり、八千代市は十六号線が縦断し、横断する私鉄――北側の北総線、南側の東葉高速鉄道と京成本線に挟まれた格好になっている。(7)

このように十六号線と私鉄との関係をみると、八千代市周辺は大きく三つのゾーンから捉えることができる。北総線と交叉する小室周辺、京成本線や東葉高速鉄道と交叉する村上や勝田台周辺、そしてこの二つのゾーンの間にある丘陵地を新たに切り開いた米本から小室へ向かう地域である。

霊園の風景

先にも述べたように、八千代市や近接する船橋市や佐倉市には、一九五〇年代以降、千葉県を代表する数々の大規模な団地やニュータウンが建設されてきた。三つのゾーンに重ね合わせると、小室周辺は千葉ニュータウンの一角となっている。また、村上や勝田台周辺には、公団住宅で最初の団地と言われる八千代台団地や村上団地がある。京成本線を佐倉市に向かうと大規模なニュータウンであるユーカリが丘が広がっている。この二つのゾーンに対して、米本周辺はいささか様相が異なっている。十六号線の脇に米本団地が立っているが、この団地も八千代台団地や村上団地と同様に古い公団団地で七〇年に入居が開始された。ただし、事情が異なるのは、十六号線の米本―辺田前間が開通したのが同じ七〇年だから、米本団地は十六号線によって新しく作り出され、十六号線とともにその歴史を歩んでいることになる。

そして、この米本団地付近から北へと白井市に向かう丘陵地にはいまも雑木林が残っていて、そのなかに数々の霊園が点在している。近年には市営の霊園も作られたが、それらの多くは寺院と石材店が共同で営む民間の霊園である。看板は出ているものの、国道からのアプローチはわかりにくい。むしろ、できるだけ人目につかないように霊園が作られているかのようだ。このロケーションにどれだけ人為的な意図が込められているかはわからない。しかし、ほかのゾーンの市街地や住むための生活空間の風景と比べると、霊園は疎外された場所にあるかのようだ。[8] これらの霊園は周辺からは隔絶された閉じられた空間を形成している。

霊園に足を踏み入れると、現代風に公園型にデザインが工夫され、整然と区画が整備されていて、周囲に対して閉じられている一方で内部は明るく開放的だ。[9] 洋型の墓石が多く、和型の「先祖代々の墓」とか「○○家の墓」といったものは少ない。「絆」「心」「和」「愛」「誠」「偲」などの一文字が刻まれたものや「家族仲良く」とか「来てくれてありがとう」といった文言、あるいはイラストやキャラクターデザインが刻まれているものもある。「家」というよりは、「家族」やそこに眠る亡き者の人称性が表象されている。

図1　霊園のウェブサイト
（出典：「杜の郷霊園」〔http://www.mori-no-sato.jp/〕［2018年4月24日アクセス］）

そして、もう一つ目につくのは庭園風に樹木が植えられたり、モニュメントが据えられている永代供養墓である。それらは墓石を建てるのではなく、骨壺や骨袋だけを収納する石造りのボックスが集列された、個人または夫婦だけで供養されるタイプの墳墓である。住宅のタイプになぞらえるならば、一戸建ての墳墓もあればワンルーム型マンションの墳墓まで用意されていると言うこともできるだろう。実際に霊園の広告には、マンションのような墓であることをうたっているケースもある。墓に対してもう一つの「住まい」が投影されているのである。同時に、宗教や宗派は不問とされていることからも類推できるように、何らかの宗教的な象徴性は希薄になっている。新しい霊園では、墓と家族とを宗教的な象徴性が媒介しているというよりも、家族の情緒的な関係を表象させながら、両者を直結させる関係のほうがせり出しているのである。

その一方で、すべての墳墓と敷地内は手厚く管理されている。ゲートや防犯カメラが設置された霊園内には簡単な法要をおこなう施設や休憩所が用意され、スタッフも常駐していて、最寄りの駅との送迎をおこなっている霊園もある。墓掃除、さらには盆や彼岸などの墓参りの代行まですることもある。アメニティとサービス、セキュリティも用意されたこうした霊園は、霊園以上のゲーティッドなコミュニティだとも言えるだろう。

郊外のこうした霊園をいくつか回ってみると、近年増えているセキュリティ重視の郊外型住宅との空間的相同性を感じるのである。住宅も墓も家族との関係に収斂し、それらが並び立つ空間には、民間のサービスによって快適性や安全性が提供されているからだ。

ニンビーとまで言えるかどうかは曖昧だが、霊園と周辺とがともに関わり合うことに対して微妙に距離をとりあっているように思える。というのも、地元のコミュニティの生活空間の外部からもたらされた新しい空間であるからだ。実際に霊園を使用するのは、東京都内も含め八千代市には縁がない住民が多い。地元のコミュニティとの関係を取り結ばない一方で、内部の空間も、相互に共有する関係が前提にされたり、新たな相互関係が生まれるわけではない。そこは、業者によって保全された、墓のためだけに機能特化された、いわば同床異夢の空間である。

3 郊外と霊園

自動車がつなぐ空間

都市と人口統治

住宅は、一方で人口の動態と相関し、量的な側面で住宅の社会的な供給が問われ、他方で家族のあり方と相関し、質的な側面でｎＬＤＫ＝家族モデルをプロトタイプとする住宅のさまざまな空間的なモデルが問われてきた。[10]そして、これらの量と質とを統合するような仕掛けとして、同型の空間的な間取りからなる住戸が積層される集合住宅（団地、ニュータウンなど）が作られてきた。[11]それらは、一九五〇年代の後半以降、都市圏の郊外の典型的な住宅群の姿として語られてきた。

住宅と墓とが対になった関係に置かれていることを考えると、郊外の集合住宅をめぐる言説は、墓についても同じように当てはめることができるのだろうか。[12]実際に住宅と墓は、近代ではミシェル・フーコーが問題にしてきたような、生権力のコントロールの対象とされていて、両者は不可分な関係にある。権力は、都市計画をとおして一方で都市を生産のための空間へと改造し、他方で積極的に死者が埋葬される空間＝霊園を造成する。[13]死体（遺骨）を特定の場所に囲い込むことで、都市を生産する者や生産された物が主人公となる空間へと変貌させていく。いわば、生者と死者との関係を社会的に配置し直す。このことは、死を隠蔽することではない。むしろ、人々に対して、死者の存在をあからさまにし、死者の身体＝死体を「家」ないし「家族」自らが弔い、管理することを促すように作用する。

現在、一般的に考えられている「家墓」の登場はそれほど古くなく、一八〇〇年代末からの二、三十年（明治期の終わりから大正期）だと言われる。[14]森謙二によれば、「明治初年の墓地法制は墓地の新設・拡大を制限し、さらに火葬の普及が家墓の建設を促進したのである。家墓は家の祖先祭祀のシンボルとみられるが、家墓の建立は近代の産物」[15]である。そして、明治政府は民法や戸籍法の制定とともに、墓地を行政の対象として積極的に関与していくことになる。一八八四年の太政官達第二十五号「墓地及び埋葬取締り規則」と「同施行方法細目基準」が一つの転換点[16]と言われるが、特定の宗教に限定せず、住む場所から離れ、場所的なコミュニティとの関係を絶った公園型の共葬墓地が登場したのも、東京市による大正期の一九二三年の多磨霊園が最初だといわれる。[17]多磨霊園は、それまでの「墓地観を大きく変えるとともに、現代に至るまで大きな影響力」をもち、「それ以後の墓地の計画を画一化する」[18]ことになった。

墓地が都市計画をはじめとした行政の対象とされていくのは、人口増加や死臭、疫病などの公衆衛生の問題が密接に関係しているが、都市空間を衛生的に透明なものとすることだけにとどまるものではない。人々の死を人口として掌握すること、つまり統計的テクノロジーに加え、死者がどこに埋葬され、どこにいるのかを空間的にコントロールすることに結び付いていくものだった。明治維新以降、廃仏毀釈や国家神道が進められるものの、実際には宗教的な多様性や習俗的な次元までは統合することができず、結局、大規模な公園型の霊園は、多様な宗教や宗派の墓を収容する脱宗教的なものになっていった。そこに並ぶ家墓は、近代の始まりから、先に述べたように「先祖代々」という擬制による人口的な統合と排除を伴った、もう一つの家の群居だったのである。

住宅—自動車—霊園

戦後になっても、公園型の公営霊園や家墓の仕組みは継続されるが、一九七〇年代に入ると公営霊園が限界に達する。それ以降、民間の霊園が次第にその受け皿を担っていくことになる。この時期は、公団による団地を含め、大規模な郊外型住宅が造成されていく時期でもある。八王子や高尾などの地域も含め、八千代市や船橋市の十六号線沿いの民間の霊園にみられるように、これらの霊園の多くは、郊外型住宅のさらにその外縁に、つまり「郊外のなかの郊外」に新たに造成されている。

こうした霊園は、歩いていける場所でも、鉄道駅の圏域にあるのでもなく、自動車で行くべき場所にある。先に郊外住宅と霊園とは相同的関係にあることを指摘したが、住宅の位相と霊園の位相とをつなぐのが自動車だと言えるだろう。自宅と霊園とが離れていても、自動車による移動が両者を結び付ける。宗教的な儀礼の観点から言えば、移動の象徴的行為によって日常と非日常の境界を行き来したり、聖と俗、彼岸と此岸といった意味の転換が起きたりする。しかし、前節で述べたように、新しい霊園には宗教的な空間のエーテル感は希薄である。そして、注目したいのは、移動が自動車によっておこなわれているという点だ。

自動車による移動は、ジョン・アーリが述べるように個々人の都合で自由に行動できる移動のモードをフレキシブルなものにする。自動車は、「空間的に引き延ばされ、時間的に圧縮されたかたちで生活を送るように強制されもする。自動車は文字どおりの近代性《モダニティ》の「鉄の檻」――モーターライズされた、移動する、家庭的な「鉄の檻」――なのである[19]」。自動車も一つのドメスティックな居住空間である。つまり、住宅と墓という二つのプライベートな空間を、もう一つのプライベートな空間による移動がつないでいるのだ。いわば、住宅と墓が空間的に外延化＝郊外化され、移動の時間的圧縮＝自動車によって分節・接合される。まさに「モバイル・プライバタイゼーション」（レイモンド・ウィリアムズ）の現在の姿そのものだと言えるだろう。

4 接合と切断する十六号線

彼岸の頃、十六号線沿いの霊園に行ってみると、墓参りをする人々が行き交い、花と線香の匂いで平日とは風景が一変している。家族で、あるいは夫婦で訪れている人々、走り回る小さな子どもたち、永代供養墓の前で一人手を合わせている人。駐車場は、自動車の出入りが途切れない。

一つの霊園を見学して、十六号線に出ようとすると、雑木林のなかの向こう側の道路にも自動車が連なって出入りしているのが見える。これから墓参りをする人々、墓参りを終えた人々が、十六号線の流れから分かれ出て、そして再び合流する。墓と住宅とをつなぐバイパス。両者は、一対一で直結されている。霊園が互いに見知らぬ死者たちの集住の場所であるのと同様に、生者たちも互いに交叉することはない。十六号線が示唆しているのは、この二種類の共同性の不在である。あるいは、二つの不在をつないでいるのがこの移動の空間である。

そして、十六号線を移動していると、象徴的な風景に出合う。集合住宅と霊園とが国道を挟んで両側に立っている場所だ。まるで合わせ鏡のように二つの集住の空間が向かい合っている。十六号線が作り出した特異な風景だ。それは、集住の空間の構成が類似しているだけにとどまらない。隣接しているにもかかわらず、集住する空間が互いに有機的に結び付かないという意味で、ここでも十六号線が介在しているかのように思えるのだ。だが、この介在の仕方は先に述べたような共同性の不在同士をつなぐのではない。むしろ、十六号線は二つの集住空間を切断する境界として介在しているのである。そのようにみてしまうのは飛躍なのだろうか。しかし、第7章「不在の場所——春日部にみる「町」と「道」のつながり／つながらなさ」で鈴木智之が論じているように、十六号線は、人々の生活の「物語」にとって「無縁」の境界線なのだ。

墓と住宅とを直結させる十六号線は、共同性の不在同士をつなぎ、そして隣接した集住空間同士を切断する。私たちは、郊外というとき放射状に広がる鉄道のイメージで捉える。実際に鉄道沿線にニュータウンや団地など郊外型住宅が作られてきた。しかし、都心に対する郊外という同心円的なイメージとは異なった、十六号線の接合と切断の相反する関係が作り出す自己準拠的な「郊外」の集住が構成されているのである。

住宅と墓との対称性の揺らぎ

葬送や墓の形態の多様化は、家族意識や形態の多様化と関係づけられて語られる。十六号線沿いの民間の霊園は、これらの多様化の姿を端的に映し出していると言えるだろう。しかし、さらに付け加えなければならないことがいくつかある。

一つ目は、公営の霊園と異なっていること（付加価値）は、民間の霊園は、自らが生きているうちに自分の墓地を購入することができるという点である。もちろん、すべての墓が生前に購入されたわけではない。だが、自らの墓を自らが事前に用意すること、つまり「死後の自己所有」と言うほかない語義矛盾の表現が現実的に生じる。

二つ目は、民間の霊園には、無縁墓といわれる共同墳墓がないことである。これは、民間の霊園が市場のなかで成立している以上、当然のことである。[20] 無縁墓は、公営の霊園、すなわち行政が担うという役割があることも確かではある。だが、第1節のライフヒストリーでみたように、墓の所有が住宅システムのなかで住宅を手に入れることと相関しているのだとしても、それは危うさのなかで成り立っている。家墓は、家族という媒介があって継続できるものだからだ。家墓は、それを引き継いでくれる家族を必要とし、またボックス型の個人や夫婦墓の場合は引き継がれることをあらかじめ断つことで、未来を先取りしている。だから、所有をめぐる語義矛盾は、未来を先取りすることの危うさの証左なのかもしれない。

東京都市圏の増加する人々の生活が成立するために、郊外と団地、ニュータウンという仕掛けが用意された。同様に、人口増加と相関する死者の遺骨を納めるために、郊外と霊園という仕掛けが作られた。図式的にいえば、「郊外」という軸に対して団地、ニュータウンと霊園とは対称的な関係に置かれている。この関係に「十六号線」という軸を串刺しにしたとき、郊外の軸がねじれだし、対称的な関係の不確かさや危うさが浮上し始める。十六号線は移動の通路であり、第3節でみたように、住宅と墓、自動車というプライベートなもの同士を関係づけ、そして関係し合わないもの同士を関係づけるという接合と切断をともにもつバイパスの一つであった。

死者たちが住まう場所は、このバイパスのロードサイドにある。

注

(1) 住居を home、家庭を domestic space の意味で使い分けることもあるが、ここでは家庭を home、住宅を house あるいは housing の意味で用いる。住居や家庭には、生活が営まれる行為と空間の意味、つまり住まうと住まいの側面が内包されている。住居や住宅の定義については、祐成保志『〈住宅〉の歴史社会学――日常生活をめぐる啓蒙・動員・産業化』(新曜社、二〇〇八年)を参照のこと。

(2)例えば、槇村久子『お墓の社会学――社会が変わるとお墓も変わる』(晃洋書房、二〇一三年)、森謙二『墓と葬送の社会史』(〔講談社現代新書〕、講談社、一九九三年)、『墓と葬送のゆくえ』(〔歴史文化ライブラリー〕、吉川弘文館、二〇一四年)、東京市町村自治調査会『墓地と市町村との関わりに関する調査研究報告書』(東京市町村自治調査会、二〇一一年)。また、戦後社会の葬儀の変容については、玉川貴子『葬儀業界の戦後史――葬祭事業から見える死のリアリティ』(〔名古屋学院大学総合研究所研究叢書〕、青弓社、二〇一八年)。

(3)佐藤健二『風景の生産・風景の解放――メディアのアルケオロジー』(〔講談社選書メチエ〕、講談社、一九九四年

(4)例えば、三浦展『ファスト風土化する日本――郊外化とその病理』(〔新書y〕、洋泉社、二〇〇四年)、松原隆一郎『失われた景観――戦後日本が築いたもの』(〔PHP新書〕、PHP研究所、二〇〇二年)などを参照。

(5)ロードサイドの看板の風景については、均質化といった語られ方がなされてきた。この問題は、ロードサイドの空間の姿に対する批判的な議論である。視点を変えると、いわゆる交通広告(OOH)の位相から捉えることもできる。自動車にとって、ロードサイドがOOHの空間であるということができる。

(6)第4章「「重ね描き」された国道十六号線――「十六号線的ではない」区間としての横須賀・横浜」で塚田修一が指摘している「重ね描き」された状態に近い。

(7)八千代市には、古い街道である成田街道(国道二百九十六号線)があり、十六号線と村上付近で交叉する。成田街道には大和田宿があり、現在ではこの旧大和田宿の周辺に市役所など市の中心街を形成している。

(8)いくつかの霊園関係者に話を聞くと、八千代市周辺で霊園が近年増えたのは、土地価格が比較的安いこと、周辺に民家が少なく、住民からの苦情が出にくいロケーションであることなどの条件が比較的そろっているからだという。また、八千代市がほかの行政に比べ、近年まで霊園建設に関する認可が緩く、いくつもの業者が八千代市に認可申請をしてきた。ただし、近年は八千代市も認可が厳しくなり、今後新しい霊園は増えないと考えられている。

(9)大規模な公営霊園は、公園のようなデザインで作られている。一九二〇年代の大正期に作られた多磨霊園が最初だと言われる。こうした経緯は、例えば前掲『お墓の社会学』などを参照。

(10)例えば、佐幸信介「郊外空間の反転した世界――『空中庭園』と住空間の経験」(鈴木智之/西田善行編著『失われざる十年の記憶――一九九〇年代の社会学』所収、青弓社、二〇一二年)、平山洋介『東京の果てに』(〔日本の〈現代〉〕、NTT出版、二〇〇六年)、小野田泰明「住まうことのメタファー」(吉原直樹/斉藤日出治編『モダニティと空間の物語――社会学のフロンティア』(〔シリーズ社会学のアクチュアリティ：批判と創造〕、東信堂、二

〇一一年）などを参照のこと。
(11) 前掲「住まうことのメタファー」
(12) 同様の視点は、前掲『東京の果てに』を参照のこと。
(13) ミシェル・フーコー『安全・領土・人口――コレージュ・ド・フランス講義1977―78』高桑和巳訳（「ミシェル・フーコー講義集成」第七巻）、筑摩書房、二〇〇七年、フィリップ・アリエス『死と歴史――西欧中世から現代へ』伊藤晃／成瀬駒男訳、みすず書房、一九八三年
(14) 戸籍法は一八八二年、民法は九八年に制定された。
(15) 前掲『墓と葬送の社会史』一一三ページ
(16) 前掲『墓と葬送の社会史』、槇村久子『お墓と家族』朱鷺書房、一九九六年
(17) 現在に至るまで継続している墓地の法的根拠は、一八七三年（明治六年）の「墓地の設置及び取拡げの制限に関する件」から、八四年の太政官達第二十五号「墓地及び埋葬取締り規則」と「同施行方法細目基準」である。
(18) 前掲『お墓と家族』四五ページ
(19) マイク・フェザーストン／ナイジェル・スリフト／ジョン・アーリ編著『自動車と移動の社会学』近森高明訳（叢書・ウニベルシタス）、法政大学出版局、二〇一〇年、四六ページ
(20) 霊園もロードサイドのマーケティングの対象である。

マツコ・デラックスと国道十六号線

犢橋で「十六号線的なるもの」を考える

塚田修一

マツコ・デラックスが国道十六号線について語ったことがある。二〇一四年十二月二十九日に放送された『年末スペシャル　朝まで！ドキュメント72時間』（ＮＨＫ）でのことである。この番組は、一四年に放送された『ドキュメント72時間』のベスト9を発表・放送していくもので、第九位にランクインした「オン・ザ・ロード　国道16号の〝幸福論〟」（六月十三日放送）についてマツコが感想を語っている。

総じてマツコは番組に対して温かい。十六号線を「現代を象徴するごく平均的なニッポン人の暮らしが見える」と紹介する番組に対して、「「平均」って言っても、見た目だったり、生活水準だったり、思想だったりが、みんな同じではないっていう。当たり前のことなんだけど、それをちゃんと見せてもらえた気がする」と語りながらも、自身も十六号線沿いで生活していたマツコは、「平均だったらアタシは生まれてないわよね」というツッコミも忘れない。

——それにしても何なのだろう、このマツコの十六号線に対する温かいまなざしは。

マツコの原風景

もちろん、マツコは「懐かしい」のだろう。マツコは、団塊ジュニア世代として、この十六号線沿いの街、千葉市稲毛区で育ち、花見川区の千葉県立犢橋高校へ通学していた。[1]この高校の同級生に木村拓哉がいたことはよく知られている。その通学ルートを、例えば路線バスでたどってみるならば、マツコの十六号線への愛情は納得できる（もっとも、マツコは自転車通学をしていた[2]というから、路線バスを使っていたわけではないが、通学の際にこの路線バスと同様に十六号線沿いを通っていた可能性は高い）。

ＪＲ稲毛駅を出発する路線バス（こてはし団地行き）に乗る。このバスは程なく十六号線に乗り、団地やショッピングモールを沿線に臨みながら走行して、工業団地、そして住宅団地へと至る、いわば十六号線的なアイテムが凝縮した路線を走る。その十六号線沿いの高校最寄りのバス停・犢橋高校入口（写真１）に到着し、そこから十六号線の内側へ少し入ったところに犢橋高校はある。

驚いたことに、この高校の敷地内には鉄塔が設置されていて、送電線がグラウンドの上を横切っているのである（マッコが通学していた当時から設置されていたものかどうか不明だが）（写真２）。

このような、「十六号線的なるもの」が凝縮したエリアでの生活が、マッコの原風景として存在しているはずである。だが、マッコの十六号線に対する温かいまなざしの裏側にあるのは、「懐かしさ」だけではないように思える。

写真１　千葉県花見川区国道16号線沿い。2017年2月14日撮影

マッコと「田園都市線的なるもの」

ところでマッコは、例えば東急田園都市線の二子玉川、横浜、さらには恵比寿といった特にいくつかの私鉄沿線、地域に対しては辛口である（ただし、その裏にある種の愛情めいたものも感じてしまうのだが）。

「この狭い国の、そのまた狭い東京の中で、同じ満員電車でも田園都市線が良いと必死になっている。そのことを「馬鹿馬鹿しい！」とか言ってくれる人、ちゃぶ台ひっくり返してくれる人がいなかったのはなぜ？[3]」

「恵比寿に来てるＯＬたちは、ここに来ればなんか幸せになれるんじゃないかみたいな顔してるのね。でも実際は、ブスはブスなんだよ。だから、ブスは恵比寿にいようが御徒町にいようが一緒だしさ、御徒町の方が下手したらモテるかもしれないじゃない。でもブスが頑張って恵比寿でモテようとしてるのが、見ていてもどかしかった。あんたたちは恵比寿にいない方がいいぞっていう。錦糸町に行ったらモテ筋かもしれないっていうさ[4]」

こうした発言からわかるように、マツコは、これらの地域そのものを毛嫌いしているわけではない。要するにマツコは、そうした地域の人たちの、「身の丈に合わない自意識」――それを「田園都市線的なるもの」と呼ぶことは許されるだろうか――に対して敏感であり、辛辣なのである。

「何か背伸びしている姿勢こそ本当はダサいのよ。オシャレに生きようとしている人たちが読んでる「SWITCH」、本棚に並んでることで安心するみたいな雑誌ってダメじゃない。それはあたしは嫌い。二子玉川で六畳一間のアパートに住んでいるより、東陽町で２ＬＤＫに住んだ方が豊かに暮らせる人もいるわけじゃない。身の丈にあった、身分相応のことをすればいい[5]」

マツコと「十六号線的なるもの」

ひょっとしてマツコは『ドキュメント72時間』から、これら「田園都

写真2　千葉県立犢橋高校。2017年2月14日撮影

市線的なるもの」とは対照的なものを見て取ったのではないか。つまり、十六号線沿いに生活する人たちの、「身の丈に合った自意識」である。

例えば、番組内でマッコの印象に残ったという、春日部市に住む、中学卒業後に就職したやんちゃそうな少年と高校に通う清楚な少女のカップル。二人の夢は春日部に小さな家を建てて幸せに暮らすことだという。

「(春日部は)生まれて育った場所だから、大事っすね。一番落ち着くし。あんまり離れたくないです、春日部を。大事っす。うん、それしか言えないよな」

こんなふうに「等身大の夢や感覚」をさらりと言ってのける二人は、「田園都市線が良いと必死になっている」人や「恵比寿に来てるOLたち」とは対照的である。

そしてこのマッコの「身の丈に合う/合わない」という価値観は、やはり十六号線沿いで育まれたものなのかもしれない。マッコの実家――まさに十六号線のそばだ――は、電化製品を導入するのが遅く、CDプレイヤーもゲーム機もなかったという。「でも、いまから思うと、これでよかったんだね」とマッコはいう。マッコの両親は、「貧しいのはいやだ」とか「新しい品物がほしい」とは全く言わなかった。だから、マッコは卑屈になることなく、「こんなもんか」と思っていられたのだという。

「ウチの両親は、自分たちを世間と比べるようなことは一切しない人だった。二人とも昭和ヒトケタ生まれで、戦中に思春期だった世代。だから、戦後、どんなに日本が豊かになろうが、時代には流されなかったのね。世間体に惑わされず、しっかり自分たちの道を歩んできたの。身の丈以上のものを求めていないの。アタシにも、そのDNAが流れているのかもしれない」(6)

マッコの十六号線に対する温かいまなざしの裏側を、こんなふうに深読みしてきてしまった。――だが、この「身の丈に合った自意識」は、「十六号線的なるもの」の通奏低音として、十六号線沿いに生活する人々のなかに確かにあるようにも思えてしまうのだ。

注
(1)「サイゾー」二〇一五年九月号、サイゾー、六四―六七ページ
(2)『夜の巷を徘徊する』(テレビ朝日系)、二〇一七年五月五日放送回でのマツコの発言から。
(3)「SWITCH」二〇一六年五月号、スイッチパブリッシング、三五ページ
(4)同誌三六ページ
(5)同誌二六ページ
(6)マツコ・デラックス『デラックスじゃない』(双葉文庫)、双葉社、二〇一六年、三三ページ

第9章

国道十六号線／郊外の「果て」としての木更津

『木更津キャッツアイ』は何を描いたのか

西田善行

1 国道十六号線間格差

千葉県南西部と十六号線の景観

国道十六号線沿線地域は、どこか均質的で画一的な空間として語られることが多い。しかし、本書でのここまでの指摘でもわかるように、地域によって置かれた状況に違いはある。十六号線内の人口増減をはじめとする現状の差異は終章「「東京都市圏」の縁をなぞる――国道十六号線と沿線地域の歴史と現状」で筆者が述べるが、今後それぞれの自治体がどのような状況に置かれるのか、その予測にも差がみられる。

国立社会保障・人口問題研究所の「日本の地域別将来推計人口」をもとに、八百九十六の市町村が消滅の可能性があると指摘したのが、いわゆる増田レポートである。[1] 増田レポートは二十歳から三十九歳までの若年女性人口が、二〇一〇年から四〇年の間に、五〇%以上減少すると予測される自治体を「消滅可能性都市」として指摘した。十六号線沿線自治体のなかで消滅可能性都市に該当するものは三つしかない。この三つはすべて千葉県にある自治体であり、該当するのは十六号線の実質的終点である富津市とその隣の君津市、それに犢橋（コラム「マッコ・デラックスと国道十六号線――犢橋で「十六号線的なるもの」を考える」〔塚田修一〕を参照）がある千葉市花見川区である。[2]

十六号線沿線の地域格差の一端は、景観の差としてみることもできる。十六号線の西側に位置する横浜から町田、相模原あたりの大型商店、チェーンストアがひしめく場の景観と、千葉県南西部の千葉から市原、袖ケ浦あたりの閉ざされたバイパスとその側道、そして延々と続く東京湾岸道路と呼ばれる工場地帯の景観とでは全く異なっている。[3] 十六号線からイメージされる「ファスト風土化」されたロードサイドの景観は、京葉道路の側道である千葉市の中心部以南では一部の地域に限られているのである。

竹内裕一は千葉県南部の開発を遅らせてきた要因として、千葉県の「半島性」という地理的要因をあげている。[4]

同じ都心から三、四十キロ圏内でも、陸つなぎに鉄道・道路網が発達した埼玉県や千葉県北西部などと比べて、千葉県南西部は東京湾を挟むので迂回することになるため、都心へのアクセスに格段の差がある。これが、二十三区への通勤率の低さとなって如実に表れている。(5)

十六号線を過ぎた地域(神奈川では相模原と平塚を通る百二十九号線を過ぎた地域)を通勤エリアの限界という意味合いで「超郊外」という言葉が用いられることがある。千葉市より南の十六号線はほぼ臨海部を走っていることを考えると、これらのエリアは「超郊外」である。つまり郊外の「果て」にあるエリアと言える。その意味で、海によって途切れる十六号線の「果て」にあり、郊外と呼称しうるエリアの「果て」にあるのが千葉県南西部なのである。

南房総への交通の利便性を向上させるため一九九七年に開通したのが東京湾アクアラインだった。そしてアクアラインの開通と、その交通料金の変更に翻弄されているのが千葉県木更津市である。現在の木更津を通る十六号線は従来から道として使用されていた場所を用いたものではなく、高度成長期の開発のなかで、市街地をバイパス(迂回)するように新たに作られている。これまでみてきたように、十六号線は木更津でも人々のかつての生活空間から浮き出た形で存在する。

「木更津」という街から連想されるドラマといえば『木更津キャッツアイ』(TBS系、二〇〇二年)だろう。本章では、古くからの港町だった木更津の町が、戦後どのような変化を遂げていったのか、西口の駅前商店街の発展と衰退、そして十六号線をはじめとするロードサイドやその周辺の郊外住宅地の活性化を中心にみていく。そして二〇〇〇年代の西口商店街を舞台とした、『木更津キャッツアイ』が描いた木更津の街の意味について考えてみたい。

2 木更津と十六号線

駅前の発展と衰退、郊外化

みなとまち・商都・軍都と「房総往還」

前述のとおり、木更津は古くから港町として栄えていた。江戸時代、幕府から認められた内房唯一の港として、安房・上総から江戸、日本橋への物資・旅客輸送でにぎわっていた。当時の木更津の中心は港そのものであり、中心市街地も港の近くに作られていたのである。港のにぎわいは明治期に入っても続き、定期船が往来する東京からの物資の集積地として「商都」木更津は活況を呈する。また木更津は房総の玄関口となる避暑地・歓楽地でもあり、房総観光の拠点として多くの宿が作られ、芸者もいた。しかし一九〇〇年代前半（大正期）に蘇我木更津間を鉄道が通ると、定期船は台風による被害もあって廃止となり、町の中心も次第に駅前へと移行していく。この頃から急速な発展を遂げたのが、八幡町や南町など八劔神社の周辺から港にかけての地域（富士見町）であり、これらの地域は住宅や商店、旅館や劇場、写真館、小料理店が並ぶ新開地となって発展した。

一方、木更津は「軍都」でもあった。一九三六年、木更津海軍航空隊が木更津港の北に設置され、これに合わせ木更津港が整備されて大型船舶を停められるようになった。その後、第二海軍航空廠も基地の近くに設立されるなど「軍都」としての色彩を強めていった。戦後、基地はアメリカ軍に接収され、現在は自衛隊の駐屯地となっている。ここがオスプレイの整備拠点となったことは記憶に新しい。

のちに十六号線に指定される道は、こうした木更津市街地の中央を通っていた。江戸期には房総往還と呼ばれ、参勤交代や旅行者の通行のほか、海岸に点在する港への物資輸送路として利用されていたのである。沿道には集落が作られ、道と街が沿う形になっていた。大正期に作られた鉄道（房総線）もまた、集落が並ぶこの道に沿うように作られている。

高度成長期の木更津と「塗り替えられる街の風景」

　戦後、木更津は再び発展することになるが、その発展に大きなインパクトをもたらしたのが新日鉄（現・新日鉄住金）の君津への進出だった。一九六五年、八幡製鉄（新日鉄）はこの京葉工業地域の南端に位置する君津に日本最大級の製鉄所を開業させた。これによって関連会社も含めた二万人の従業員とその家族が君津や木更津に住むことになり、町は外部からの大量の移住者を受け入れた。結果、六五年から七〇年の五年間に、両市合わせて四万六千人の人口増となったのである。そのため君津エリアの商業中心地だった木更津の西口にある商店街は、大変な活況をみせることになる。ただし当時の十六号線も含めて車通りが多い商店街では買い物客が減少しつつあった。これに対し、駅から八剱神社の横手を通って当時の十六号線（銀座通り）の前に出るみまち通り商店街は、自動車の通行規制があって歩行者が買い物しやすい。そこには小さな商店がひしめき合い、木更津で最も多くの商店が集まっていた（写真１）。六八年におこなわれた調査では、百十四の商店が連なるみまち通りに駅からの通行者が最も多く流れていて、当時多くの買い物客がみまち通りを利用していたことがうかがえる。(6)

　新日鉄の進出による急速な人口拡大を受けて、海岸部の埋め立てや東口の区画整理など、市街地が拡大していく。それまで開発が遅れていた内陸部にも住宅団地が造成され、多くの人が移り住

写真1　1970年前後のみまち通り
（出典：木更津市制施行70周年記念誌「きさらづ解体新書」木更津市総務部、2012年、74ページ）

むようになる。また西側にしかなかった駅の出口も、一九七〇年に橋上駅に建て替えられ東口が開設された。東口の土地区画整理事業は七八年に終了し、駅周辺には西友やダイエーなどの大手スーパーや、都市銀行が進出した。これに対して西口では、六五年に港に横浜と川崎を結ぶフェリーが就航、港への往来でにぎわう一方、駅と港の間の本町にあった市役所が、七二年に海岸部（潮見）に移転し、それに次いで警察署や消防署なども移転するなど変容が進んでいく。

この頃の木更津については、当時東京十二チャンネルに所属していた田原総一朗らが記した『変貌する風土』[7]が参考になる。一九七三年から七五年の二年間に記録された本書で、田原は、「塗り替えられる街の風景」という木更津の街をめぐるルポを書いている。例えば木更津が古くから漁師による賭博が盛んで、やくざによるノミ（私設馬券屋）がおこなわれ、ばくちで負けた借金をやくざが貸し、その高利で首が回らず一家離散したといった話が出てくる。また木更津に一店舗しかないヌード劇場で働く黒人女性と、外国人名を名乗った「和製外人」の話。また「千葉県では船橋、埼玉県では大宮、朝霞、神奈川では鶴見、横浜などの劇場には、東京をはじめ各地からファンが殺到する。木更津は、市内の客しか来ない[8]」といった郊外の風俗事情も明かされる。

田原のルポでは新たに開発された東口のスーパー進出と既存商店街の抵抗を描いた箇所もある。東京で見慣れた建物の名前ばかりが並ぶ「ミニ東京」の東口の風景に対峙する、木更津にしかない店が並ぶ西口の風景を、江戸幕府や東京の政府を相手に自らの権益を確保し、繁栄へとつなげた木更津の人々の姿と重ねてみせる。

また東口に登場した西友とダイエーが、駅での人の流れを変え、それまで西口に下りて買い物をしていた人が、東口で買い物をするように変化したことが語られる。ダイエー進出の際には、商店主たちは反対の立場をとっていたが、スーパーに親しみ、低価格で食料品や生活用品が購入できるスーパーを支持する、東京や九州から流入した新しい消費者からひんしゅくを買うことを恐れ、結局受け入れることになったと記している。ただし、商店街の人々もただ指をくわえてみていたわけではなく、一方で商店会連合会に地元の老舗デパートなどとともにスーパーを取り込むことで、スーパーに協調を促し、また高級化や専門化を進めてスーパーとの差別化を図ろうとする地元商人のたくましさも書かれている。実際スーパーとの対立が、かえって商店街の既得権を強めるはたらきをしたことを、新雅史は指摘している。[9]とはいえ、その新が一九七四年以降を「商店街の崩壊期」としているように、七〇年代半ばは商店街をめぐる状況に変化がみられる時期である。田原の木更津の商店街の記述でも、スーパー進出を機に店をたたむ商店があることを記録していて、西口商店街が曲がり角を迎えていたことが見て取れる。市街地が拡大することで、街の重心が次第に郊外へと移っていったのである。

十六号線のバイパス化が始まるのもこの頃である。木更津の西口商店街の間を縫うように繁華街の真ん中を通っていた十六号線だが、交通量の増加が商店街での買い物の妨げになるなど、中心街への交通量の抑制が必要となっていた。こうしたなか、袖ケ浦の長浦から木更津間の国道バイパスの建設が一九七一年に始められる。東口の市街地も迂回しての四車線のバイパス整備が二十年かけておこなわれることになる。

バブルの町と「東京の侵略」

その後、木更津の駅前は東口を中心に発展を続ける。一九八二年には扇谷ジャスコが駅前から少し離れた郊外地にできるなど、新たに広がり始めた郊外のロードサイドにも店舗が立ち並び始める。一方、西口は、東口に奪われた顧客を取り戻すべく、同じ八二年に都市計画事業として小さな店舗が密集していた駅前の再開発が決定、大型商業ビル・アインスを建てた。そこにそごうと提携して西口に百貨店を開いていた老舗のサカモトが核店舗として入り、木更津そごうとしてオープンしたのは八八年のことだった。

一九八〇年代、そごうは積極的な店舗拡大をおこない、首都圏を包囲する「レインボーロード」[10]である十六号線沿線の町に次々と出店を進めた。千葉(一九六七年)や柏(一九七三年)に加え、八一年に船橋、八三年に八王子、八五年に横浜、八七年に大宮と、沿線の中心地に短い期間で出店している。また相模原の橋本駅前にも出店計画があった。そごうは八〇年代、都心部で地価が高騰したため、比較的手頃で消費者の高級化志向もあり、今後の人口増も見込める十六号線沿線への出店を進めていたのだ。これを可能にしたのは銀行からの多額の融資であり、当時のバブル景気による複数の要因が、木更津も含む十六号線沿線へのそごう進出を推し進めたのである。

一九八七年、バブル期のただなかに出された『「東京」の侵略』[11]によれば、東京の土地価格高騰とそれに関連する首都機能の一部移転を背景とした東京湾岸一帯の都市開発と交通網の整備のため、十三号地（お台場）や横浜（みなとみらい）、幕張（新都心）などの開発が進められた。そしてその一環として、川崎と木更津を結ぶ東京湾横断道路（アクアライン）の建設や上総新研究開発都市構想（上総アカデミアパーク）に加え、木更津を首都機能の一翼を担う場とするための木更津市都市整備計画が構想されていた。木更津は横浜やさいたま、千葉などの十六号線沿線地域の一つとして、「東京」を代替する新たな都市として期待を寄せられていたのである。

こうした「東京の侵略」を見越して木更津の地価は高騰する。一九七九年から二〇一六年までの東口一丁目の商業地の公示地価の推移をみると、一九八〇年には四十万円に満たなかった地価が、およそ十年で四百万円近くにまで上がっている。特に八〇年代後半から九〇年代初頭のバブル最盛期には急騰しているのがわかる（図1）。

バブル期の木更津への「東京の侵略」の一端は一九八七年に放送された『男女7人秋物語』（TBS系、脚本：鎌田敏夫）にみられる。前作『男女7人夏物語』（TBS系、一九八六年）で東京駅そばの清洲橋に住んでいた主人公・今井良介（明石家さんま）は、フェリーを利用して木更津から川崎へと通勤するようになっている。いわゆる「トレンディードラマ」としてこのド

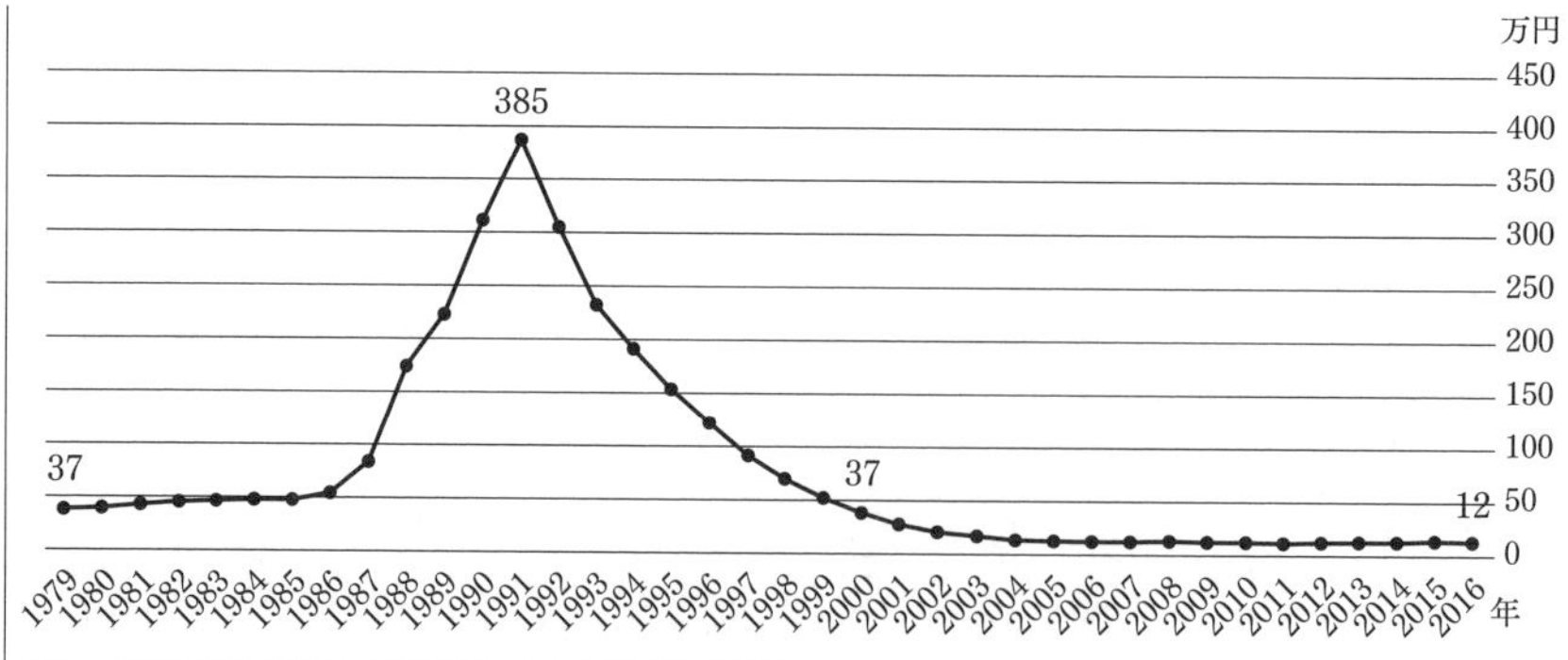

図1　木更津市（東中央1丁目）の公示地価の推移

ラマがあったことからすれば、東京湾を挟んで通勤する良介の姿は、先端的なものとして映し出されたといえるだろう。[12]六五年に就航したこのフェリーは、多いときには年間百万人を超える人が利用し、フェリー利用客の港から駅への往来で駅西口はにぎわっていた。

ただしこうした外観上のにぎわいの一方で、統計的には一九九〇年にすでに木更津の商業都市としての地位の低下を垣間見るデータがある。倉沢進と浅川達人らによる東京圏の社会地区分析では、七五年時点で都市的要素をもつ「複合市街地域」に分類されていた木更津は、九〇年には「人口再生産・ブルーカラー地域」へと三百三十三市区町村のうち唯一移動している。[13]これは木更津周辺の南房総地域の人口減だけでなく、近郊地域での商業施設の設置などが要因として考えられるが、いずれにせよ木更津の商圏としての町の魅力は九〇年の時点ですでに相対的に低下しつつあったといえる。特にそれまで中心的商業区域だった駅西口の商店街の衰退が顕著であり、七二年の商店数を基準とした場合、八八年の西口商店街の商店数は六〇%以下になっている。[14]みまち通り商店街は西口再開発によって、その入り口がそごうの裏手に回ることになった。結果、商店街への客足は急速に遠のいた。活性化を狙った西口再開発は、皮肉にもみまち通りの活況を完全に奪うことになったのである。

バイパスが完成し、西口の繁華街の通りが十六号線でなくなるのもこの頃である。一九八三年にバイパスの一部が開通、三年後の八六年に全面開通となる。これに伴って十六号線の周辺やさらに外側の郊外住宅地も拡大、周辺道路も整備されるなか、十六号線のロードサイドやその周辺エリアに大型スーパーや専門店、ファミリーレストラン、そしてコンビニエンスストアなどが立ち並ぶようになる。

そしてシャッター街へ

都市整備計画に伴って地価が急騰した木更津だったが、バブル崩壊後の一九九二年頃から状況が一変する。地価は急速に値下がりを始め、二〇〇六年まで十五年ものあいだ一貫して下落し続け、結局、バブル期以前に比べても三分の一程度の価格まで下がった。

待望の東京湾アクアラインが開通したのは一九九七年。それに伴って、京葉道路をつないで東京へと入る高速道路の館山自動車道にも接続した。当初、アクアラインの開通によって多くの人々が木更津に移住するものと考えられていた。当時の予測では、アクアラインによって千葉県南部全体で四百万人の観光客増と三十七万人の移住者が見込まれていた。[15] まさに「夢の懸け橋」と期待されていたのである。アクアラインの開通を受け、木更津港から川崎を結んでいたカーフェリーがその役割を終え、フェリー利用者の駅から港への往来もなくなった。しかしアクアラインの利用者は、当初、片道四千円という料金の割高感もあって予想を大きく下回った。増加が期待されていた人口も停滞は止まらず、その流れは二〇〇六年頃まで続くことになった。

こうしたなか二〇〇〇年には、西口再開発の目玉だったそごう木更津店が閉店した。東口の駅前でも西友系のエポ、そしてダイエーと、大型スーパーや商業ビルが次々と閉店していった。商店の数は、〇二年には西口の多くでかつての五分の一以下になる。木更津全体でもかつての半数近い商店がなくなっていった。[16] みまち通りがある富士見一丁目の地価は、〇〇年以降四年連続して全国での地価下落率が一位になるなど、木更津という街の没落の象徴的空間となっていく。そして西口の町はシャッター街と呼ばれるに至る。経済産業省の商業統計によると、一九九七年から二〇〇二年の五年でみまち通り商店街の従業者数は四分の一、年間販売額は九分の一にまで落ちている。

写真2 シャッター街となったみまち通り。2016年3月7日、丸山友美撮影

その一方で十六号線をはじめとする、新たに作られた郊外エリアのロードサイドに大型店舗が次々と展開、ま

さに「ファスト風土」化された郊外化地域の典型的な光景が見られるようになる。大型店の展開はもちろん木更津だけではなく、これまで木更津の駅前まで足を延ばしていた君津、富津、袖ケ浦でも同様だった。とりわけ一九九三年に十六号線近くに開店したイオン富津ショッピングセンター（のちのイオンモール富津）は木更津そごうが入っているアインスに匹敵する商業施設面積があり、木更津への買い物客を奪うことになった。

地図から見る市街地の拡大と十六号線

木更津の中心市街地と十六号線の関わりをあらためて整理しよう（図2）。鉄道が敷かれる以前は、港に面した形で街が形成され、十六号線のもとになった房総往還は町のやや外側を通っていた（地図左上）。鉄道が敷かれて駅前がにぎやかになると道路は町の中心部に位置することになり、そこに多くの商店が並ぶようになる（地図右上）。やがて道が十六号線に指定され、交通量が激しくなると沿道の商店の利用者が減少、一方で東口の開発が進み、町は東と南に広がっていく（地図左下）。その後、十六号線はバ

図2　木更津の市街地の拡大と16号線（左上は1903年、右上は44年、左下は79年、右下は2007年）
（出典：「今昔マップ on the web」〔http://ktgis.net/kjmapw/〕［2018年4月24日アクセス］から16号線を強調）

イパス道路として町を迂回するようになると、そのバイパスの外側に住宅地が広がるようになった（地図右下）。人々が集住するエリアが東へ、南へと広がるにつれ、これらの地域に住まう人々が消費をする場も広がっていったのである。その意味で西口駅前のシャッター街化は起こるべくして起こったともいえる。

3 『木更津キャッツアイ』

「コールドスポット」に現れた「ゴースト」

二〇〇二年一月、そごうが閉店し、シャッター街となったみまち通りを舞台としたテレビドラマが放送された。それが『木更津キャッツアイ』である。当時、映画『GO』（監督：行定勲、二〇〇一年）や『池袋ウエストゲートパーク』（TBS系、二〇〇〇年）の脚本家として注目されていた宮藤官九郎を起用して制作された本作は、視聴率は高いものではなかったが、〇三年、〇六年（ともに金子文紀監督）と二度映画化されるなど注目を集めた。『キャッツアイ』は当時の商店街や郊外、そして十六号線をどのように映していたのか、みていくことにしよう。

『木更津キャッツアイ』のストーリー

物語はぶっさん（岡田准一）が病院で薬を処方されるところから始まる。ぶっさん、バンビ（桜井翔）、マスター（佐藤隆太）、アニ（塚本高史）、そしてうっちー（岡田義徳）の五人は同じ高校の野球部出身で、卒業から三年たったいまでも、野球部監督の猫田（阿部サダヲ）がキャプテンをする草野球チーム・木更津キャッツで毎週のように草野球をしている。ぶっさんは、父親（小日向文世）が営む駅前のみまち通りにある理髪店をときどき手伝っているが、定職に就いていない。同じみまち通りの写真館の息子であるアニも無職で、春の甲子園出場が決まった弟と常に比べられて肩身が狭い。マスターはアクアラインを見晴らす海岸通り沿いに、身内以外に客がいない居酒屋「野球狂の詩」を構える店主で、姉さん女房と幼い息子二人を抱える。唯一大学に進学したバンビはみまち通りの呉服店の息子で、同じ高校出身で「誰とでも寝る」と思われているモー子（酒井若菜）に思いを寄せている。うっちーは一つ学年が上だったが、留年して同じ年に卒業した。自宅の所在がわからないなど不明な点が多い。公平たちを高校時代に温かく見守っていたのが古典の教師の美礼（薬師丸ひろ子）だった。

ぶっさんの病気はガンで、第一話で余命半年だとメンバーに告げる。それがきっかけとなり、五人は怪盗団・木更津キャッツアイを結成する。キャッツアイのメンバーが起こす事件は毎回うっちーの「裏」の活躍などもあって知らぬ間に解決していく。五人が盗むのはやくざや暴走族、犯罪者からだが、ときに木更津の町の解体を進める開発業者や市長であることもある。いずれにせよ、弱きをくじく「悪者」が相手となる。そして悪者から巻き上げた金品は、出身高校の野球部や経営が危ない映画館などに寄付してしまい、自ら利益を得ることはない。メンバーは「義賊」としてキャッツアイをしているのである。[17]

物語は「ぶっさんの死」を結末として予期させながら、木更津の「守り神」のような存在として人々に親しまれていたホームレス、オジー（古田新太）の死などを交えて進んでいく。しかしテレビ放送では「ぶっさんの死」をあえて正面から描くことなく終わり、それによって結果的に『木更津キャッツアイ 日本シリーズ』（監督：金子文紀、二〇〇三年）、『木更津キャッツアイ ワールドシリーズ』（監督：金子文紀、二〇〇六年）という二つの映画が作られることになる。特に『ワールドシリーズ』では、ぶっさんはオジーとともに幽霊として登場し、語られることがなかった「ぶっさんの死」を描くことによって終幕となる。

『キャッツアイ』が描く木更津の商店街と郊外、そして東京・お台場

『キャッツアイ』は当初、松戸や船橋といった東京近郊を想定して企画された。しかしこれらの地域では撮影が難しかったことから、木更津に白羽の矢が立った。[18]こうした当初のもくろみは、第一話でメンバーが車で走る木更津のロードサイドの描写によく表れている。ドラッグストア、大きな鉄塔……。宇野常寛が指摘するように、このドラマは当初、「入れ替え可能」で「無場所的で匿名的な空間」が広がる地方都市、つまり郊外を想定して

いたことがわかる。[19] ただしそれは『キャッツアイ』が木更津の場所性を描かなかったということを意味しない。むしろ「入れ替え可能」で「無場所的で匿名的な空間」は背景に置かれているにすぎないのであり、重点的に描かれるのは、こうした郊外化の波に取り残された商店街である。

『キャッツアイ』は木更津でのロケ地の多くが十六号線を挟んで海岸側にあり、しかも駅の西口に集中している。[20] 前述のとおり、ぶっさん、アニ、バンビはみまち通りの自営業者の息子であり、親と同居している。また車を所持しているのはアニだけで、それも親の車にすぎない。そのため多くの場面でメンバーは港や駅前商店街を歩いている。このように『キャッツアイ』は郊外化された住宅地よりも駅前の商店街に焦点が当てられているのである。

ただし、『キャッツアイ』が映し出したのは、二〇〇二年から〇六年の木更津西口のありのままの姿だったのかというと少し異なる。特に〇二年のテレビ放送時のみまち通り商店街は、シャッター街としては映されていない。第一話、ぶっさんとアニがビールを求めて走るみまち通りには、多くの歩行者や買い物客がいて、一定の活気をもった場となっている。理髪店、呉服店、写真館を営むメンバーの親が生活に困窮する様子はみられず、無職の、あるいは大学生の息子たちを養うことができる程度の生計は立てられているようである。〇二年当時、実際のみまち通り商店街をめぐる状況は厳しいものであった。そごう閉店のあおりを受け、商店数は八年前の一九九四年の半分に、年間販売額は十分の一以下まで落ちていたのである。[21]

『キャッツアイ』が描く街はむしろ、かつての木更津を彷彿とさせるものである。例えば第一話でローズ（森下愛子）が働くストリップ劇場は「金髪」（実際には金髪のかつらをかぶったローズ）が踊ることを売りにしているエピソードがあるが、これは外国人ストリッパーが人気だったという田原の一九七〇年代の記述をなぞるものだ。また第三話で登場する小峰（ケーシー高峰）は賭けマージャンの胴元をしながら高利で金貸しをしていて、さらに金が返せなかった先輩が一家でマグロ漁船に乗ったという噂も田原の記述を思い起こさせる。もっと言えば『ワールドシリーズ』での、内陸部に大型ショッピングモールを建てる計画を宣言する現職の市長に対抗して駅前商店街の活性化を訴える美礼やその支援者の姿に、七〇年代にダイエーの進出に反対・対抗を試みた駅前商店街の商店主たちを重ねることもできる。田原のルポやそれに類する資料を実際に宮藤が読んでいたかどうかは別として、少なくとも当初ドラマが描いたのは、抽象度が高い匿名的空間、あるいは現実の街そのものというより、かつてあった木更津の姿へのノスタルジックな投影だったのではないだろうか。

これに対し、郊外をロケ地とした描写もないわけではない。例えば第四話では、生徒にいたずらをしていたのが見つかり、自宅謹慎となった美礼の自宅が映し出される。美礼は木更津の閑静な郊外住宅地に親と同居している。謹慎を受けてかくまわれている美礼に父は、「何も言うな、お前は大丈夫だ、自慢の娘だからな。(略)今後のことは父さんに任せなさい」[22]という。このロケ地は駅から十六号線を挟んで内陸側の木更津市太田といわれている。[23]太田に隣接している清見台団地は、新日鉄の君津進出を受けて造成されたニュータウンで、太田もこの頃に宅地が広がるようになった。このエリアはドラマでは典型的な郊外住宅地として、また裕福な環境にいるにもかかわらず、泥棒癖が治らないナオミ(増田恵子)が盗みをおこなう場として描かれる。また「男の勲章」という喫茶店を東口に構える店長(嶋大輔)も、この郊外エリアで母親と同居していることが明かされる。

美礼は生徒との関係がうまくいかなくなり、ストレスからいたずらを始めたのだが、そのストレスを倍加させたのが美礼のストーカーとなった教頭(緋田康人)である。そして教頭も、妻による家庭内暴力に悩まされていることがのちに明らかになる。その教頭が住む大きなマンションは、やはり新日鉄の進出後に宅地化された貝塚にあるとされている。このように『キャッツアイ』が描く郊外空間は、ステレオタイプ的に秘密を抱えて閉ざされた家族・家庭の姿を描写する場となっている。

前述のとおり、木更津はバブル期には首都機能を代替する東京湾岸の一都市として都市整備構想があった。しかしバブル崩壊後、この計画は頓挫し、アクアラインは開設されたものの、木更津に都市的景観が形成されることはなかった。一方、同様にバブル期に計画され、東京都市博覧会の中止などがあったものの、都市開発が進められたのが東京・お台場だった。[24]お台場は、高層ビルやマンションが立ち並び、モノレールや高速道路を見上げる「未来都市的景観」を獲得した。

『キャッツアイ』の第九話で、生まれてから木更津を一歩も出たことのなかったぶっさんが、アクアラインを通ってまず到着するのがそのお台場である。ぶっさんはゆりかもめを見上げて「すげえ…未来都市だな」とつぶやき、歩く歩道にくぎ付けになる。お台場とは実現しなかった木更津の未来の姿であり、そのお台場と木更津はアクアラインという道路一本によってつながっているのである。木更津を一歩も出なかったぶっさんが最初に足を踏み入れる「東京」がお台場であるということは、このような象徴的な意味をもっている。

『キャッツアイ』のメンバーとジモト志向

ぶっさんが木更津を一歩も出たことがなかったというエピソードを含め、『キャッツアイ』は若者の「ジモト志向」との関わりで語られることがある。浅羽通明は、「ナウ信仰・東京信仰・上昇信仰」が減速し、ケータイを媒介に地元つながりの友達とまったり「普通に生きる」若者の姿を、キャッツのメンバーに重ねている。[25]また土井隆義は、『キャッツアイ』の人気の要因を、「地元つながりの人間関係に対する彼らの憧憬に、おそらく的確に応えたものだったから」[26]としている。

こうした地元への憧憬の要因として土井があげるのが、プッシュ・プル要因の喪失である。地元の文化や人間関係の影響力の低下で、かつて若者たちを地元から押し出して（プッシュ）いた要因が消え、またモールなどの大型商業施設の整備によって都会へと引き込む（プル）要因も消えた。[27]二〇〇〇年代後半以降、こうした要因を背景に、郊外あるいは地方にこもる若者の姿が喧伝されるようになった。原田陽平は、地元の五キロ圏内で生活を完結させ、ファミリーレストランやカラオケ、大型モールでの消費生活を楽しむ郊外の若者を「マイルドヤンキー」として描出した。[28]また阿部真大は、イオンモールという適度な刺激を享受可能な「ほどほどパラダイス」がある地方都市に、一定の魅力を感じて上京を特に望まない若者の姿を伝えている。[29]

『キャッツアイ』のメンバーにこうした若者像を彷彿とさせる場面がないわけではない。例えば先にもあげた第一話のドラッグストアでの買い物の場面、あるいは第三話ではカラオケボックスのシーンが描かれている[30]。しかしこうした場面は数えるほどにすぎない。彼らがたむろする場は、マスターが営む「野球狂の詩」や、ヤンキーもよく来る「男の勲章」など、自営業の店舗ばかりだ。何より『キャッツアイ』のメンバーは、郊外の住宅地に居を構えておらず、前述のとおり多くが駅前商店主の子弟である。このメンバーの空間的配置関係が木更津の町をめぐる問題の構図とその帰結を形作っている。第八話では、木更津市と富津市、君津市の合併話が持ち上がり、その目玉として「第二アクアライン」の建設計画が進められる。「第二アクアライン」の計画地には『キャッツアイ』のメンバーの住居や「野球狂の詩」「男の勲章」も入っていて、木更津と駅前市街が消滅する恐れがあった。この計画はメンバーの行動によって、予期せぬ形で頓挫する。また前述の『ワールドシリーズ』でのショッピングモール建設計画も、ぶっさんの復活を願ってメンバーが建設予定地に野球場を作ったことが遠因となり、とりやめることになる。これらのエピソードは正面切って「第二アクアライン」や「ショッピングモール」に立ち向かう話にはなっていないが、結果的にメンバーの行動が、資本の投下によって解体の危機にさらされた「ジモト」を救う物語として成立している。少なくとも、「そこそこ何でもそろうジモトでまったりと友人と日常を過ごして幸せ」な郊外の若者の話が描かれているわけではない。

反転する木更津

二〇〇六年に上映された『ワールドシリーズ』では、ショッピングモール計画は中止となったが、現実はそれとは異なる方向へと進んだ。二〇〇九年、アクアラインの普通車の料金を八百円にすることを公約に掲げた森田健作が千葉県知事に当選。その年、社会実験を名目に、アクアラインの交通料金が普通車・大型車ともに大幅な値下げとなった。その結果、〇八年に二万台程度だった一日平均交通量は急増し、一三年には四万台を突破した[31]。そのアクアラインを降りてすぐの立地に一二年にオープンしたのが三井アウトレットパーク木更津だった。さらに一四年には海岸部、十六号線沿いにイオンモール木更津がオープンした。ともに首都圏で有数の規模を誇る大型モールであり、アクアラインや県南部からの顧客を想定していて、シネマコンプレックスやレジャー施設も敷地内やその隣接地に作られている。「ほどほどパラダイス」がここにきて現前化したのである。[32]

こうしたなか、十六号線の外延部に請西、ほたる野、羽鳥野といった郊外住宅地が新たに開発され、多くの入居者を得ている。さらにアウトレットパーク木更津のある金田地区の開発の進行、そして停滞していたかずさアカデミアパークの企業進出も進みつつある。

そして長く足踏み状態にあった人口も、二〇一三年に十三万人を超え、隣の袖ケ浦とともに千葉県南部で数少ない増加傾向をみせている。こうした木更津の急速なにぎわいを象徴するのが、一四年、請西地区に開校した小学校であり、木更津市では三十三年ぶりのことであった。

前述の出来事は、確かに木更津市全体でいえば「反転」であるのかもしれない。ただしこれらはそれまで起きていた市街地の拡大の流れが加速したものであり、駅前市街地に恩恵をもたらすものとはなっていない。みまち通り商店街を含む駅前エリアに顕著な回復の兆しはなく、二〇一四年のみまち通り商店街の店舗数は〇二年からさらに半減している。平山洋介のアナロジーをここで用いるなら、「郊外の果て」たる木更津で、「ホットスポット」は外延化し、「コールドスポット」の駅前市街地は冷やされ続けているのである。[33]

空洞化した木更津に現れた「ゴースト」

最後に、こうした現状を踏まえたうえで、『キャッツアイ』が何を提示していたのか、考えてみよう。『キャッツアイ』が描いた社会空間を図式的に提示すれば図3になるだろう。この空間はぶっさんたちが住む駅西口のみまち通り商店街を中心に、二つのエッジを有しているように考えられる。森田亮らは『キャッツアイ』のショット分析をおこない、その空間描写が「ウチ（木更津）」「ソト（東京）」に分けられ、海岸が両者を分かつ「エッジ」として機能していると指摘している。[34]これにもう一つ、十六号線を線分として、対置されるべき郊外空間が内陸部に広がっている。東京や郊外を、自らのテリトリーへと問題を持ち込む社会空間として描く一方で、現実的空間としては空洞化の危機にさらされていた西口駅前の空間を、「過剰なまでに物語に溢れた空間[35]」へと作り変えている。ここで引用した宇野は、『キャッツアイ』の舞台を、岡崎京子をあげて「歴史から切り離された郊外」と位置づけているが、それは正確ではない。舞台の中心であるみまち通り商店街は、日本の戦後の郊外空間を体現する歴史性をもっていて、メンバーの意思と関わりなくそれが物語のなかで重要な対立構造として現れているのである。ただし、物語が始まった二〇〇二年から、物語が終わった〇六年の四年間で、その中心であるみまち通り商店街をはじめ、ロケ地となった駅前市街地の衰退の進行が進んでいった。そのため街そのものが急速に姿を変えつつあったのだ。そこに浮上していたのは、当時すでに失われつつあった木更津の街の「記憶」である。この木更津の記憶の磁場が物語を生成したのである。これは資本が新たに投下されず、結果的に街並みが残存した「コールドスポット」だったから起こったとも言える。

『ワールドシリーズ』では、ぶっさんは死してなお姿を現したゴーストであった。その意味でぶっさんとはシャッターが閉ざされ「死」を宣告された商店街のメタファーであり、「コールドスポット」をもじるなら『キャッツアイ』はみまち通りという「ゴーストスポット」(あるいは、第7章「不在の場所――春日部にみる「町」と「道」のつながり/つながらなさ」〔鈴木智之〕の言葉を引き継げば、「ゴーストプレイス」)を舞台としたゴースト(失われたノスタルジックな過去)の物語だったのである。[36]

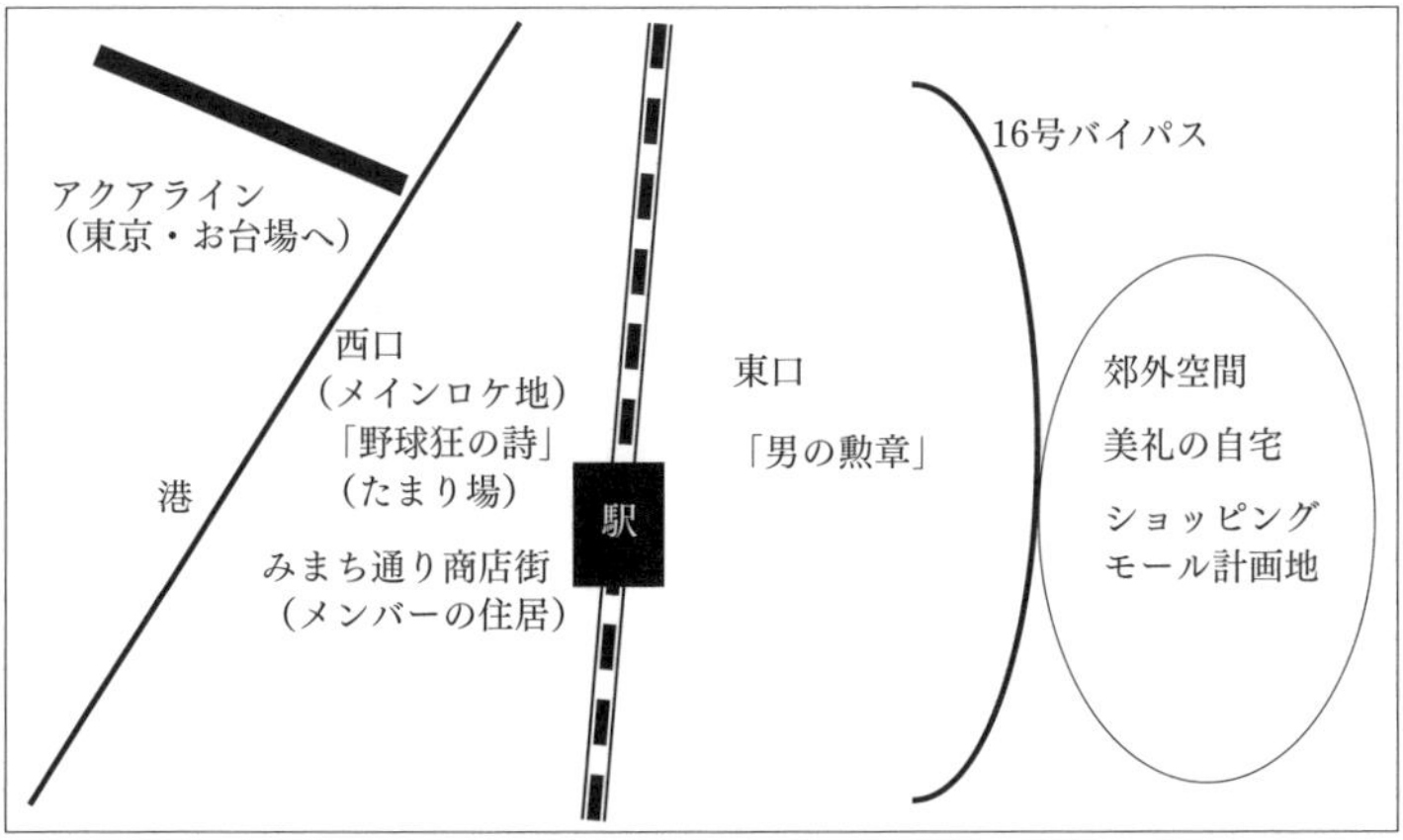

図3 『キャッツアイ』が描く木更津の社会空間概念図

注

（1）増田寛也編著『地方消滅――東京一極集中が招く人口急減』（中公新書）、中央公論新社、二〇一四年

（2）富津市や君津市の人口減少については終章「「東京都市圏」の縁をなぞる――国道十六号線と沿線地域の歴史と現状」（西田善行）を参照。

（3）この二つのエリアの違いに関しては西田善行「第2回 国道16号と私――あるいは『国道16号線スタディーズ』の私的企画意図」「国道16号線スタディーズ」（https://yomimono.seikyusha.co.jp/category/kokudou16gou）を参照。

（4）竹内裕一「東京湾アクアラインにかける希望　木更津市」、寺阪昭信／平岡昭利／元木靖編『関東1 地図で読む百年――東京・神奈川・千葉』古今書院、二〇〇三年

（5）終章「「東京都市圏」の縁をなぞる」を参照。

（6）「木更津市広域商業診断報告書」木更津市、一九六八年

（7）井出孫六／小中陽太郎／高史明／田原総一朗『変貌する風土――開発と地域社会』三一書房、一九七八年

（8）同書二二〇ページ

（9）新雅史『商店街はなぜ滅びるのか――社会・政治・経済史から探る再生の道』（光文社新書）、光文社、二〇一二年

（10）山森俊彦『そごう怒濤の大航海――「水島そごう」日本一への出帆』（ストアーズ選書）、デパートニューズ社、一九八八年

（11）月刊アクロス編集室編著『「東京」の侵略――首都改造計画は何を生むのか』（アクロスSS選書）、PARCO出版、一九八七年

（12）ただし、ドラマのなかでは木更津の景観が映し出されることはなく、木更津という場自体は、東京や川崎のフェリー乗り場に比べてドラマにとって重要な意味をもつことはない。むしろ、ドラマのなかで会話のなかに登場する小田原などと同様に、海を経由して移動可能な「ウォーターフロント」の一端としての記号的な意味が付与されているだけである。

（13）倉沢進／浅川達人編『新編東京圏の社会地図1975―90』東京大学出版会、二〇〇四年

（14）木更津市史編集委員会編『図説木更津のあゆみ』木更津市、二〇一二年、二三四ページ

（15）「観光客四〇〇万人の増　ちばぎん、アクアライン開通効果を予測／千葉」「朝日新聞」（千葉県版）一九九七年十月三十一日付

（16）前掲『図説木更津のあゆみ』二三四ページ

（17）浅羽通明『昭和三十年代主義――もう成長しない日本』幻冬舎、二〇〇八年
（18）『木更津キャッツアイ』（ＢＯＸ付き全五巻ＤＶＤセット）、メディアファクトリー、二〇〇二年収録、宮藤官九郎インタビューから。
（19）宇野常寛「郊外文学論――東京から遠く離れて」「思想地図β vol.1」コンテクチュアズ、二〇一〇年
（20）インターネット上にはさまざまなドラマのロケ地情報を収集したサイトがあり、『木更津キャッツアイ』も多くのロケ地情報が掲載されている。「全国ロケ地ガイド――ドラマ・映画・特撮の撮影場所案内」（http://loca.ash.jp/）［二〇一八年四月二十日アクセス］
（21）経済産業省の商業統計によると、みまち通り商店街の小売業の商店数は一九九四年の七十から二〇〇二年は三十五に、年間販売額は百九十六億五千五百万円から十七億四千五百万円に減少している。
（22）宮藤官九郎『木更津キャッツアイ』（角川文庫）、角川書店、二〇〇三年、一六九ページ。なお、放送では前半部のセリフはカットされている。
（23）前掲「全国ロケ地ガイド」
（24）松下優一「夢の跡地に見た夢は――『スワロウテイル』の近未来都市」、鈴木智之／西田善行編著『失われざる十年の記憶――一九九〇年代の社会学』所収、青弓社、二〇一二年
（25）前掲『昭和三十年代主義』
（26）土井隆義「地方の空洞化と若者の地元志向――フラット化する日常空間のアイロニー」、筑波大学社会学研究室編「社会学ジャーナル」第三十五号、筑波大学社会学研究室、二〇一〇年、一〇一ページ
（27）同論文一〇二ページ
（28）原田陽平『ヤンキー経済――消費の主役・新保守層の正体』（幻冬舎新書）、幻冬舎、二〇一四年
（29）阿部真大『地方にこもる若者たち――都会と田舎の間に出現した新しい社会』（朝日新書）、朝日新聞出版、二〇一三年。ただし轡田竜蔵による地方暮らしの若者の調査をみるかぎり、就労状況など若者が置かれた環境によって、地方暮らしの満足度には違いがある。轡田竜蔵『地方暮らしの幸福と若者』勁草書房、二〇一七年
（30）このカラオケボックスはバンビが開いた合コンのシーンで使われていて、ぶっさんたちは最初合コンを東京でやると思い込んでいた。つまり、「東京」の代替としてカラオケボックスという場が提示されているのである。また全国ロケ地ガイドによれば、このカラオケボックスは十六号線のロードサイドにあると指摘されている（前掲「全国ロケ地ガイド」）。
（31）「東京湾アクアライン料金引下げ社会実験」（https://www.pref.chiba.lg.jp/doukei/aqualine/aqualinegaiyou/shakai

jikken.html）［二〇一八年四月二十日アクセス］

（32）もちろん、アクアラインのすぐそばにあるアウトレットパーク木更津と、少し離れた場所に立地するイオンモール木更津は、想定する商圏に違いがある。前者は東京や横浜など、アクアラインを渡って自家用車や高速バスで買い物をする場として、後者は国道を通って富津や君津などの近隣住民の買い物や娯楽の場として想定されている。

（33）平山洋介『東京の果てに』（日本の〈現代〉）、NTT出版、二〇〇六年

（34）森田亮／貝島桃代／志村真紀／一ノ瀬彩／野田直希「映像による地方都市の空間表現――テレビドラマ「木更津キャッツアイ」を事例として」、日本建築学会「日本建築学会学術講演梗概集」第二〇〇六巻、日本建築学会、二〇〇六年。なお、筆者が担当した二〇一三年度の法政大学社会学部メディア分析実習で学生が「ウチ」としてのたまり場、「ソト」としての東京、エッジとしての海岸について、詳細な分析をおこなった（前山歩見／深沢椋子／海野好吹「『木更津キャッツアイ』における場所の位置づけ」、西田善行／丸山友美編「テレビドラマが描く郊外空間二〇一三年度メディア分析実習報告書」法政大学社会学部社会調査実習室）。この実習での学生の分析からさまざまな示唆を得たことをここに付記しておきたい。

（35）宇野常寛『ゼロ年代の想像力』早川書房、二〇〇八年、一四九ページ

（36）この空洞化した「ゴーストスポット」は『キャッツアイ』のファンの聖地巡礼の場となった。同時に木更津における多くのフィクションの制作の場にもなっていて、ヤンキーイメージを売りにするローカルアイドルはみまち通り商店街で二〇一七年、多くの店舗が取り壊される前に路上ライブをおこない、その隣の八剱神社はご当地ヒーローの誕生の地となっている。

終章

「東京都市圏」の縁をなぞる

国道十六号線と沿線地域の歴史と現状

西田善行

本書を閉じる前に、そもそも国道十六号線とはどのような道なのか、どこを走っていて、どのような歴史があって、その沿線地域は一体どのような地域なのか、関心をもった読者に向けて概観しておこう。「東京都市圏」の縁を走る十六号線の歴史と現状を知ることで、ここまでの各章の背景が見えてくるし、東京郊外の歴史と現状の一端を垣間見ることができる。それはどこか地図を眺めるようなものかもしれない。本書を見通すための大まかな地図として、あるいは横須賀から木更津まで進んできた道を振り返るものとして、本章がその一助となれば幸いである。

本章は統計や資料を多く用いて書いているために流れが読み取りにくいかもしれないので、少しガイドを付しておこう。最初に十六号線が走る自治体とその交通量をみたあと、十六号線とその沿線地域の景観がどのように広がっていったのかを概観する。そこでは「軍」や「戦争」を前提に構想され、戦後に「産業道路」として整備され、急速な郊外化のなかでバイパス化が進み、さらにロードサイドビジネスが大型化する十六号線の変遷がみえてくる。次に十六号線沿線地域の人口や産業の現状をマッピングする。そこでは、第1章「「場所」と「非－場所」——二つのテレビ番組が映した道と街、そして人」で丸山友美が取り上げた『ドキュメント72時間』（N

図1　16号線沿線自治体

HK）の「オン・ザ・ロード　国道16号の〝幸福〟論」（二〇一四年六月十三日放送）で「日本の平均」と紹介された十六号線沿線地域の中間性だけでなく、地域差も明らかになるだろう。

1　十六号線はどこを走っているのか

一般国道十六号は総延長で三百四十一・一キロ、実延長は三百二十六・二キロあり、都心から三十キロから四十キロ圏内を走る環状道路である。始点と終点はともに横浜にあり、千葉県富津市と神奈川県横須賀市の間五キロが海上区間として設定されている。図1を見ながら現在、十六号線が通過している自治体をあらためて確認しておこう。①神奈川県横須賀市をスタートとすると、②横浜市、③東京都町田市、④神奈川県大和市、⑤相模原市を通って⑥東京都八王子市、⑦昭島市、⑧福生市、⑨羽村市、⑩瑞穂町（西多摩郡）へと進む。さらに⑪埼玉県入間市、⑫狭山市、⑬川越市、⑭さいたま市、⑮上尾市、⑯春日部市を通り、⑰千葉県野田市、⑱柏市、⑲白井市、⑳船橋市、㉑八千代市、㉒千葉市に至る。そこから㉓市原市、㉔袖ケ浦市、㉕木更津市、㉖君津市、そして㉗富津市である。一都三県、二十七の市と町を通過している。（1）このなかには中心部を十六号線が貫いているところもあれば、一

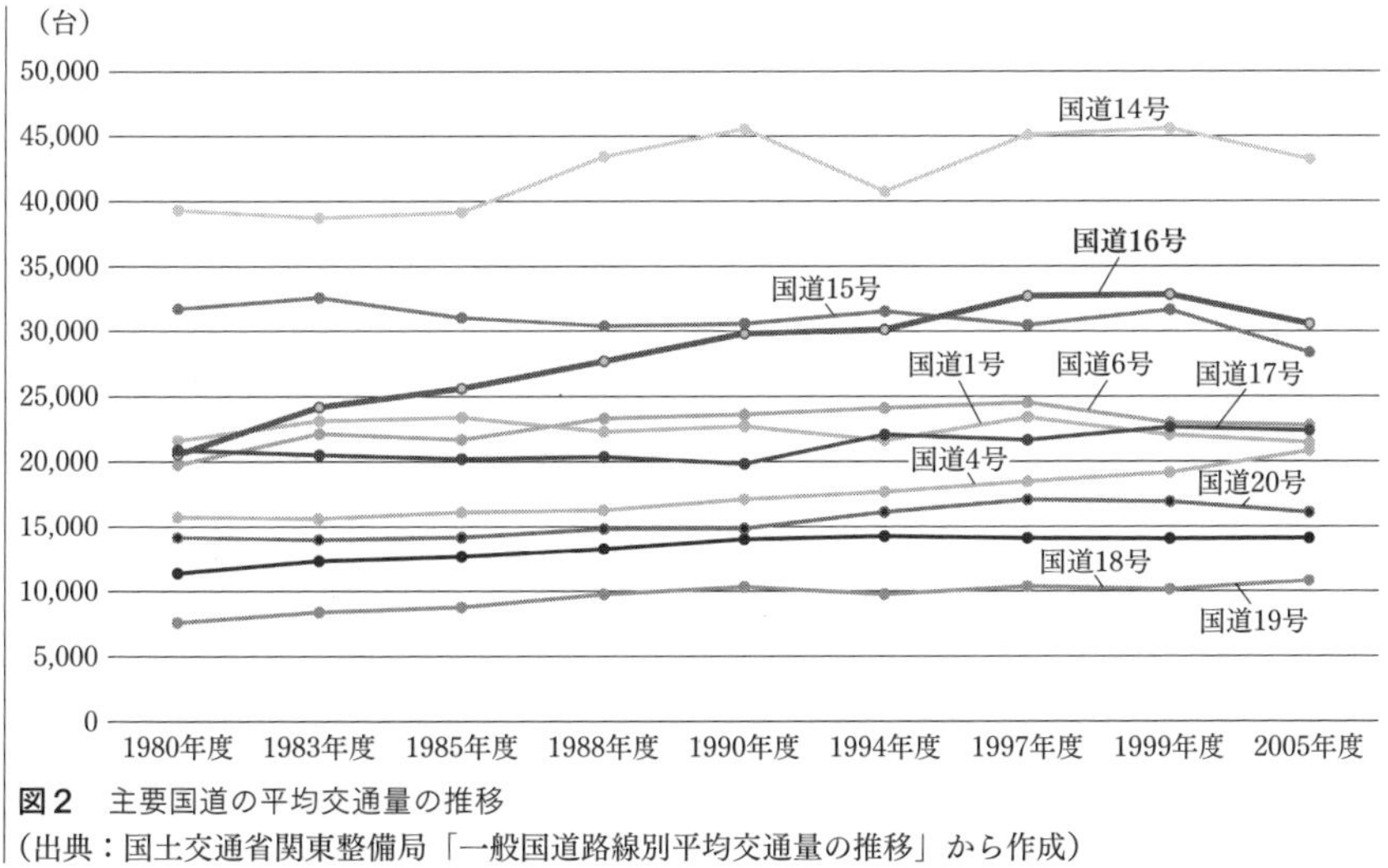

図2　主要国道の平均交通量の推移
（出典：国土交通省関東整備局「一般国道路線別平均交通量の推移」から作成）

部をかすめているにすぎない自治体もある。

図2は関東を走る主要一般国道の交通量の推移である[2]。

これをみると十六号の交通量は伸び続け、一九九四年に三万台を突破。ピークとなる九九年までに約二十年で一万台以上交通量を増やし、国道十四号に次ぐ交通量になっている。なかでも横浜市保土ケ谷区と町田市を結ぶ保土ケ谷バイパスは、その交通量が十万台を超え、一般道としては日本一の交通量となっている[3]。

二〇一〇年の平均交通量は三万二百八十一台、うち四台に一台は大型車である[4]。これは十六号同様に交通量が多い国道十四号や国道十五号と比べても多く、トラックなどの大型車が多く走る場であることがわかる[5]。十六号の一部を管轄する川崎国道事務所のウェブサイトでは、十六号について「この幹線道路沿いには、国際貿易港やコンビナート、流通センターなどが多く、コンテナ等を積んだ大型車が頻繁に行き交います。その光景からも、国道十六号は、わが国の産業の発展を支える象徴的な道路のひとつと言えます[6]」と説明している。第3章「幹線移動者たち——国道十六号線上のトラックドライバーと文化」で後藤美緒がふれたように、東京圏で重要な産業道路となっているのが十六号なのである。

2 十六号線形成史

軍事道路、産業道路からショッピングロードへ

図2で取り上げた主要国道はその多くが東京・日本橋を起点に放射状に広がっていて、江戸時代に発展した街道が元となっている。これに対して、首都圏を環状に走る現在の十六号線はこうした歴史性とは分断された道となっている。それではどのようにして現在の十六号線が作られたのか、その沿線地域の変化についてもふれながら、振り返っておこう。

首都防衛と環状道路構想

日本の国道は一八七六年(明治九年)の太政官布告によって始まった。当時国道は東京を起点とすることが定められていた。八七年に東京から鎮守府、つまり海軍基地を結ぶ道も国道とすることが定められるなか、現在の十六号にあたる横浜・横須賀間が国道四十五号に指定された。そのため、第4章「重ね描き」された国道十六号線――「十六号線的ではない」区間としての横須賀・横浜」で塚田修一がふれたこの区間は、十六号線内で最も古い国道としての歴史を有している。その後一九一九年に制定された旧道路法では、軍事を目的とした特別国道が設置されるなど、軍事道路としての色も濃くなっていく。(7)

十六号線のもとになる環状道路が構想されたのは一九三〇年代の都市計画の一環としてだった。三六年の第三回全国都市計画協議会では、東京を中心とした野放図な人口拡大を防ぎ、当時すでに地域の中心地としての役割を果たしていた平塚、八王子、川越、大宮、千葉を東京の外周を囲む衛星都市として位置づけながら、当時増えつつあったトラックなどの物資輸送の東京・横浜への集中を回避するため、東京をバイパスしてこれらの都市を緩やかに結ぶ環状道路の建設の構想を語っている。(8)この構想は直接的には軍事を目的としたものではなかった。ただしこの計画が語られる前段の議論として、内務事務官の川上和吉は災害に加えて空襲にも備えた「都市防護」の観点から道路も含めた都市計画を考えることを提起していて、当時の都市計画や道路計画に首都防衛という軍事的側面も念頭に置かれていた。(9)

一九四〇年の関東地方大東京地区計画では横浜、川崎、川口、市川、松戸、三鷹、小金井あたりまでを大都市区域とし、そこでの工場の新設を抑制する一方で、大都市区域から三、四十キロ隔てた平塚、町田、八王子、立川、川越、大宮、粕壁(春日部)、野田、千葉などの衛星都市を工業振興区域として工場を誘致し、住宅地・インフラ・教育施設などの整備をおこなうことを提起している。図3はその計画イメージを示したものだが、大都市区域を中心に環状に工場振興区域があり、その内側に環状に高速度道路が配置され、さらに鉄道が各都市を結んでいる。(10)実際に、これらの地域は戦時期の空襲などによって東京から疎開した人々を吸収していた。(11)

こうして都心から郊外へと設置されていく工場は、日中戦争—太平洋戦争を遂行するための軍需工場でもあった。軍需工場を含めた軍需施設を集め、新たな都市として作られた町に相模原がある。「軍都相模原」の形成は、一九三六年の陸軍士官学校の用地取得に始まり、そこから現在の相模原市、座間市に千ヘクタールを超える軍用地が取得される。これをきっかけに、四一年に座間も含めた八町村が合併して相模原町が誕生する。この相模原に作られた相模陸軍造兵廠の近くを通る幅員四十メートルの道路帯が、現在の十六号線の一部になっている。(12) このあたりの詳細は、第5章「「軍都」から「商業集積地」へ——国道十六号線と相模原」(塚田修一/後藤美緒/松下優二)でふれたとおりである。

松下優一が第6章「ジューロクゴーが片隅を走る世界で——青木淳悟『学校の近くの家』の狭山/入間」で述べたとおり、この時期、現在の十六号線沿線地域の多くに軍需施設が作られ、軍隊が配備されている。一九三八年に陸軍航空士官学校が設置された入間・狭山や、三六年に陸軍航空立川支廠、四〇年に陸軍多摩飛行場が建設された福生、三七年に陸軍飛行場が作られた柏、三六年に海軍航空隊が開設した木更津、四三年に厚木海軍航空隊が設置された大和など、複数の地域で基地や関連施設が作られている。その意味で十六号線のもとになる環状道路計画は、首都東京の防衛ラインがその道路によって示されているともいえる。(13)

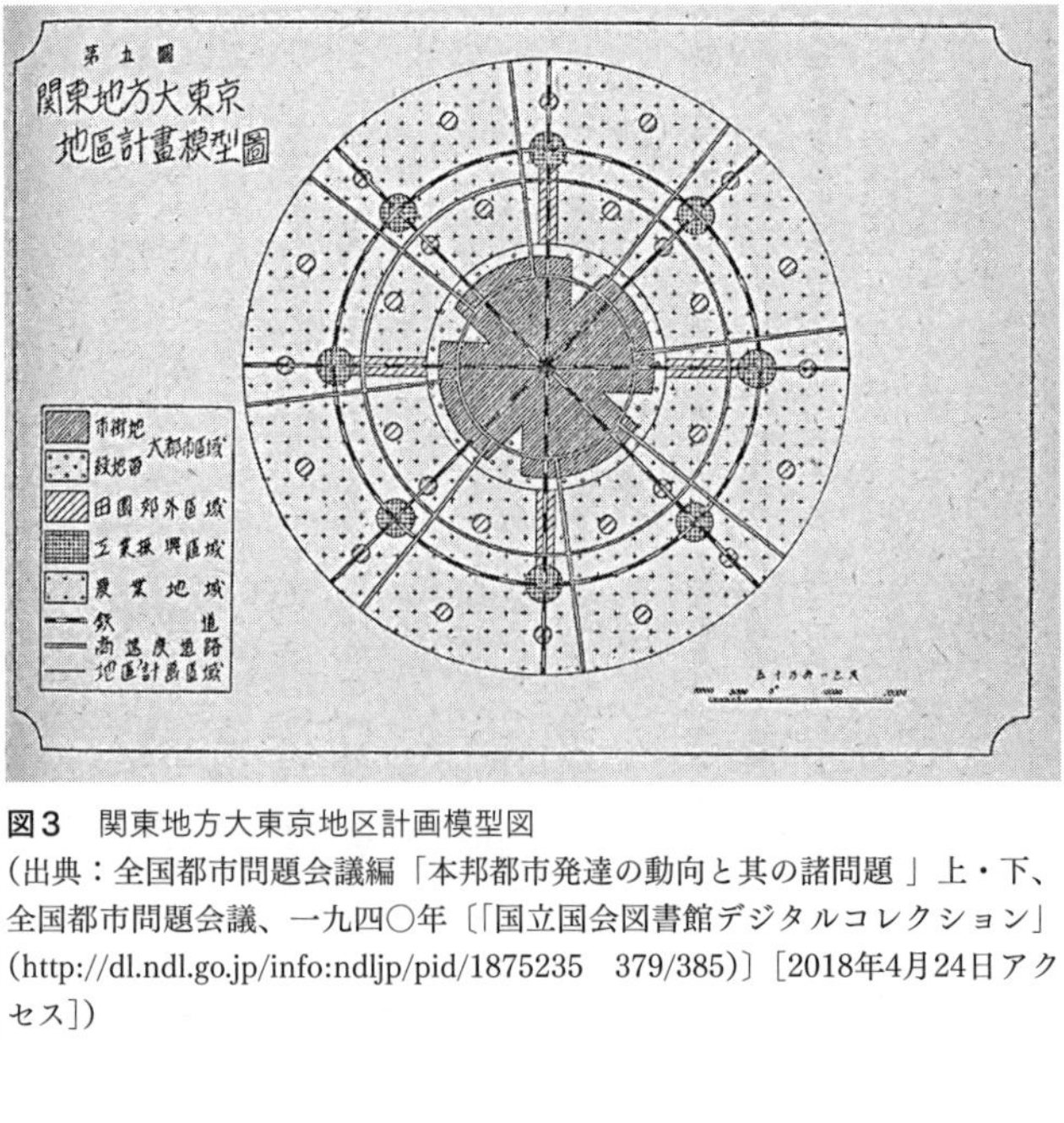

図3　関東地方大東京地区計画模型図
(出典:全国都市問題会議編「本邦都市発達の動向と其の諸問題」上・下、全国都市問題会議、一九四〇年〔「国立国会図書館デジタルコレクション」(http://dl.ndl.go.jp/info:ndljp/pid/1875235　379/385)〕[2018年4月24日アクセス])

敗戦後、これらの軍需施設はその多くをアメリカ軍が接収し、基地や軍用地として用いられ、近くの道路は軍需物資の輸送路として整備が進められた。政府はGHQ（連合国軍総司令部）の指示で「日本の道路及び街路網の維持修繕五箇年計画」を作成して道路の維持と修繕をおこなったが、その予算の半分近くはアメリカの資金援助によるものだった。[14]道路の舗装・拡張は、GHQの占領政策終了後にも日米行政協定を基におこなわれていて、入間、福生、相模原、横須賀とアメリカ軍関係施設が連なる十六号線西側はこうした要因もあって整備が優先的に進められた。[15]例えば戦車の製造・整備をおこなっていた相模原の陸軍造兵廠では、アメリカ軍接収後に相模補給廠という名で戦闘用車両の整備をおこない、ベトナム戦争時には十六号線を使って戦闘用車両を横須賀へと移動させている。

「東京環状」十六号線ができるまで

一九五二年に道路法が改正され、横浜市・横須賀市間の国道は新たに一級国道十六号となった。さらに五三年には、「東京環状」という路線名で、神奈川県横浜市から大和町、相模原町、東京都八王子市、福生町、瑞穂町、埼玉県豊岡町（入間市）、入間川町（狭山市）、川越市、大宮市（さいたま市）、岩槻町（さいたま市）、春日部町、大沢町（越谷市）、千葉県野田市、柏町、大和田町（八千代市）、そして千葉市に至る二級国道百二十九号が指定される。また「館山千葉」線として館山市から君津町、木更津市、昭和町（袖ケ浦市）、姉崎町（市原市）、五井町（市原市）、八幡町（市原市）、生浜町（千葉市）、そして千葉市に至る二級国道百二十七号も指定されている。三〇年代に構想された環状線がここでようやく形となる。ここで百二十七号や百二十九号に指定された道は、江戸時代は街道として、その後は府県道などとして住民の生活道となっていたものが多いが、なかには車両の通行ができない畦道も指定されていて、横浜から千葉をこの道を通って車で移動することはできなかった。[16]

一九五六年に成立した首都圏整備法に基づく五八年の第一次首都圏整備計画は、戦前の都市計画の流れを引き継いだものといえる。都心から二十五キロ以上の周辺地域に衛星都市である市街地開発区域を設定、工業団地を造成して既成市街地への人口・産業の集中を緩和することを目指した。この首都圏基本計画では、戦前に衛星都市として取り上げた地域と同様の地域が市街地開発区域として開発が促されている(17)（図4）。これらの各都市をつなぐ重要な幹線環状道路として期待されていた百二十九号だったが、当時の百二十九号はその期待を果たすには程遠い状態にあり、新たな環状道路の新設が必要であるという見方をされていた(18)。

一九六二年、建設省は幹線道路の拡充を目的として、二級国道百二十九号の全線と二級国道百二十七号の千葉―木更津間を一級国道に昇格させ、それまでの一級国道十六号の区間も含め、新たに富津から横須賀の海上区間を含めた環状道路として一級国道十六号を指定した(19)。この政令は翌六三年に施行された。以降七六年に路線変更によって越谷市が十六号線から外れ、八一年の東大宮バイパス開通によって上尾市を新たに通過するなど、バイパス化による変更は多くなされているものの、環状道路としての十六号線は六三年に始まったといえる。

一級国道への昇格は、この道の早期の整備と拡充が求められていたことを裏付けるものである。前述のとおり十六号線の舗装・整備はアメリカ軍関連施設が多い西側から進められ、千葉県側は遅れていた。一九六一年の十六号線（と百二十九号線）の舗装率と改良率を県ごとにみると、すでに東京都と神奈川県は舗装率・改良率とも

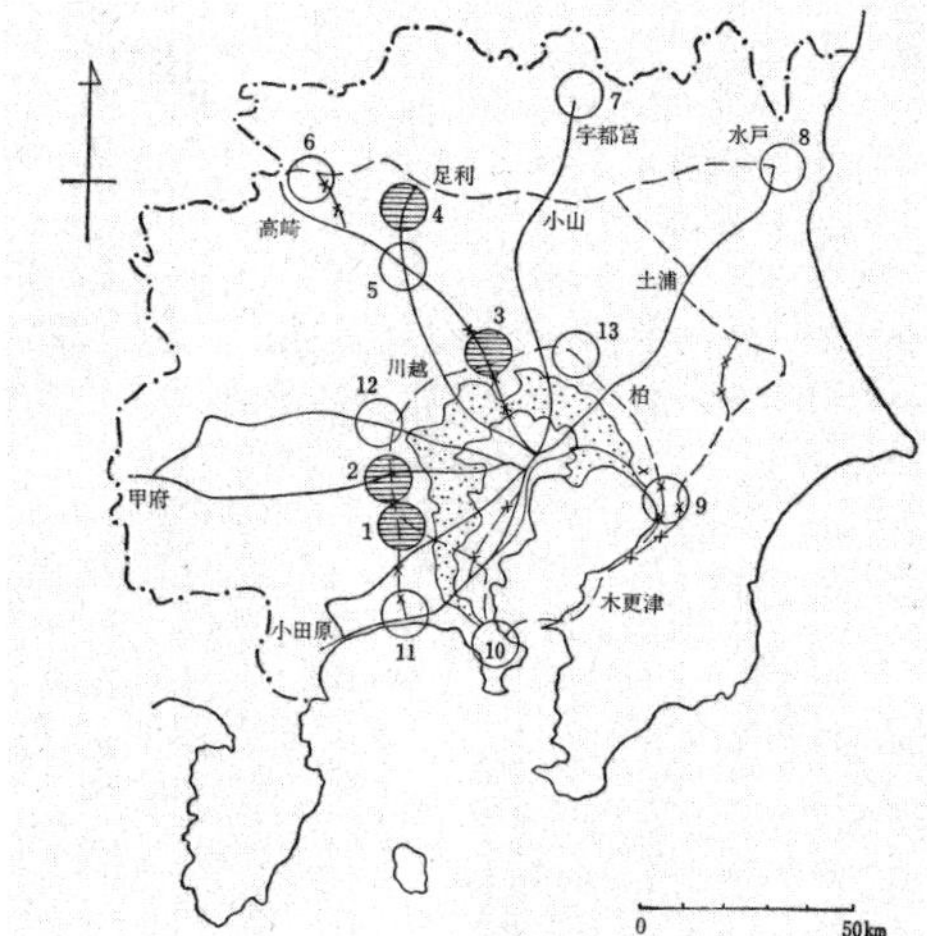

図4　首都圏地域区分と市街地開発地区域図
（出典：石田頼房「大都市圏の発展と計画――戦後の東京大都市圏計画の変遷」、東京都立大学都市研究会編『都市構造と都市計画』東京大学出版会、1968年、641ページ）

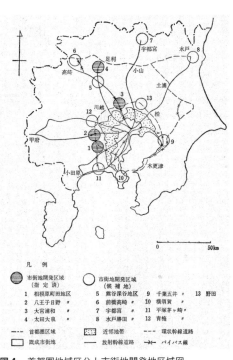

に一〇〇％であるのに対し、埼玉県で舗装率八三・六％、改良率六四・二％であり、千葉県は舗装率が一八・四％、改良率は五三・二％であった。[20] 千葉県の舗装率と改良率が一〇〇％になるのは七〇年代中頃までかかることになった。六八年の「朝日新聞」では、横浜から相模原に向かう十六号線が、舗装は進んでいるがトラックの往来が多く渋滞が激しいことを伝えている。一方で千葉県下の十六号線については次のように書いている。

千葉県下にはいると十六号はズタズタだ。（略）柏から千葉へ向う。舗装されているのは柏市内の約四キロだけ。あとは舗装を前に固めた路床か、じゃりを敷いたままのデコボコ道だ。モウモウと砂ボコリを舞いあげながら進むこと約十キロ。印旛郡白井町荒口利から先は農道。車の通れない「幻の国道一六号」だ。[21]

十六号線が全線で通行できるようになったのは一九七五年に野田―春日部間が開通して以降のことであり、環状線となって十二年、百二十九号線の頃から二十二年を要したことになる。

地域の工業化と産業道路

一九五八年の首都圏整備計画に沿って同年に制定された、首都圏市街地開発区域整備法で相模原・町田、八王子・日野、大宮・浦和、千葉・市原・五井、川越・狭山といった十六号線沿線の地域を含む十八地区が市街地開発区域に指定され、整備事業が進められた。石田頼房は、この整備事業は工業基盤整備が中心だったことを指摘している。[22] 十六号線が環状化した六〇年代前半、これらの整備事業を背景に、十六号線の沿線地域では内陸部での工業団地の造成や千葉県沿岸部の埋め立て地への工業の進出が進み、高度成長期を下支えする工業エリアとなっていった。

神奈川県では戦後、横浜や横須賀など臨海部で工業用地の埋め立てと工場の造成が進み、川崎とともに京浜工業地帯の中核として重化学工業を中心に発展する一方で、内陸部への工業団地の開発も進んだ。とりわけ相模原は町田も含め首都圏市街地開発区域整備法に基づく市街地開発区域の第一号に指定され、地域のインフラが整備されたことによって、複数の工業団地が造成され、工業エリアへと変貌を遂げた。[23] 相模原・町田に次いで市街地開発区域に指定された東京の八王子・日野地区、一九六二年に指定された青梅・羽村地区（福生も含む）にも同様に土地区画整理が進むとともに工業団地が数多く造成され、八王子では北八王子、青梅・羽村では両市にまたがる地区（のちの西東京工業団地）を中心に工業エリアとなっていった。

埼玉県では、川口や草加などを除けば、大型の工業団地の多くは十六号線沿線やその外縁部に広がっていった。とりわけ十六号線沿線地域は、一九六〇年代以降狭山、川越、上尾、大宮、春日部など、多くのエリアに工業団地が点在していて、重化学工業を中心に県内の工業生産で大きな割合を占めることになった。[24]

千葉県では浦安市から富津市に至る臨海部七十六キロの埋め立てをおこない、およそ六千ヘクタールに及ぶ工業用地を戦前から一九六〇年代半ばまで三十年近くかけて整備を進めた。ここには五〇年の川崎製鉄の進出を皮切りに、日本最大の電力供給地となる東京電力の火力発電所の進出、そして大規模な石油化学コンビナートが形成された。一方、野田、柏、白井、八千代、千葉などの十六号線沿線の内陸部にも六〇年代から七〇年代にかけて工業団地が数多く造成された。[25]

こうした工業団地や工業施設の開発に、軍需工場の民用化や旧軍需施設の土地が用いられた例が多くある。横浜では旧海軍の追浜飛行場跡が日産の自動車工場になり、相模原の旧陸軍鍊兵場跡には麻溝台工業団地が造成されている。川崎製鉄千葉工場は、軍用飛行機を製造していた旧日立航空機の工場跡地に建てられている。このように戦後の十六号線沿線地域は戦時期の首都圏の防衛ラインとしての名残り（と機能）をアメリカ軍や自衛隊の基地として残しながら、京浜・京葉工業地帯の中心として、戦後の高度成長を支える重要なエリアへと変貌を遂げるのである。[26] そして十六号線は沿線地域で製造された物資を工場や港へと運ぶ、重要な輸送路としての役割を担うことになる。

人口増とスプロール化

一方で十六号線沿線地域はこれらの産業従事者と、そしてそれ以上に都心から移ってきた通勤利用者の住宅供給地としても重要な役割を担うことになる。後述するように十六号線沿線地域は一九六〇年代から急速に人口が増え、六〇年に三百六十万人ほどだったのが、わずか十年で六百二十万人を超える人々を抱えるエリアへと変貌する。この人口増加は前述の工場造成による地方からの移住者もいるが、半数以上が都区部からの流入者であり、六〇年代以降、十六号線沿線地域は彼らの郊外ベッドタウンとしての性格を強めていくことになる。

都区部のベッドタウンとしての郊外地に数多く建てられたのが住宅団地や集合住宅である。国や地方自治体・公団・公社などの公共主導による宅地開発と住宅供給は、しばしば大規模団地という形になる。十六号線沿線地域では町田や上尾、そして佐幸信介が第8章「死者が住まう風景——国道十六号線ともう一つの郊外」で取り上げた八千代などに大型の団地が造成され、一九六〇年代から七〇年代にかけて、これらの地域では人口の三〇%から四〇%が団地住民となっていた。[27]

この急激な人口増加のなかで十六号線沿線地域の宅地開発は、しばしばスプロール（虫食い）状に進んでいくことになった。住宅団地のような国や地方自治体・公団・公社などの公共主導の首都圏整備計画に基づく宅地開発と住宅供給だけでなく、巨大な住宅供給需要を見込んだ民間による開発事業もこれに連動して進められた。こうした事業主体間の開発の進め方の違いによって、国や自治体の思惑とは異なって宅地開発がおこなわれ、結果、公団開発の大規模住宅地周辺に粗悪な民間開発がなされ、スプロールを生むような事態が発生したのである。国や自治体の想定を大幅に超えるこの宅地開発によって公共施設などの整備が間に合わず、想定以上の生徒を抱える学校を生むことにつながった。[28]

こうした状況のなかで出されたのが、一九六八年に新たに制定された都市計画法と七〇年の建築基準法集団規定の全面改正であった。この二法は、都市計画区域を開発をおこなう市街化区域と開発をおこなわない市街化調整区域に「線引き」し、この区域に基づく開発許可制度を作り、さらに地域の用途を細分化して容積率制限をかけるものだった。しかし、自らの農地が市街化区域に入ることを望む多くの土地所有者の要望から、市街化区域は多くの農地を含み込むことになり、その農地への住宅地並みの課税も地権者の圧力から緩和された。また開発許可制度や用途、容積率制限なども法の抜け穴や規制の緩やかさによって、結局スプロール的開発はその後も続くことになった[29]。七〇年に定められたこの線引きは、その後、複数回にわたって見直しがおこなわれ、市街化区域は拡大していった[30]。

自動車の増加とバイパス化の進行

一九六〇年代、十六号線沿線地域で人口が急増するなか、「マイカーブーム」となった六〇年代、自動車保有台数も増加していく。六六年時は神奈川、埼玉、千葉の三県合わせても八十万台に満たなかった自動車保有台数は、七〇年代半ばには三百万台を突破して東京を上回り、九〇年代半ばには一千万台を超えることになる（図5）。トラックによる物資の輸送路となった十六号線には多くの自動車があふれ、また住宅地や各市の中心市街地を通っていたた

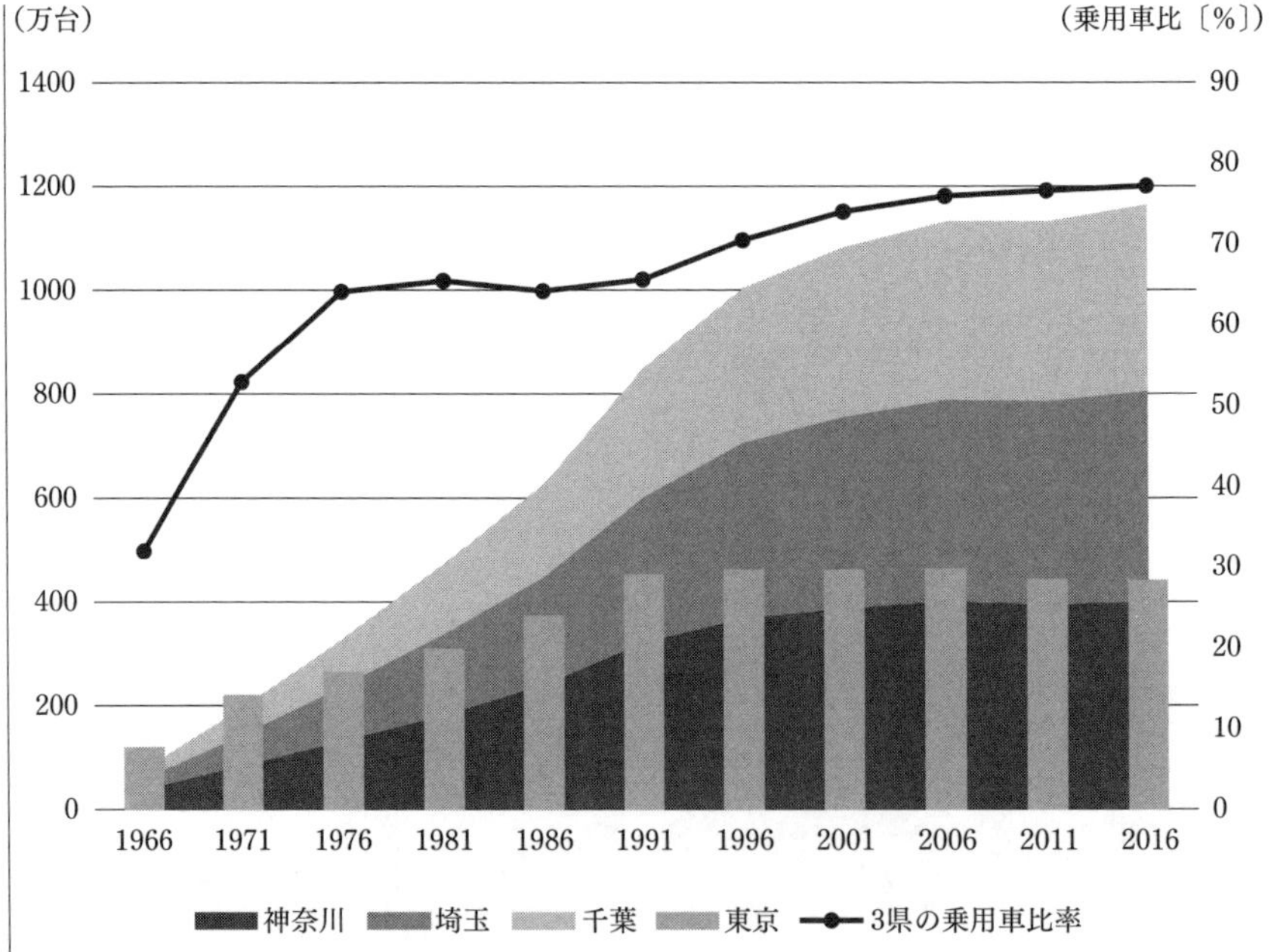

図5　自動車保有台数と乗用車比率の推移
（出典：自動車検査登録情報協会データから作成〔https://www.airia.or.jp/〕［2018年4月20日アクセス］）

め、周辺道路を含む市街地の交通渋滞が慢性化した。さらに七〇年に最多の死者数となった交通事故や、騒音や排ガス、粉塵などによる公害も問題となった。

バイパスはこれらの問題を解消し、トラックをはじめとする交通車両の円滑な通行を目的として作られていった。一九六七年に供用が開始された岩槻—春日部バイパスを皮切りに、横浜の市街地を避けて大和へと至る大和バイパス（一九六八年）、川越の中心地を迂回する川越バイパス（一九六九年）などが作られた。そこから十六号線は千葉や大宮など都市の中心地を避けその外縁をかすめるように通るようになる。一方、市街地を通っていた旧十六号線は県道などへと変わり、産業道路からもとの生活道へと中心的役割を変えた。横浜や八王子などは中心市街地を走っているものの、それぞれバイパスが並行してあるため、これらの街を走らずとも目的地へと向かうことができる。[31]第7章「不在の場所——春日部にみる「町」と「道」のつながり／つながらなさ」（鈴木智之）でもあったとおり、十六号線はバイパス化の進行によって、それまで直接的につないでいた町からは次第に外れていき、また町の形成に関わった生活道としての道からも外れていくことになった。

ロードサイドビジネスの展開

十六号線に作られていった新道やバイパスは交通量が多い市街を外れて通っているため、その沿道の多くはそれまで田畑や樹林地が広がっていた。川越市の小仙波町周辺の地図を一九六〇年代から九〇年代までみてみよう（図6）。当初十六号線は川越の中心市街地を通っていたが、六九年に川越バイパスができて市街地を外周するようになった。バイパスはそれまで田園地帯に敷かれたが、そこにパイパスができてから沿道には少しずつ住宅や店舗が立ち始め、現在は集合住宅やカーディーラー、家電量販店、ディスカウントストアが立ち並ぶ典型的なロードサイドとなっている。

十六号線のバイパス化が進行していく一九七〇年代から九〇年代は、小田光雄が指摘したとおりロードサイドビジネスの出現（一九七〇年代）、成長（一九八〇年代）、成熟期（一九九〇年代）にあたる。[32]この間、神奈川、埼玉、千葉三県の自動車保有数が五倍以上増え、九〇年代半ばには一千万台を突破している。また車種別での比率で、三県での乗用車の比率も高くなり、七〇年代半ばに六〇%を超え、九〇年代半ばには七〇%前後となっていてその後も上がっている（図5）。それまで田畑しかなかった十六号線のような国道沿いは、中心市街に比べて土地の購入コストが低い。しかも中心市街に進出していた大型スーパーへの規制を目的として七三年に制定され、七九年に規制が強化された大規模小売店舗法（大店法）の影響もあり、郊外の国道沿いに五百平方メートル以下のフランチャイズ型専門店が多く進出することになった。九七年八月の「朝日新聞」埼玉県版には、「十六号白書　ロードサイドから」という連載記事があり、「車販売店・レストラン・スタンド…圧倒される店・店・店」という見出しのもと、庄和町（春日部）から入間までの六十キロの間に、百店以上の自動車販売店とファミリーレストラン、八十店以上のガソリンスタンド、二十店前後のパチンコ店、ファストフー

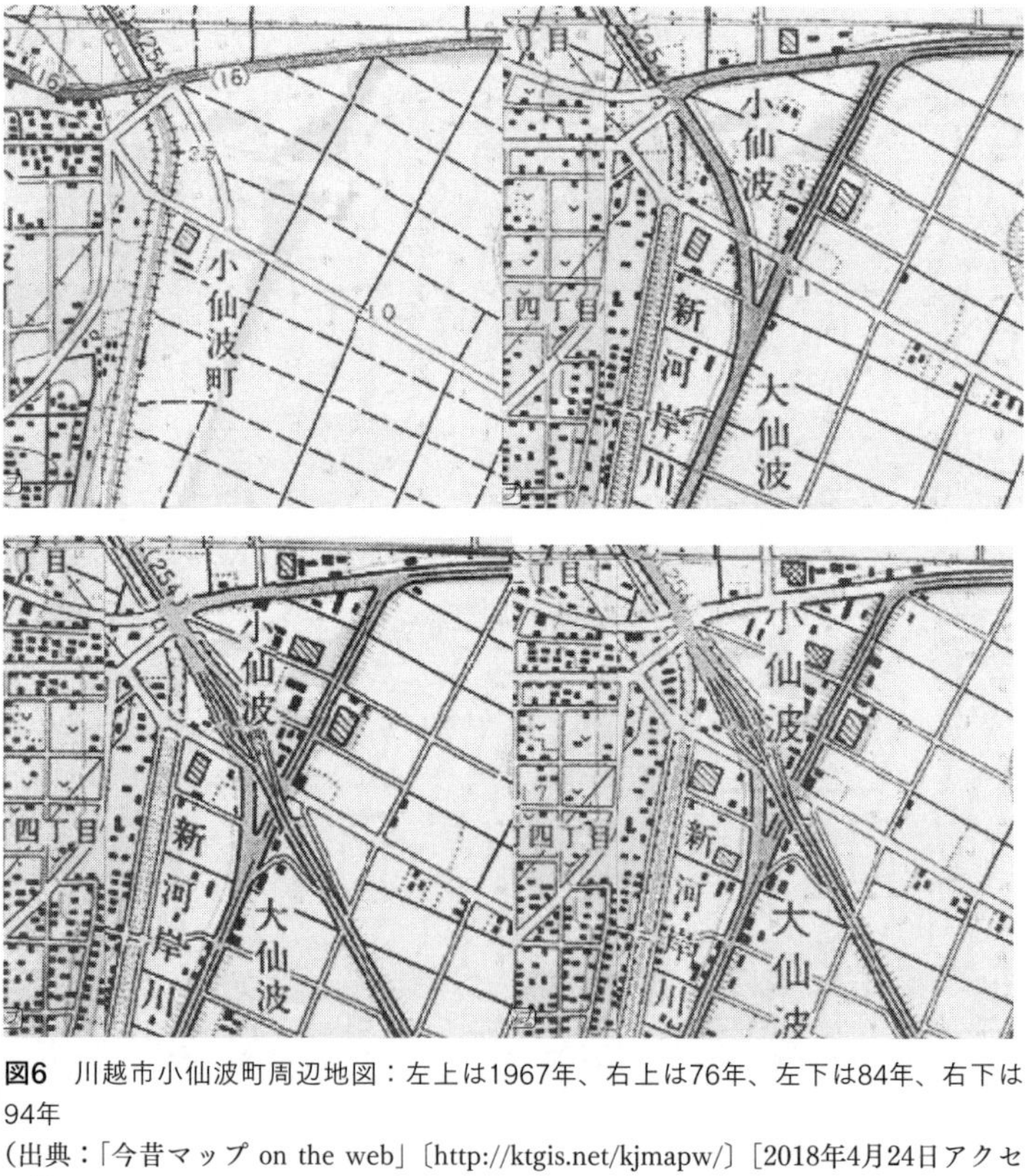

図6　川越市小仙波町周辺地図：左上は1967年、右上は76年、左下は84年、右下は94年
（出典：「今昔マップ on the web」〔http://ktgis.net/kjmapw/〕［2018年4月24日アクセス］）

ド、ゲームセンター・カラオケ店、自動車用品店があることを示している。[33]

こうした郊外の消費地への転換に呼応して、小売業やサービス業の従事者が増加していった。国勢調査による神奈川・埼玉・千葉の三県での農業、製造業、卸売業・小売業、サービス業の就業者数の一九五五年から十年ごとの推移をみると、六五年には農業従事者の数を下回っていた卸売業・小売業とサービス業が、その後、急速に伸び、九五年にはともに二百五十万人前後にまで増加し、六〇年代から七〇年代までは全体の三〇％前後を占めていた製造業の就業者数を上回るに至っている[34]（図7）。第二次産業から第三次産業への産業構造の転換が進んだ八〇年代から九〇年代は、それまで日本の工業生産を支える場だった十六号線沿線地域にも、その波が押し寄せた時期であった。

一九九〇年代になると、ファミリーレストランや紳士服店、書店などの専門店や中規模のスーパー、家電量販店、コンビニエンスストアなどが並ぶ十六号線やその周辺道路のロードサイドに、より大型の店舗が並ぶようになる。小田が指摘するようにロードサイドビジネスはアメリカのビジネスモデルを取り入れることで成立したものである。[35]そしてまた、ロードサイドのアメリカ化を後押ししたのもほかならぬアメリカである。八〇年代に日米貿易摩擦の激化を受けて進められた日米構造化協議のなかで日本の小売業の閉鎖性が問

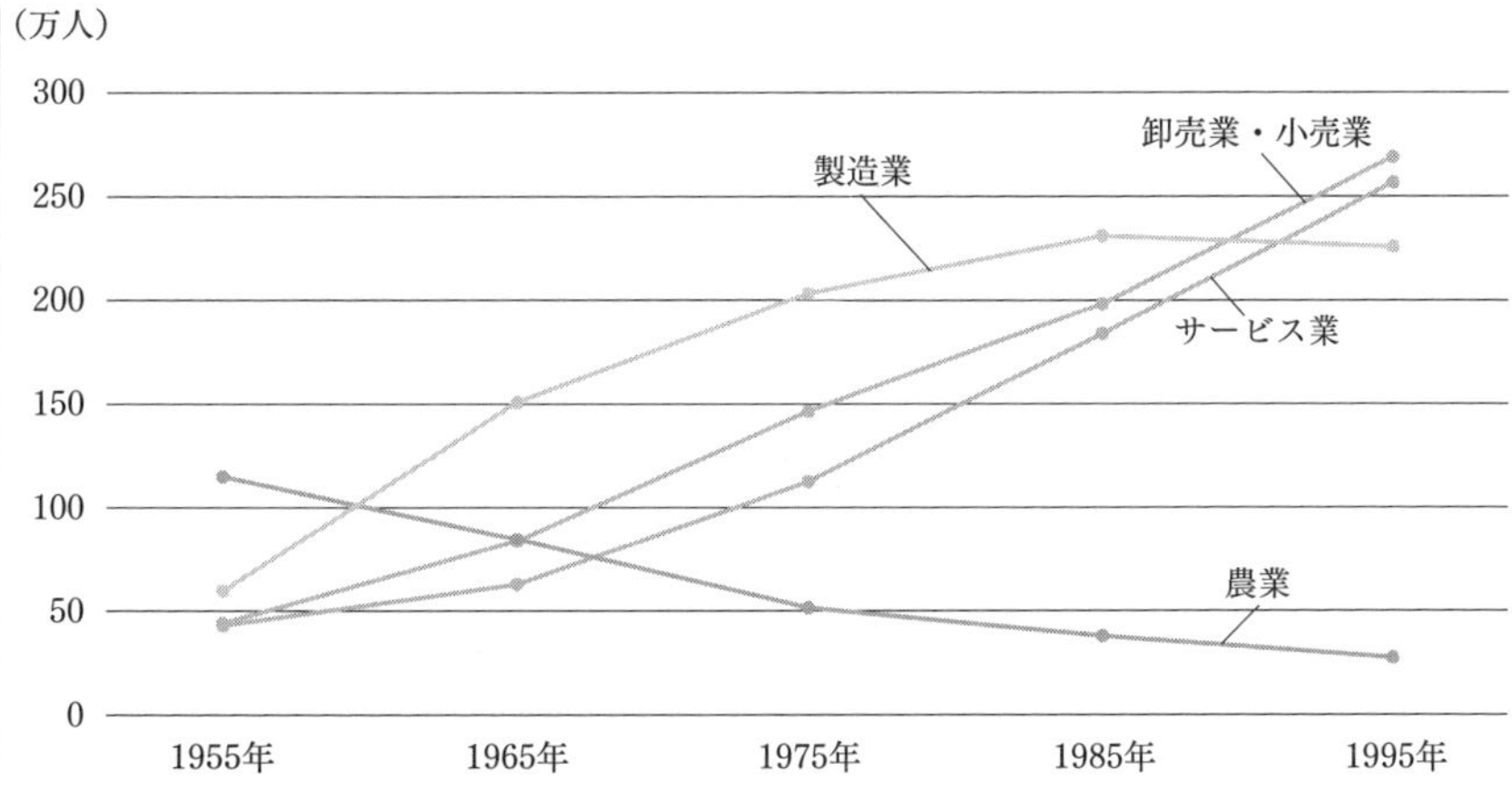

図7　神奈川・埼玉・千葉の産業分類別就業者数の推移
（出典：商業統計から作成）

題となり、アメリカから廃止を求められたのが大店法だった。政府はこれを受け、大店法とその関連法の緩和、改正へと踏み切る。これによって大型店舗出店がスムーズになり、十六号線のような地価が比較的低い郊外の国道沿いに次々と大型のスーパーなどが立ち並ぶようになる。この大店法をめぐって「黒船」として象徴的に語られたトイザらスが九二年に東京圏で初めて出店したのが相模原の十六号線沿いだった。

さらに一九九八年に大規模小売店舗立地法（大店立地法）、中心市街地活性化法、そして改正都市計画法のいわゆる「まちづくり三法」が成立、大店法は二〇〇〇年に廃止された。[36] これによって地域関係者との折衝がほぼないまま大型店舗を設置できるようになった。

こうしたなかアメリカでの潮流を受け、不動産系ディベロッパーが主体となって作られたのが、アウトレットモールだった。十六号線沿線では一九九八年に横浜ベイサイドマリーナ（横浜）、二〇〇〇年にラ・フェット多摩南大沢（八王子）、ガーデンウォーク幕張（千葉）などが十六号線の内側にでき、その後の大型ショッピングモールの先鞭をつけた。

既存スーパーで郊外への大規模ショッピングセンターの進出を積極におこなったのがイオンだった。一九九〇年代初め、地方の郊外に大型ショッピングセンターの進出を進めたイオンは、九三年にアメリカのモール・ディベロッパーとの提携でノウハウを吸収して「イオンモール富津」を開店。以降、相模原（一九九三年）、春日部（二〇一三年）、木更津（二〇一四年）など十六号線沿線や周辺地域に多くの大型ショッピングセンター、モールを作っている。[37]

十六号線に点在するモールは、かつて大型工場などの工業用地だった敷地に作られているものも多い。二〇〇八年に作られた三井アウトレットパーク入間はＨＯＹＡの工場跡地に作られているし、イオンモール木更津は新日鉄の遊林地に作られている。その意味ではかつて軍需施設のエリアが工業用地へと転換した十六号線沿線地域の、生産の空間から消費の空間への転換が見て取れる。

3 統計が描く沿線地域の輪郭

人口、住宅、産業と位置

ここでは二十七の市町がある十六号線沿線地域の現状について、その特徴と違いを各種統計から考えていくことにしよう。都心を環状に囲むこれらの地域の特徴を浮かび上がらせるため、比較対象として十六号線の内側、中央に位置する東京二十三区（特別区部。以下、二十三区と略記）と、東京からおよそ百キロから百五十キロに位置する茨城・栃木・群馬・山梨・静岡という首都圏の外郭にある五県（以下、外郭五県と略記）と比較しながらみていく。[38]

意外に少ない団塊の世代

二〇一五年の国勢調査によれば、十六号線沿線の自治体の人口は千百七十五万人である。[39] 規模でいえば二十三区よりやや多く、外郭五県とほぼ同程度になる。

国勢調査による一九五五年からの三つのエリアの人口推移をみてみよう[40]（図8）。十六号線が現在の形の環状道路に指定された当初、その人口は二十三区や外郭五県の人口の半分にも満たなかった。その後、六五年から七五年にかけて二十

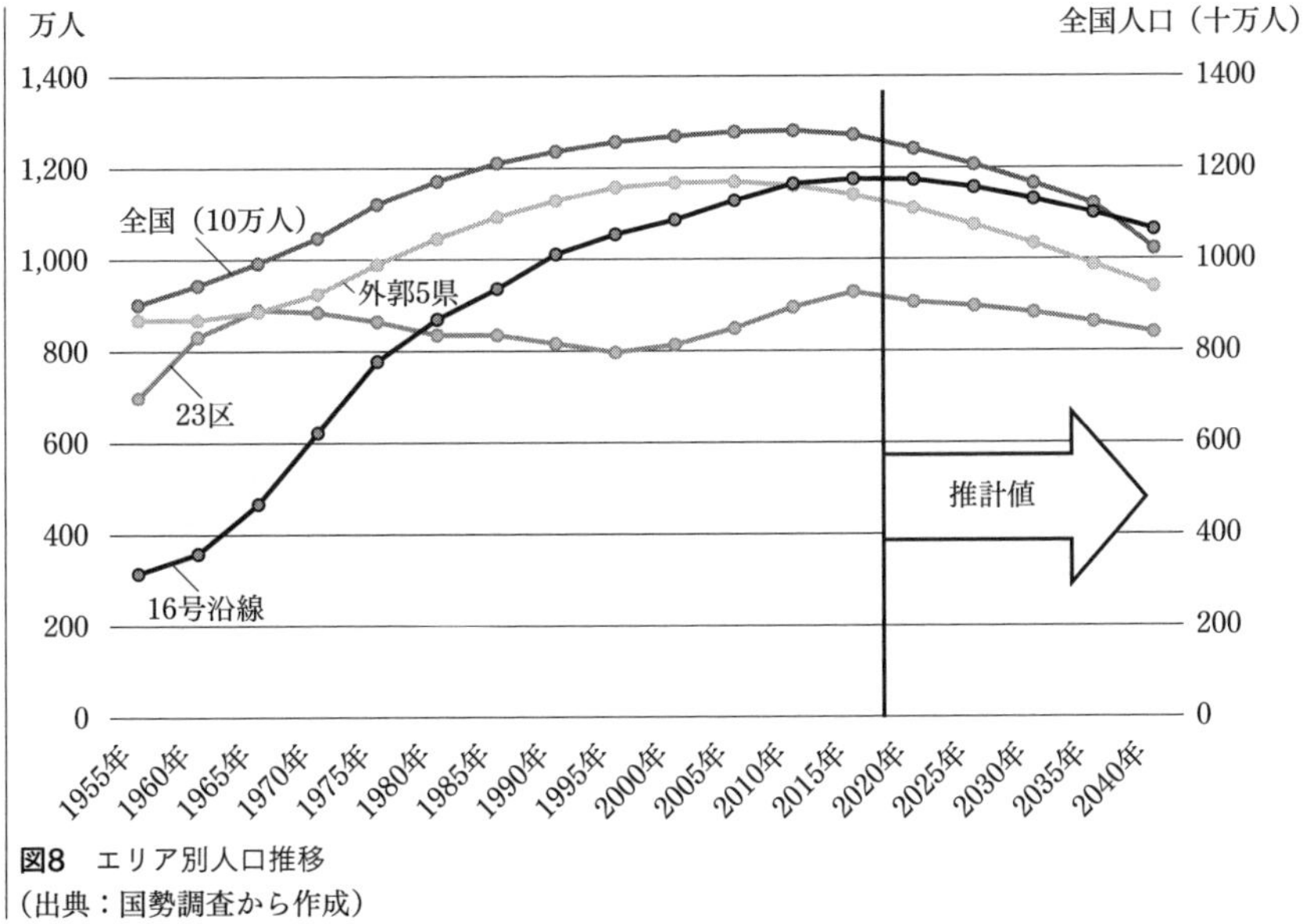

図8　エリア別人口推移
（出典：国勢調査から作成）

三区の人口が減少する一方で、十六号線沿線地域は三百万人以上増加している。そして八〇年代に二十三区の人口を、二〇一五年には外郭五県の人口を上回った。国立社会保障・人口問題研究所の「日本の地域別将来推計人口」[41]をもとに今後の推移をみると、二〇年には十六号線沿線自治体全体としては人口減になり、二五年以降はすべての自治体が減少に転じ、四〇年には千六十万人ほどになると予測されている。ただし外郭五県と比べると、その減少幅は緩やかである。

次に二〇一五年の三つのエリアでの年齢階級の人口構成比を、全国比も含めて比較してみよう（図9）。十六号線沿線地域は、二十代から四十代の生産年齢人口の割合が高い二十三区と、全国の割合と似通った傾向がある外郭五県との中間的な位置にあることがわかる。六十五歳以上の人口割合は二四・四％。一〇年時には二十三区と大きな差はなかったが、ここにきて開きが出ている。[42]

ここで、一九四六年から四九年生まれの団塊の世代にあたる六十五歳から六十九歳の比率に注目してみたい。団塊の世代は十六号線沿線自治体におよそ八十五万人生活していて、その前後の世代と比べて高い比率となっている。また人口・比率ともに二十三区と比べても高くなっている。ただし、それは外郭五県や全国の構成比と比べると高いものではなく、必ずしも十六

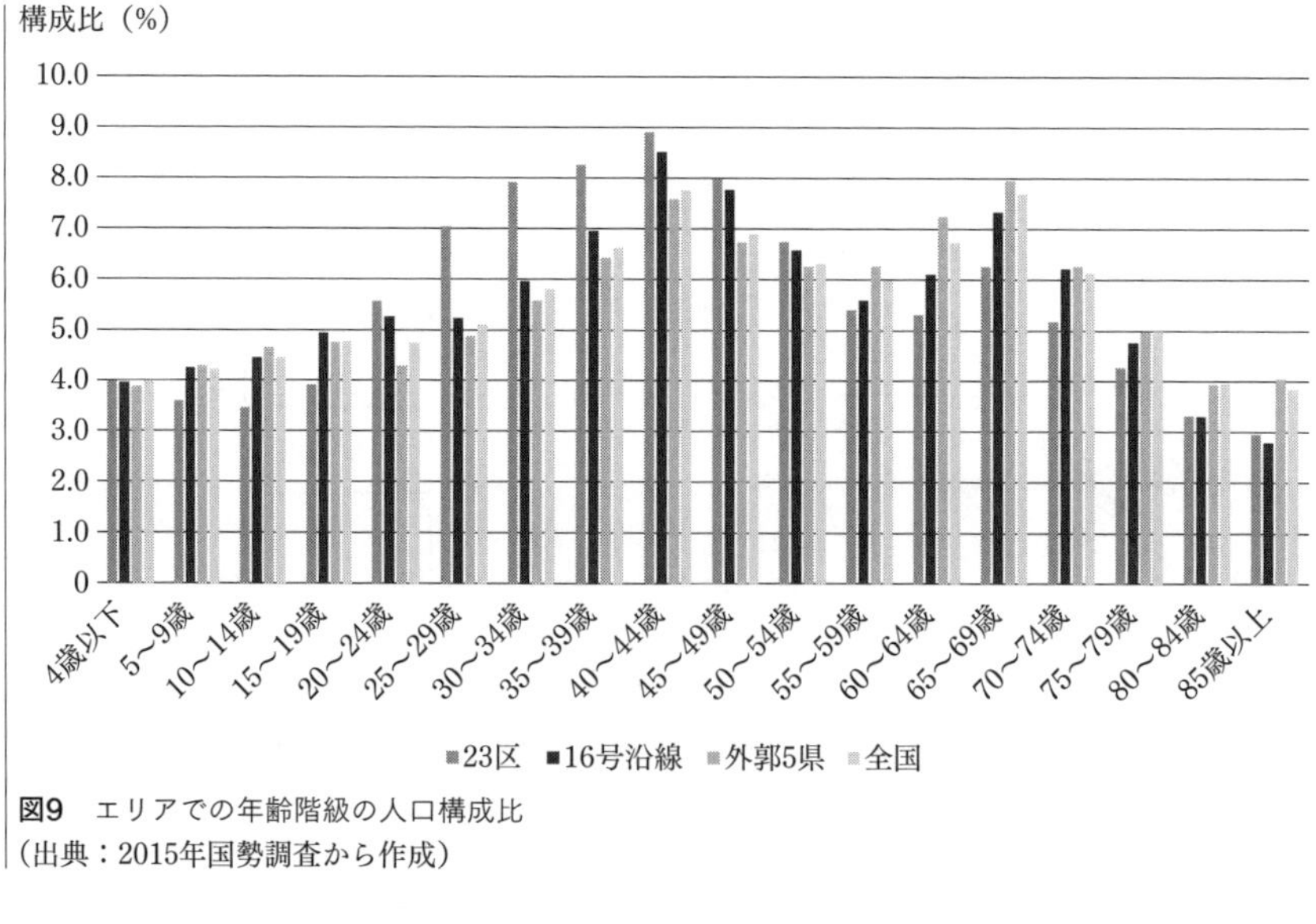

図9　エリアでの年齢階級の人口構成比
（出典：2015年国勢調査から作成）

号線沿線地域に団塊の世代が多くいるわけではない。十六号線沿線地域に団塊の世代が多いことがたびたび指摘されてきたが、現在ではそれは都心部との比較のなかでは当てはまっても、外郭五県や全国平均と比べれば特に多いというわけではないようだ。

一方で十六号線内でも人口増加率に違いがみられる（表1）。例えば大和や八千代はそれぞれ東京や横浜、千葉などにアクセスしやすく、戦後住宅地として急速に人口を増やした。一九五五年から二〇一五年の六十年間で、大和は九倍、八千代は十二倍もの人口増となっている。今後の予測では、町田や八千代では三〇年頃まで人口増が続くとみられている。これに対して、東京から距離が遠い富津や君津などの千葉県南部や横須賀では人口減少の傾向が明確で、今後の予測でもさらに大幅に減少するとみられている。こうした違いは年齢別人口比率の差とな

人口増加率（1955〜2015年）*		人口減少予測（2015〜40年）**		15歳未満人口割合 *		65歳以上の人口割合 *	
自治体	倍率	自治体	減少率（%）	自治体	割合（%）	自治体	割合（%）
八千代市	12.6	富津市	-32.5	白井市	15.7	富津市	34.5
大和市	9.3	君津市	-23.5	八千代市	14.1	横須賀市	29.7
柏市	9.2	横須賀市	-23.2	袖ケ浦市	13.6	狭山市	28.7
町田市	7.4	木更津市	-22.6	船橋市	13.3	君津市	28.5
白井市	7.3	福生市	-22.4	木更津市	13.3	春日部市	28.1
袖ケ浦市	2.4	白井市	-6.8	君津市	11.5	白井市	23.4
野田市	2.3	八王子市	-5.1	横須賀市	11.5	横浜市	23.4
君津市	1.8	柏市	-3.6	狭山市	11.3	船橋市	23.1
横須賀市	1.5	町田市	-3.1	福生市	10.0	大和市	23.0
富津市	0.9	八千代市	-2.0	富津市	9.4	さいたま市	22.8
16号沿線	3.7	16号沿線	-9.4	16号沿線	12.7	16号沿線	24.4
23区	1.3	23区	-9.5	23区	11.0	23区	22.0
外郭5県	1.3	外郭5県	-17.6	外郭5県	12.8	外郭5県	27.2
全国	1.4	全国	-19.6	全国	12.6	全国	26.6

表1　16号沿線自治体の人口の差異（上位・下位5市と平均）
*2015年の国勢調査から作成
**2015年を基準に、40年の人口予測から計算。予測は国立社会保障・人口問題研究所の「日本の地域別将来推計人口（平成25（2013）年3月推計）」に基づく

って表れている。白井、船橋などは十五歳未満の人口割合が全国平均より高く、六十五歳以上の人口割合が全国平均より低いのに対し、富津、横須賀、狭山、君津などはその反対となっていて、とりわけ富津は高齢化が進行している（図10）。

空き家の増加への懸念

今度は十六号線沿線地域の住まいをめぐる現状をみていこう（表2）。二〇一五年の国勢調査をみると、十六号線沿線地域は一般世帯数で五百万世帯を超えていて、人口同様、二十三区と外郭五県を上回ってい る。持ち家の世帯比率をみると、二十三区が五〇％を下回っているのに対し、十六号線沿線地域は外郭五県を下回るものの、六二・六％とほぼ全国並みである。また戸建ての住宅世帯の割合も二十三区と外郭五県の中間に位置している。十六号線沿線地域と二十三区に戸建て世帯の割合が持ち家率よりも低いのは、このエリアでのマンショ

23区への通勤率 *		空家率 **		高齢者世帯率 *	
自治体	割合（%）	自治体	割合（%）	自治体	割合（%）
船橋市	34.5	富津市	18.6	横須賀市	26.7
柏市	28.7	八千代市	16.7	富津市	26.0
さいたま市	27.0	木更津市	16.2	狭山市	23.6
八千代市	26.6	横須賀市	14.7	春日部市	22.8
白井市	26.0	君津市	13.8	町田市	22.5
袖ケ浦市	5.4	上尾市	9.0	相模原市	19.4
木更津市	4.8	袖ヶ浦市	8.7	船橋市	19.2
瑞穂町	4.6	町田市	7.7	柏市	19.2
君津市	2.5	入間市	7.4	袖ケ浦市	18.8
富津市	1.7	白井市	7.1	さいたま市	18.8
16号沿線	20.6	16号沿線	10.7	16号沿線	20.5
23区	79.1	23区	11.2	23区	18.2
外郭5県	1.6	外郭5県	16.4	外郭5県	20.5
全国	11.0	全国	13.5	全国	21.8

ン購入率の高さを表している。個別にみていくと、持ち家世帯の比率が高いのは富津、白井などで、これらの地域は八〇%を超す持ち家率となっている。持ち家世帯比率の高い地域では一戸建ての住宅の世帯比率が比較的高いが、富津では九〇%が一戸建て世帯であるのに対し、白井は五五%ほどにすぎず、戸建ての住宅が多い地域とマンション購入の割合が高い地域が混在している。借家世帯の比率が高いのは福生、昭島、大和などで、特に福生は半数を超えている。このほか公営・都市再生機構・公社の借家世帯比率をみると十六号線沿線地域は五・九%と全国を多少上回る程度である。個別にみると町田や上尾、八千代などが一〇%を超えていて、かつて三〇%から四〇%が団地住民だった名残りがみられる。

増加が懸念されている空家の現状はどうか。二〇一三年の住宅・土地調査によると、十六号線沿線地域の空家の数は五十八万六千戸で、比率にするとおよそ一〇%となっ

持ち家世帯世帯比率*		戸建て率*		公営・都市再生機構・公社の借家世帯比率*	
自治体	(%)	自治体	(%)	自治体	(%)
富津市	83.2	富津市	90.0	町田市	13.2
白井市	82.1	野田市	77.3	福生市	12.6
野田市	76.7	袖ケ浦市	76.6	昭島市	12.6
袖ケ浦市	75.1	君津市	75.3	上尾市	11.2
入間市	75.1	木更津市	71.0	八千代市	10.4
八王子市	57.4	大和市	41.7	川越市	1.9
町田市	57.0	昭島市	40.7	君津市	1.8
大和市	55.9	千葉市	40.2	野田市	1.6
昭島市	54.1	福生市	39.3	富津市	1.1
福生市	47.4	横浜市	37.7	木更津市	1.0
16号沿線	62.6	16号沿線	46.4	16号沿線	5.9
23区	45.1	23区	25.4	23区	6.5
外郭5県	69.6	外郭5県	71.2	外郭5県	3.2
全国	62.3	全国	54.3	全国	5.5

表2 世帯と住宅の地域比較（上位・下位5市町と平均）
*2015年の国勢調査から作成
**2013年の住宅・土地調査から作成

ている。これは八十四万戸の空き家を抱える外郭五県と比べるといくぶん少なく、全国比も下回っている。ただし、地域別にみると白井や入間、町田などは八％未満なのに対して、富津、八千代、木更津はその倍の一六％を

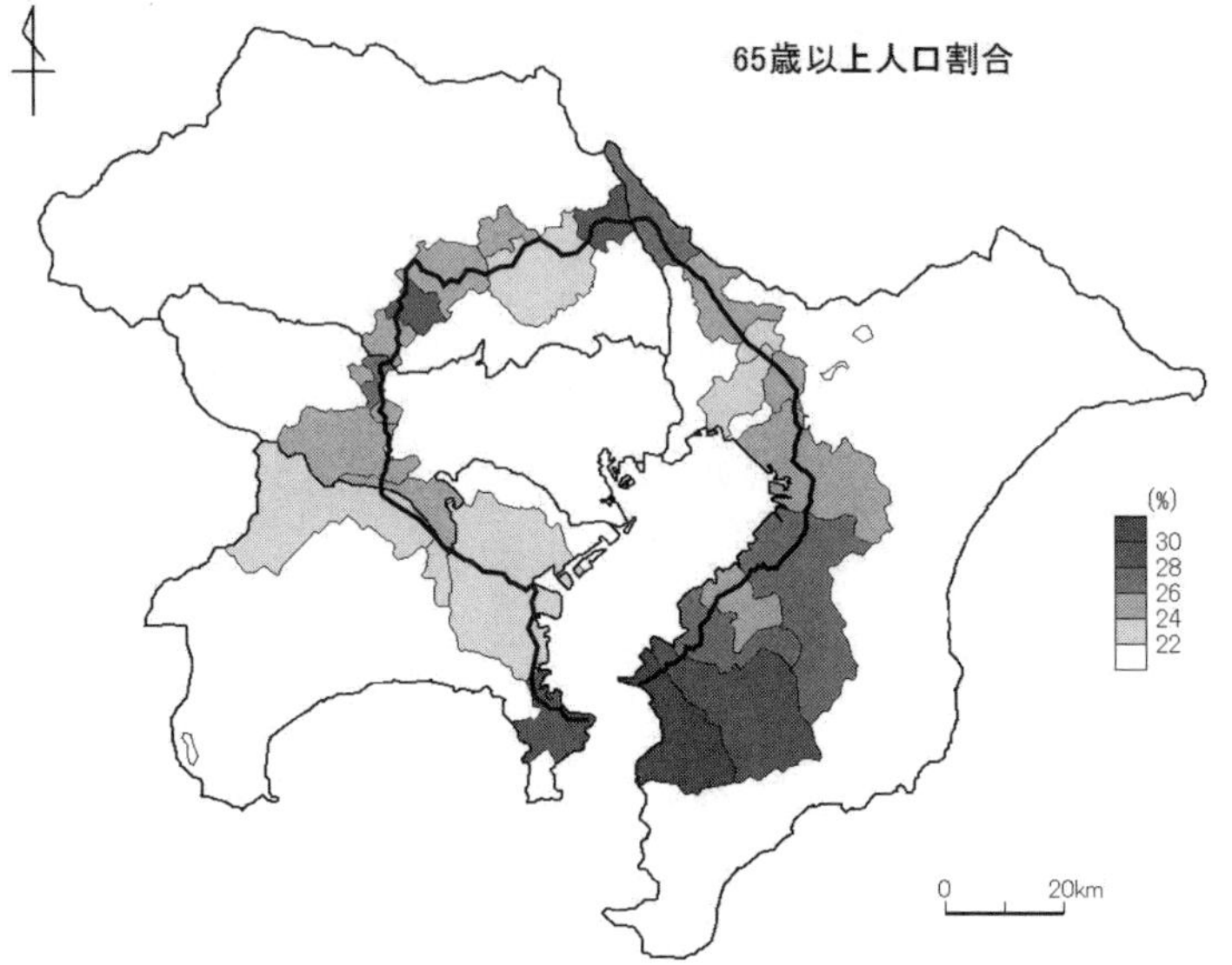

図10　65歳以上の人口割合
（出典：2015年の国勢調査から作成）

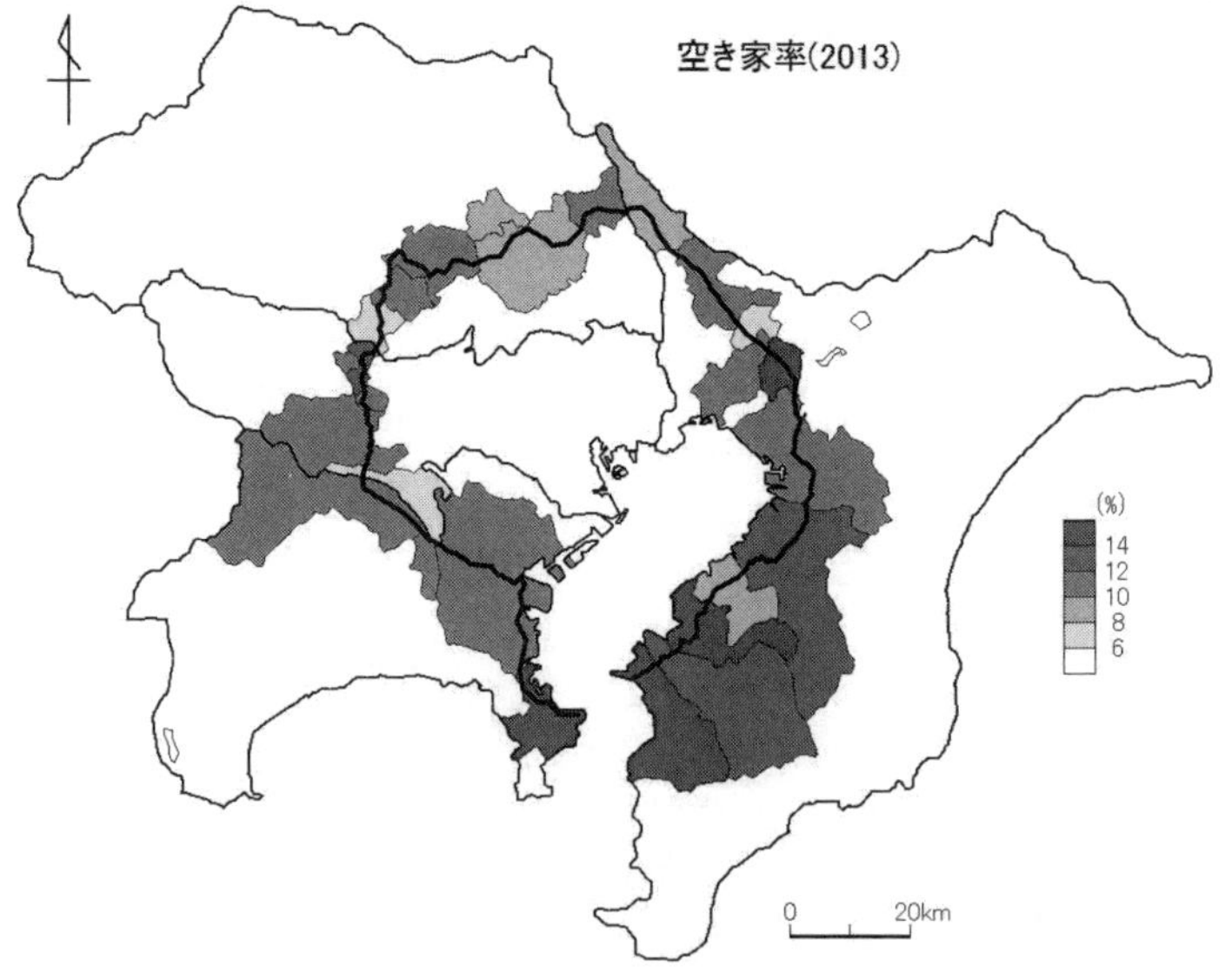

図11　空家率
（出典：2013年の住宅・土地調査から作成）

上回っていて、空き家をめぐる現状に差があることがわかる（図11）。また一五年の国勢調査をみると、十六号線沿線地域には現在六十五歳以上の世帯員だけ世帯数が百三万世帯と、全世帯の二〇％を超える高齢者だけの世帯を抱えている。とりわけ横須賀、富津は二五％を超えていて、これらの世帯がもつ住宅の空き家化が進行することが考えられる。

東京への通勤率で分かれる職業分類

十六号線沿線地域の各種産業と就労者の特色を統計からみていこう（表3）。十六号線沿線地域の十五歳以上の就業者数は二十三区よりもやや多く、外郭五県と同程度になっている[43]。産業三部門の就業者の割合をみると、外郭五県や二十三区、全国との比較では第一次産業、第二次産業ともに外郭五県、全国、十六号線沿線、二十三区の順で低くなっていて、第三次産業はその逆になっている。

産業大分類での就業者率をみても、十六号線沿線地域は同様に中間的な傾向がみられる。ただし全国平均や他地域を上回る就業者率となっている分類もあり、運輸業・郵便業や卸売業・小売業、教育・学習支援業などがそれに該当する。

十六号線沿線内でみていくと、第一次産業就業者の割合は、富津市を筆頭に千葉県で割合が比較的高くなっているのに対し、神奈川県、東京都の沿線地域で低い割合になっている。第二次産業就業者の割合は、千葉県の沿線地域は京葉工業地域にある自治体の割合が高く、それより北の内陸部の地域の割合が低いという傾向がみられる。第三次産業就業者は横須賀、船橋、千葉、町田で八〇％を超えていて、第一次産業と第二次産業の就業者率が比較的高かった富津、瑞穂、君津はやや低くなっている。

産業大分類での就業者率で三部門の区別からはわからなかった地域による特徴をみてみよう。まず建設業では富津、市原、木更津など千葉県南部の地域が一〇％を超える就業者率であるのに対し、羽村や狭山という同じ第二次産業でも製造業の従業者率が高い地域が六％前後と比較的低い割合となっている。

産業大分類での就業者率

建設業		運輸業、郵便業		生活関連サービス業、娯楽業	
自治体	(%)	自治体	(%)	自治体	(%)
富津市	11.6	野田市	10.0	君津市	4.7
市原市	10.8	八千代市	8.6	富津市	4.5
木更津市	10.8	瑞穂町	8.1	市原市	4.4
袖ケ浦市	10.5	春日部市	7.9	野田市	4.1
君津市	9.5	木更津市	7.5	木更津市	4.0
昭島市	6.5	さいたま市	5.3	狭山市	3.5
八王子市	6.4	羽村市	5.2	瑞穂町	3.4
町田市	6.4	福生市	5.2	羽村市	3.4
狭山市	6.1	八王子市	4.7	さいたま市	3.3
羽村市	5.8	町田市	4.5	横浜市	3.3
16号沿線	7.0	16号沿線	6.0	16号沿線	3.6
23区	4.8	23区	4.5	23区	3.3
外郭5県	7.4	外郭5県	5.1	外郭5県	3.7
全国	7.4	全国	5.2	全国	3.5

情報通信業		23区への通勤率	
自治体	(%)	自治体	(%)
船橋市	7.0	船橋市	34.5
横浜市	6.9	柏市	28.7
町田市	5.9	さいたま市	27.0
さいたま市	5.4	八千代市	26.6
柏市	5.4	白井市	26.0
木更津市	1.5	袖ケ浦市	5.4
袖ケ浦市	1.5	木更津市	4.8
瑞穂町	1.4	瑞穂町	4.6
君津市	1.3	君津市	2.5
富津市	0.9	富津市	1.7
16号沿線	5.2	16号沿線	20.6
23区	8.2	23区	79.1
外郭5県	1.4	外郭5県	1.6
全国	2.9	全国	11.0

産業3部門の就業者の割合							
第1次産業		第2次産業		第3次産業		製造業	
自治体	(%)	自治体	(%)	自治体	(%)	自治体	(%)
富津市	7.8	瑞穂町	32.1	横須賀市	81.0	羽村市	23.6
袖ケ浦市	4.6	羽村市	31.1	船橋市	80.9	瑞穂町	20.5
君津市	3.9	市原市	30.3	千葉市	80.4	君津市	18.6
白井市	3.8	君津市	29.4	町田市	80.2	野田市	17.7
木更津市	3.0	袖ケ浦市	28.4	柏市	80.0	入間市	17.7
相模原市	0.7	町田市	19.0	市原市	67.8	町田市	11.0
昭島市	0.6	千葉市	18.8	袖ケ浦市	67.1	柏市	10.6
福生市	0.5	柏市	18.8	君津市	66.7	船橋市	10.5
横浜市	0.5	船橋市	18.2	瑞穂町	65.8	千葉市	10.4
大和市	0.5	横須賀市	18.0	富津市	63.9	横須賀市	10.0
16号沿線	0.9	16号沿線	21.5	16号沿線	77.6	16号沿線	13.0
23区	0.2	23区	16.6	23区	83.2	23区	9.4
外郭5県	5.2	外郭5県	31.5	外郭5県	63.3	外郭5県	23.0
全国	4.0	全国	25.0	全国	71.0	全国	16.2

				産業大分類での就業者率			
卸売業、小売業		教育、学習支援業		不動産業、物品賃貸業		金融業、保険業	
自治体	(%)	自治体	(%)	自治体	(%)	自治体	(%)
春日部市	17.9	町田市	6.0	町田市	3.3	さいたま市	4.1
上尾市	17.7	八王子市	5.7	横浜市	3.2	船橋市	4.1
船橋市	16.6	柏市	5.1	船橋市	3.1	白井市	3.8
柏市	16.6	千葉市	5.0	さいたま市	3.1	千葉市	3.7
大和市	16.5	相模原市	5.0	大和市	3.0	柏市	3.6
市原市	14.2	野田市	3.9	市原市	1.9	市原市	1.8
瑞穂町	13.9	袖ケ浦市	3.7	野田市	1.8	君津市	1.7
羽村市	13.1	市原市	3.5	袖ケ浦市	1.7	袖ケ浦市	1.7
君津市	13.1	富津市	3.1	君津市	1.6	富津市	1.6
袖ケ浦市	13.1	瑞穂町	2.7	富津市	1.2	瑞穂町	1.3
16号沿線	15.6	16号沿線	4.7	16号沿線	2.8	16号沿線	3.1
23区	13.9	23区	4.0	23区	3.9	23区	4.0
外郭5県	14.6	外郭5県	4.3	外郭5県	1.4	外郭5県	2.0
全国	15.3	全国	4.5	全国	2.0	全国	2.4

表3 産業の特色と就労者（上位・下位5市町と平均）
（出典：2015年の国勢調査から作成）

十六号線沿線でやや高い就業者率となっている業種をみていくと、興味深い対照性がみられる。運輸業・郵便業では野田が一〇%と高く、八千代、瑞穂、春日部などがそれに次ぐ就業者率となっている。運輸業は千葉県の地域がやや高く、八王子や町田が五%未満と東京で低い傾向がみられる。これに対して、教育・学習支援業では町田、八王子が六%前後と高く、瑞穂、富津が三%前後と低くなっていて、下位には運輸業・郵便業で上位の地域が並んでいる。町田や八王子など、教育・学習支援業が高い地域では不動産業・物品賃貸業や金融業・保険業、情報通信業などの従事者率が高く、運輸業・郵便業以外に、製造業や建設業なども低い。一方、瑞穂や富津、市原など教育・学習支援業が低い地域ではその反対の傾向を示している。一見、意外にみえるところでは、君津、富津、市原などは生活関連サービス業・娯楽業も四%台で比較的高い就業者率となっている。

次に郊外としての指標の一つである、都心への通勤率をみていこう（図12）。十六号線沿線地域の二十三区への通勤者数は百万人を超えていて、二十三区での就労者の約一七%が十六号線沿線地域からの通勤者である。十六号線沿線地域の十五歳以上の就業者数のうち、二十三区への通勤者がおよそ二〇%であり、十六号線沿線地域が相変わらず東京への通勤者のベッドタウンであること

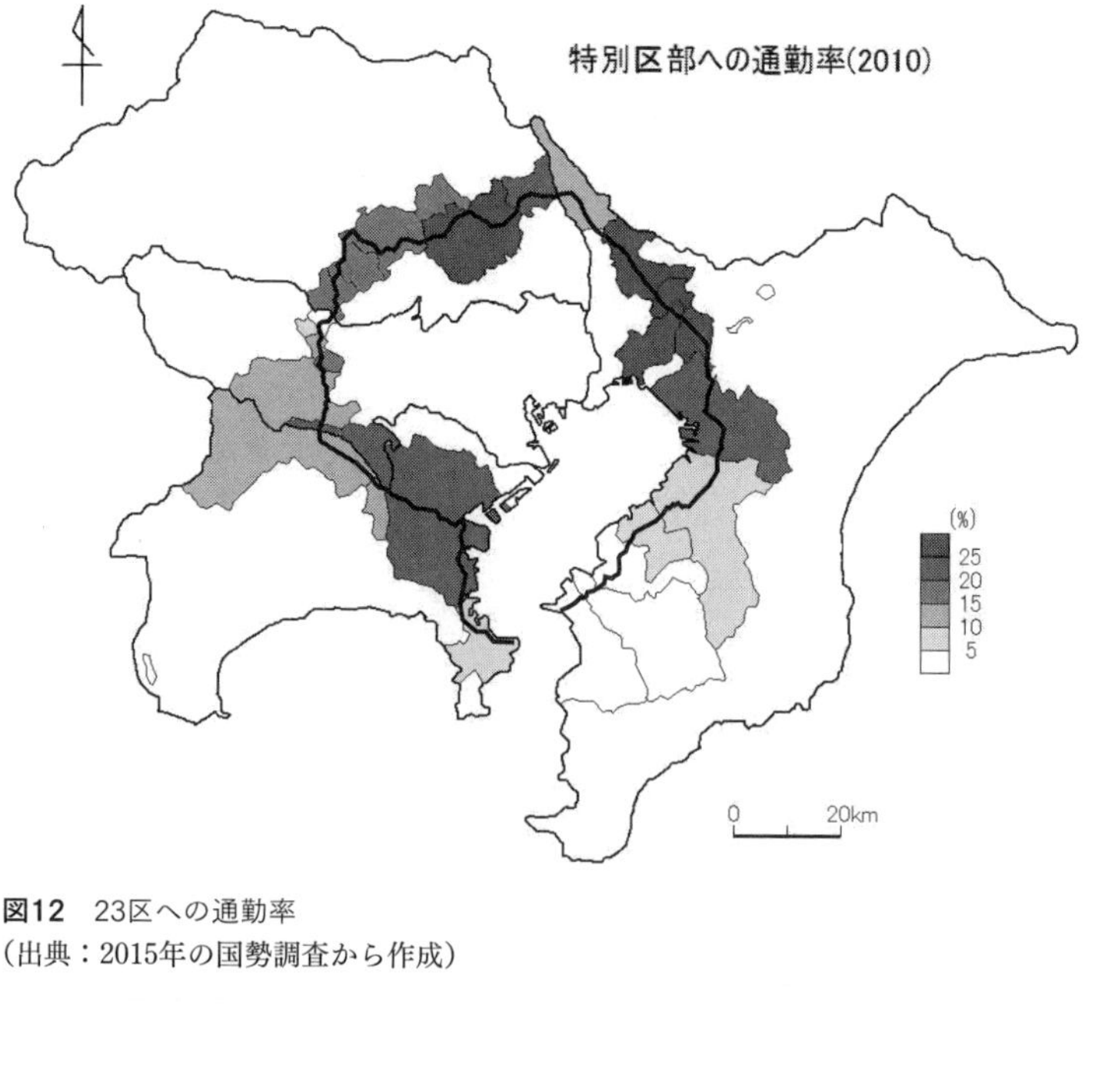

図12　23区への通勤率
（出典：2015年の国勢調査から作成）

を物語っている。とりわけ船橋など千葉県北西部や、さいたま市は通勤率が二五％を超えている。一方で二十三区から海を隔てたところにある富津、君津、木更津などは通勤率が五％に満たず、必ずしも「東京の郊外」とは言えないかもしれない。ただし第9章「国道十六号線／郊外の「果て」としての木更津――『木更津キャッツアイ』は何を描いたのか」（西田善行）でもみたとおり、二〇〇九年以降、東京湾アクアラインがＥＴＣ利用者への通行料の大幅な割引をおこなったことで、木更津を中心に増加傾向にあることは確かである。

この都心への通勤率の差と業種別の就業率の差には関連を指摘できる。通勤率の上位に入っている地域の多くは表3にあげた業種で上位にあり、下位に入っている地域はその業種の下位になっている。これらの業種は二十三区に特に多いものもあるが、そうでないものもあって、単純に東京二十三区で多い業種が近郊の通勤エリアの通勤者によって担われているという切り分けはできない。第9章でもふれたが、少なくとも十六号線沿線地域のなかでは、東京への実質的距離との相関から「ブルーカラーの郊外」と「ホワイトカラーの郊外」という地域的差異（あるいは格差）がいまだに生まれていることは確かである。(44)

「外部化」する製造業、「モール化」する小売業

ここでは前節での十六号線沿線地域の歴史的変遷を踏まえ、製造業と小売業という二つの業態の現状について把握しておきたい。

まず各地の製造業の状況（表4）をみると、十六号線沿線地域は事業所数では東京二十三区とほぼ同数だが、従業者数と製造品出荷額で大きく上回る。一方で、外郭五県の従業員、事業所数、製造品出荷額をいずれも下回っていて、製造業が首都圏の外部でおこなわれている現状が理解できる。ただし出荷額を従業員数で割った額や一人当たりの給与総額では外郭五県を上回っていて、収益効率が高く、相応の給与が支払われていると考えられる。十六号線沿線内では、横浜が事業所数、従業者数ともに飛び抜けていて、製造品出荷額も高くなっている。その横浜の製造品出荷額を上回っているのが市原で、市原は出荷額を従業員数で割った額でも袖ケ浦とともに高

い値となっている。これに対し福生は従業者数、出荷額などいずれも低く、町田も含め、製造業への依存度の低さと零細企業の占める割合の高さがうかがえる。

今度は小売業の現状をみていこう（表5）[45]。まず商業集積地区での状況をみると、十六号線沿線地域は、多くの項目で二十三区や外郭五県の中間となっている。十六号線沿線地域内では、おおむね人口と商いの規模が対応している。商店街の平均年間販売額をみると町田と柏が百二十億円を超えているのに対し、狭山や袖ケ浦は二億円以下である。人口一人当たりの販売額では八王子、町田、横浜、大和が五十万円を超えている一方で、白井や袖ケ浦は十万円以下である。意外なところでは君津が商店街平均で八十億円以上、人口一人当たりでも四十七万円と高い。

ここからいくつか業態の出店状況をみていこう（表6）。商業集積地区での十六号線沿線地域のこれをみると十六号線沿線地

製造品出荷額		従業者一人当たりの出荷額		従業者一人当たりの現金給与総額	
自治体	（百万円）	自治体	（万円）	自治体	（万円）
市原市	5,337,202	市原市	26,058	君津市	604.8
横浜市	4,332,961	袖ケ浦市	23,353	市原市	601.8
袖ケ浦市	1,417,035	君津市	11,376	袖ケ浦市	586.8
千葉市	1,234,749	羽村市	8,264	羽村市	547.5
相模原市	1,224,071	瑞穂町	6,411	昭島市	534.2
木更津市	186,186	さいたま市	2,841	入間市	399.3
春日部市	164,334	八王子市	2,402	福生市	389.5
白井市	139,158	八千代市	2,352	さいたま市	385.2
町田市	95,867	町田市	2,043	八千代市	365.2
福生市	23,223	福生市	1,709	春日部市	342.2
16号沿線	22,007,131	16号沿線	5,848	16号沿線	474.9
23区	3,209,634	23区	2,127	23区	436.0
外郭5県	46,249,643	外郭5県	4,184	外郭5県	453.3
全国	305,139,989	全国	4,122	全国	441.5

域に百貨店や大型総合スーパーといった大型店舗が多いことがわかる。特に六千平方メートル以上の店舗が十六号線沿線地域で合わせて百五十八あり、二十三区（七十五）と外郭五県（百九）を大きく上回っていて、「モール化」の中心地となっていることがみえてくる。

「真ん中」としての十六号線沿線地域

ここまでいくつかの統計情報を概観することで何がみえてきただろうか。一つは十六号線沿線地域が内側にある東京二十三区と外側にある外郭五県の中間にあるという地理的事実が、多くの統計上でも当てはまることである。ほぼ同規模の人口である三つのゾーンのなかで、多くの統計で真ん中に収まってしまう。若林幹夫は「立場なき場所」としての両義性・周縁性が郊外の特徴であると指摘したが、十六号線沿線地域が際立った特徴が統計上現れてこない場であることがあらためて確認できるといえる(46)。

従業者数		事業所数		従業者300人以上の事業所数	
自治体		自治体		自治体	
横浜市	90,600	横浜市	2,479	横浜市	44
相模原市	35,281	さいたま市	970	相模原市	21
さいたま市	26,609	相模原市	941	市原市	20
川越市	22,826	八王子市	561	川越市	13
千葉市	20,647	川越市	472	さいたま市	10
春日部市	5,745	袖ケ浦市	85	春日部市	1
町田市	4,692	木更津市	78	瑞穂町	1
白井市	3,880	君津市	77	木更津市	1
木更津市	3,111	羽村市	69	福生市	1
福生市	1,359	福生市	42	白井市	-
16号沿線	376,315	16号沿線	9,183	16号沿線	196
23区	150,908	23区	9,415	23区	23
外郭5県	1,105,499	外郭5県	26,538	外郭5県	550
全国	7,403,269	全国	202,410	全国	3,210

表4　製造業の現状（上位・下位5市町と合計）
（出典：2014年の工業統計調査から作成）

従業者一人当たりの年間販売額		商店街一つ当たりの平均年間販売額		人口一人当たりの年間販売額 **	
自治体	（万円）	自治体	（百万円）	自治体	（万円）
柏市	2,687	町田市	12,778	八王子市	61.7
上尾市	2,680	柏市	12,736	町田市	59.1
町田市	2,506	横浜市	8,710	横浜市	58.2
横浜市	2,395	春日部市	8,333	大和市	53.4
さいたま市	2,298	君津市	8,132	君津市	47.3
横須賀市	1,603	羽村市	2,563	富津市	19.1
袖ケ浦市	1,543	野田市	2,496	羽村市	13.8
富津市	1,538	瑞穂町	2,117	狭山市	10.5
狭山市	1,439	袖ケ浦市	1,903	袖ケ浦市	9.4
羽村市	1,406	狭山市	1,596	白井市	7.1
16号沿線	2,186	16号沿線	6,416	16号沿線	44.0
23区	2,783	23区	9,629	23区	79.2
外郭5県	2,014	外郭5県	2,753	外郭5県	27.8
全国	2,095	全国	3,544	全国	35.4

商店街数		大規模小売店舗数		従業者数		年間商品販売額	
自治体		自治体		自治体	(%)	自治体	(百万円)
横浜市	249	横浜市	210	横浜市	90,557	横浜市	2,168,726
千葉市	81	八王子市	64	八王子市	18,624	千葉市	393,677
船橋市	68	千葉市	51	千葉市	18,080	さいたま市	385,212
さいたま市	67	さいたま市	42	さいたま市	16,766	八王子市	356,184
八王子市	57	町田市	41	相模原市	15,866	相模原市	287,703
瑞穂町	4	羽村市	3	富津市	567	富津市	8,721
羽村市	3	白井市	1	羽村市	547	瑞穂町	8,469
袖ケ浦市	3	瑞穂町	4	瑞穂町	507	羽村市	7,689
富津市	2	袖ケ浦市	3	袖ケ浦市	370	袖ケ浦市	5,710
白井市	1	富津市	2	白井市	220	白井市	4,368
16号沿線	805	16号沿線	630	16号沿線	236,273	16号沿線	5,164,664
23区	763	23区	539	23区	264,036	23区	7,347,111
外郭5県	1,153	外郭5県	1,153	外郭5県	157,588	外郭5県	3,173,981
全国	12,681	全国	7,142	全国	2,145,242	全国	44,935,565

表5　商業集積地区での小売業の現状（上位・下位5市町と合計）
*2014年の商業統計から作成
** 人口は2015年の国勢調査による

	16号沿線自治体	23区	外郭5県
大型百貨店	21	14	13
家電大型専門店	71	48	83
大型総合スーパー	76	27	63
ホームセンター	61	35	93
ドラッグストア	539	852	245
コンビニエンスストア	1,025	1,581	458
衣料品専門店	2,955	4,455	2,769

表6　商業集積地区での業態別出店状況
（出典：2014年の商業統計から作成）

一方で、やはり若林が指摘するように、郊外は決して一様ではなく、十六号線沿線地域の内側をみれば、そこにはいくつかの特徴を見つけることができる。

4 十六号という「線」

本章では十六号線とその沿線地域の変化と現状について、国勢調査をはじめとする統計や都市計画史、新聞記事などを用いて概観してきた。二〇一〇年の人口に基づくメッシュマップに十六号線をなぞってみる（図13）。すると神奈川を除けば十六号線とその周辺が東京都市圏を構成する緩やかなラインとなっていることがみえてくる。[47]

これまでみてきたとおり、かつては首都東京の防衛線だったこのラインは、都市計画のなかで東京を補助する衛星都市を結ぶ線となり、戦後の産業化と住宅整備のなかで東京のベッドタウン、そして大型店舗が並ぶ消費の場へと変わっていった。一方で、ホワイトカラーの街とブルーカラーの街

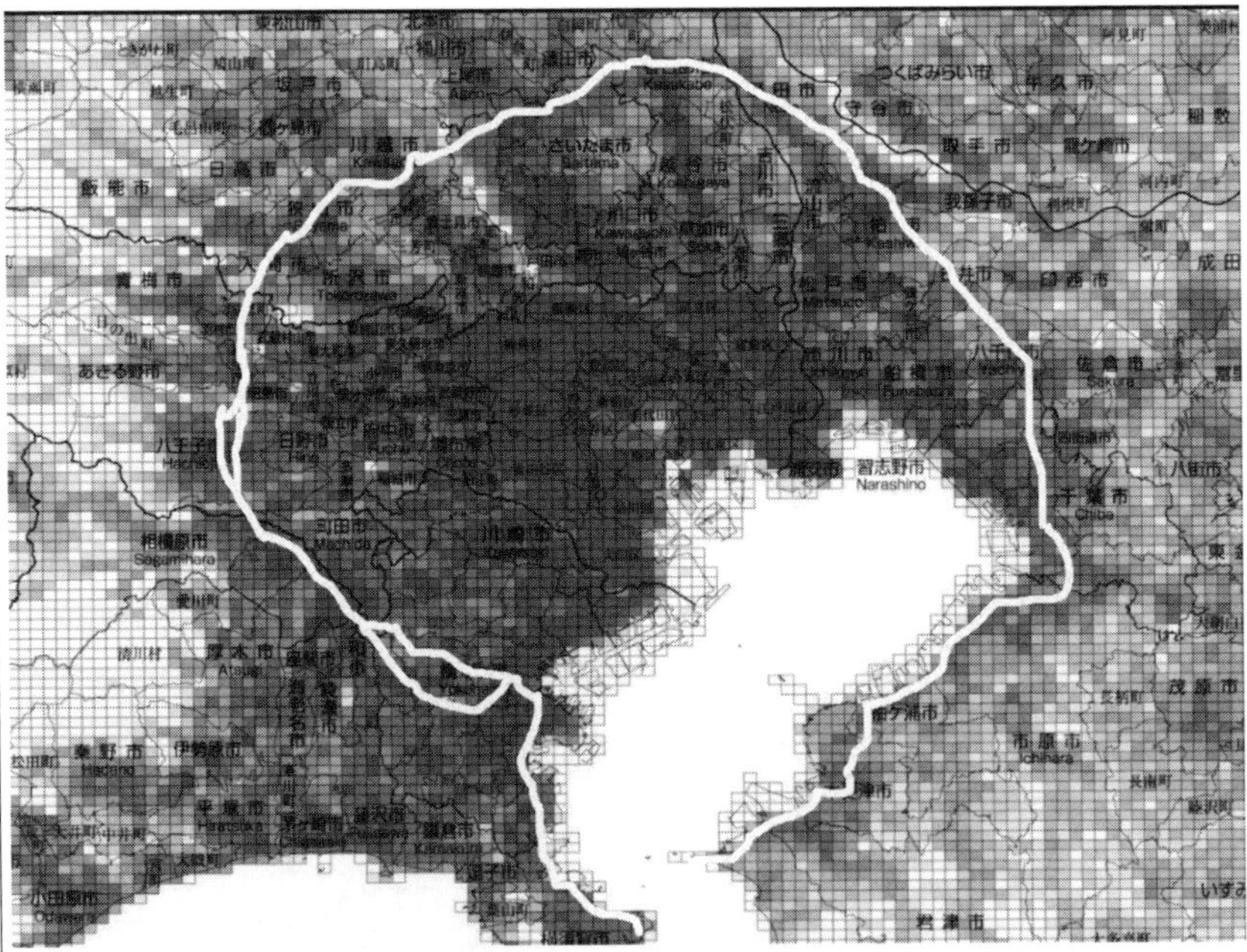

図13　2010年の人口に基づくメッシュマップと国道16号線
（出典：2010年国勢調査〔総務省統計局〕〔www.stat.go.jp/data/mesh/pdf/pop-p013.pdf〕［2018年4月24日アクセス］から16号線を追加）

が混在した十六号線沿線地域は、多様な顔をもっていることも垣間見える。こうした十六号線的郊外空間の変遷にはさまざまな都市計画やアメリカの影が作用した一方で、新旧住居者、労働者、消費者のさまざまな思惑が絡まり合っているのである。

注

（1）有料道路である横浜横須賀道路が通過する神奈川県逗子市と葉山町を含めると二十九になる。また、政令指定都市内では横浜市の金沢区、磯子区、南区、中区、西区、保土ケ谷区、旭区、瀬谷区、緑区の九区、相模原市の南区、中央区、緑区の三区、さいたま市の西区、北区、見沼区、岩槻区の四区、千葉市の花見川区、稲毛区、若葉区、中央区の四区を走っている。以下で十六号線沿線地域として統計情報などを提示するのは、この二十七の市と町である。

（2）「一般国道路線別平均交通量の推移」「国土交通省関東整備局」（http://www.ktr.mlit.go.jp/ktr_content/content/000007819.xls）［二〇一七年三月十五日アクセス］から作成。平日十二時間の平均交通量。

（3）国土交通省「道路交通センサス一般交通量調査の概要」から（http://www.mlit.go.jp/common/000167005.pdf）［二〇一八年四月七日アクセス］。平日十二時間の交通量。

（4）平日昼間十二時間の平均交通量。平成二十二年度道路交通センサスから集計。測定不能区間を含む。大型車は七千四百六十二台、大型車混入比率は平均二三・七一％。

（5）十四号は平均交通量三万九千七百八十台、大型車混入比率一三・一％で、十五号は同じく二万四千五百二十一台、一九・一％となっている。平日昼間十二時間の平均交通量。平成二十二年度道路交通センサスから集計。測定不能区間を含む。

（6）「国道16号について」「川崎国道事務所」（http://www.ktr.mlit.go.jp/kawakoku/16/#history）［二〇一八年四月七日アクセス］

（7）平沼義之『国道？ 酷道!? 日本の道路120万キロ大研究』（じっぴコンパクト文庫）、実業之日本社、二〇一五年

（8）西村輝一／吉村辰夫／松井達夫「国土計画に関する制度要綱に就て」、都市研究会編「都市公論」第十九巻第八号、都市研究会、一九三六年

（9）川上和吉「都市計畫の現況」、同誌

（10）全国都市問題会議編「本邦都市発達の動向と其の諸問題」上・下、全国都市問題会議、一九四〇年（「国立国会図書館デジタルコレクション」〔http://dl.ndl.go.jp/info:ndljp/pid/1875235　379/385〕）〔二〇一八年四月二十日アクセス〕

（11）谷謙二「人口移動と通勤流動から見た三大都市圏の変化――大正期から現在まで」、日本都市社会学会編「日本都市社会学会年報」第二〇〇七巻第二十五号、日本都市社会学会、二〇〇七年、二三―三六ページ

（12）竹内正浩『写真と地図でめぐる軍都・東京』（NHK出版新書）、NHK出版、二〇一五年

（13）鈴木芳行は軍事用道路として現十六号線につながる道路整備計画がなされ、周辺に多くの飛行場ができて首都防空網が形成されたと指摘している。鈴木芳行『首都防空網と〈空都〉多摩』〔歴史文化ライブラリー〕、吉川弘文館、二〇一二年

（14）武部健一『道路の日本史――古代駅路から高速道路へ』（中公新書）、中央公論新社、二〇一五年

（15）「東はズタズタ 西は産業道路 国道16号―首都圏」「朝日新聞」一九六八年六月二十日付東京版

（16）横関俊也／川西崇行／伊東孝「首都圏郊外部における環状道路の形成過程――一般国道16号の歴史」、日本大学理工学部編「日本大学理工学部学術講演会講演論文集」第三十一巻第四号、日本大学理工学部（http://library.jsce.or.jp/jsce/open/00061/2004/31-04-0054.pdf）〔二〇一七年二月二十三日アクセス〕

（17）石田頼房「大都市圏の発展と計画――戦後の東京大都市圏計画の変遷」、東京都立大学都市研究会編『都市構造と都市計画』東京大学出版会、一九六八年

（18）前掲「首都圏郊外部における環状道路の形成過程」

（19）百二十九号線は新たに相模原の橋本から十六号線を分岐して平塚までの道が指定された。

（20）建設省道路局「道路統計年報 1962年」建設省道路局、一九六二年。神奈川県は十六号線と百二十九号線を合算した。それ以外は百二十九号線のもの。ちなみに百二十七号線の舗装率は六〇・八％、改良率は九一・六％。

（21）前掲「東はズタズタ 西は産業道路 国道16号―首都圏」

（22）前掲「大都市圏の発展と計画」

（23）菊地一郎「神奈川県における工業構造の変化と工業団地の地域的展開」、文教大学教育学部紀要委員会編「文教大学教育学部紀要」第三十四号、文教大学教育学部、二〇〇〇年（http://www.bunkyo.ac.jp/faculty/lib/klib/kiyo/edu/e34/e3408.pdf）〔二〇一八年四月二十日アクセス〕

（24）菊地一郎「埼玉県における工業基盤の変化と工業団地の地域的展開」、文教大学教育学部紀要委員会編「文教大学教育学部紀要」第二十七号、文教大学教育学部、一九九三年（http://sucra.saitama-u.ac.jp/modules/xoonips/

download.php/BKK0000814.pdf?file_id=22196)［二〇一八年四月二十日アクセス］
（25）菊地一郎「千葉県内陸部における工業立地と工業団地の地域的展開」、文教大学教育学部紀要委員会編「文教大学教育学部紀要」第二十八号、文教大学教育学部、一九九四年（http://sucra.saitama-u.ac.jp/modules/xoonips/download.php/BKK0000829.pdf?file_id=22188）［二〇一八年四月二十日アクセス］
（26）この変貌の中核をなしている多くの産業が、戦時期の軍需産業からの民業転換によって成立していることは、見かけ上の衣替えがおこなわれているにすぎないと考えることもできる。
（27）原武史『団地の空間政治学』（ＮＨＫブックス）、ＮＨＫ出版、二〇一二年
（28）石田頼房『日本近現代都市計画の展開——1868—2003』自治体研究社、二〇〇四年
（29）同書、饗庭伸『都市をたたむ——人口減少時代をデザインする都市計画』花伝社、二〇一五年
（30）一九七〇年の十六号線沿線地域の市街化区域の面積は十一万九千八百四十一ヘクタール。これが二〇一五年までにおよそ一〇％、一万二千八百四十七ヘクタール増えて十三万二千六百八十八ヘクタールになった。
（31）また、バイパスという名称はついていなくとも、かつて内房線の駅近くを走っていた市原—袖ケ浦間は、現在では埋め立て前の海岸線に沿って工場前の緑地帯を走るバイパスと呼びうるものだ。
（32）小田光雄『〈郊外〉の誕生と死』青弓社、一九九七年。新装版は論創社、二〇一七年
（33）「朝日新聞」一九九七年八月十七日付埼玉県版
（34）商業統計調査で三県の県内卸売業・小売業の従業者数の推移もみると、一九七四年に七十六・七万人、八五年に百九・七万人、九四年には百四十五・六万人となっていて、二十年の間に卸売業・小売業の県内従業者が倍近くに増えていることがわかる。
（35）前掲『〈郊外〉の誕生と死』
（36）野澤千絵は、ここで改正された都市計画法によって市街化調整区域での開発が緩和し、川越などの郊外地で無秩序な宅地化が進行したことを指摘している。野澤千絵『老いる家　崩れる街——住宅過剰社会の末路』〔講談社現代新書〕、講談社、二〇一六年
（37）斉藤徹『ショッピングモールの社会史』（フィギュール彩）、彩流社、二〇一七年
（38）なお、倉沢進／浅川達人編『新編東京圏の社会地図1975—90』（東京大学出版会、二〇〇四年）では、本書で取り上げた地域を含む、一九六〇年から九〇年の間の東京圏の社会的変化を詳細に分析している。
（39）政令指定都市から十六号線が通っていない区の人口を除くと八百五十五万人になる。
（40）市町村合併などがおこなわれた十六号線沿線自治体の人口については、各市のウェブサイトを参考にした。
（41）二〇一三年三月推計。「国立社会保障・人口問題研究所」（http://www.ipss.go.jp/pp-shicyoson/j/shicyoson13/

3kekka/Municipalities.asp)［二〇一八年四月二十日アクセス］

(42) 十六号線沿線地域は二〇一〇年時には二〇・六%で三・八%の増加であり、二十三区は二〇・二%から二二%で一・八%の増加。

(43) 十六号線沿線地域の十五歳以上の就業者数は五百三十二万人で、二十三区（三百九十八万人）の一・三倍、外郭五県（五百六十万人）と同程度となっている（二〇一五年国勢調査）。

(44) 都心への通勤時間の差異と職業階層との相関については、すでに一九九〇年のデータから西澤晃彦が指摘している（西澤晃彦「職業階層から見た東京圏」、前掲『新編東京圏の社会地図1975―90』所収）。むしろ、外郭五県も含めて、この間の変化について検討が必要だろう。

(45) 二〇一四年商業統計から作成。ただし、以下で示す数値は十六号線のロードサイドビジネスの実態を示しているとは必ずしもいえない。商業集積地区が年間販売額に占める割合は、全国で三六・八%であり、二十三区では五九・一%に対し、外郭五県は二〇%から三〇%、十六号線沿線地域も主要都市でも横浜（六二・四%）とさいたま（三二・三%）では開きがある。商業集積地区のなかでも、都心部は駅周辺地区のウエートが高く、ロードサイド型は三%ほどであることは念頭に置く必要がある。

(46) 若林幹夫『郊外の社会学――現代を生きる形』（ちくま新書）、筑摩書房、二〇〇七年

(47) 神奈川も、相模原から平塚までを通る百二十九号線を含めると東京圏の輪郭がより明確化される。

［付記］図1・図10・図11は日本大学法学部佐幸信介ゼミの学生二人の協力によって作成された。記してお礼を申し上げる。

おわりに

西田善行

都心からおよそ三十キロの距離を環状に走る国道十六号線。この道のロードサイドと郊外エリアについて、その道や土地の歴史や現状を物語るさまざまな対象から読み取ることを試みたのが本書『国道16号線スタディーズ――二〇〇〇年代の郊外とロードサイドを読む』である。最後に、本書で読み取った十六号線、あるいは「十六号線的なるもの」とは何だったのか、探っていきたい。

私たちが何を対象として十六号線、あるいは「十六号線的なるもの」を語ってきたのか、あらためてそこから振り返ってみよう。まず対象としているのは十六号線やその沿線の郊外空間を表象し言説化したテレビ番組や書籍、映画――『ドキュメント72時間』『キンシオ』『闇金ウシジマくん』『鉄塔 武蔵野線』『昼顔』、経済誌やマーケッターの書籍、『学校の近くの家』『木更津キャッツアイ』――である。これらの多くが二〇〇〇年以降に作られたものであることは、決して偶然ではないだろう。一九九〇年代に郊外が「死」(小田光雄[1])を宣告され、二〇〇〇年代にその縮小が次第に見えてくるなかで、東京都市圏の果てにある国道十六号線的な郊外空間は、こうした現状を物語る有徴な場として浮上したのである。

本書はこうしたテクストだけではなく(あるいはそれを経由して)、十六号線やそのロードサイド(場合によっては少し外れた場所)から見えた人・モノあるいは空間――歩行者、鉄塔、道路標識、トラックドライバー、ブックオフ、マンホール、基地、廃店舗、ショッピングモール、霊園、団地、商店街——についても読み解いてきた。第2章「鉄塔がある風景——『闇金ウシジマくん』の郊外」で近森高明が論じた鉄塔がそうであるように、これらのなかには十六号線を自動車で走るドライバーやそこに住む生活者の視界からは抜け落ちているものも少なくない。道路標識（第3章「幹線移動者たち——国道十六号線上のトラックドライバーと文化」〔後藤美緒〕）やマンホール（第5章「「軍都」から「商業集積地」へ——国道十六号線と相模原」〔塚田修一／後藤美緒／松下優一〕）はもとより、歩行者（第1章「「場所」と「非-場所」——二つのテレビ番組が映した道と街、そして人」〔丸山友美〕）や廃店舗（第7章「不在の場所——春日部にみる「町」と「道」のつながり／つながらなさ」〔鈴木智之〕）も特に気にとめる人はそう多くはないだろうし、一瞬目にとまったとしてもすぐに「忘れ去られていく」のである。大きく視界に入るはずの基地（第6章「ジューロクゴーが片隅を走る世界で——青木淳悟『学校の近くの家』の狭山／入間」〔松下優一〕）や団地・霊園（第8章「死者が住まう風景——国道十六号線ともう一つの郊外」〔佐幸信介〕）もまた「ともすると忘れてしまいがち」であり、「有機的に結び」付くことがない空間として存在する。「はじめに——本書のナビゲーション」で塚田が比喩的に用いたOSがそうであるように、「戦後日本社会のOS」である国道十六号線を特徴づけるこれらのものは、当たり前にあるがゆえに通常は意識されることもないのである。

『キンシオ』が「同じようでいて異なる（same but different）」（第1章）を浮上させたように、本書もこうした日常生活では沈殿し視界にとまらないものの歴史的・社会構造的な意味を浮上させることを試みている。各章で取り上げたそれぞれの町と道の景観は、古くから生活道として利用されていた街道（その多くはもはや「旧」十六号の県道である）や、「軍都」とその軍事輸送路、工業エリアを結ぶ産業道路、住宅団地と通勤路、ロードサイドビジネスの最前線、あるいはモールを結ぶ移動空間が、ときに「上書き」され、ときに「重ね描き」されている（第4章「「重ね描き」された国道十六号線——「十六号線的ではない」区間としての横須賀・横浜」〔塚田修一〕）。そのため工業団地で生産された物資を運ぶトラックドライバーと、モールでの消費を楽しむサンデードライバーが同一線上を走行することも十六号線的な日常風景として成立している（第3章）。

国道十六号線を走行していると目に入ってくるのは、本書でこれまでふれてきたものだけではない。学校、結婚式場、ラブホテル、大型病院、メモリアルホール……まさに「生と死」を形作る場がそこに配置されているのである。こうした場がモールなどの商業施設と同様に生活道のような町とのつながりをもたない、新たに作られた十六号線のバイパスのロードサイドに建てられているのを見ると、アンソニー・ギデンズがいうところの「経験の隔離」[2]の場が十六号線のロードサイドを形作っていることがわかる。鉄塔がそうであるように、十六号線は「生と死」を「むき出し」にした空間なのかもしれない。第1章の丸山の議論に沿えば、十六号線は「非－場所」であるがゆえに経験の隔離のための場となっているともいえる。

一方で春日部（第7章）や木更津（第9章「国道十六号線／郊外の「果て」としての木更津――『木更津キャッツアイ』は何を描いたのか」〔西田善行〕）がそうであるように、『キンシオ』が足を運ぶような駅を基点とした町の空洞化が至るところで起きている。バブル景気の最中に十六号線沿線地域の駅前に建てられたそごうのほとんどの店舗が閉店しているのが象徴的である。

ところで現在、首都圏の環状道路として十六号線のさらに外側、都心から四十キロから六十キロを走行して横浜、厚木、八王子、川越、つくば、成田、木更津などの中核都市を結ぶ環状の高速道路、圏央道（首都圏中央連絡道路）の工事が進み、一部区間を除いて開通している。平山洋介が述べるように、東京都が主導する「環状メガロポリス」構想のもと、この圏央道を外枠に、三つの環状の高速道路（中央環状線、東京外環自動車道、首都圏中央連絡道路）が建造されている。それまで「東京の果て」であった十六号線を超えた巨大都市化構想が進められているのである。[3]その一方で十六号線の沿線自治体での人口減少は進んでいて、二〇一五年の国勢調査では二十七の沿線自治体のうち、十三の自治体で一〇年から人口が減少するなど、まさに後退局面の狭間にある。今後人口減少が本格化するなかで、国道十六号線のロードサイドとその沿線地域はどのように変化していくのか、注目すべきはこれからなのかもしれない。

＊

本書の企画が持ち上がったのは二〇一五年の夏頃だった。ちなみに、本企画を最初に考えたのは加藤宏さんである。五年ほど前から『木更津キャッツアイ』を場所とテクストを結び付けて論文として執筆することを構想しながらも行き詰まっていた私に、加藤さんが声をかけてくれる形で本書の企画はスタートした。当初は加藤さんも執筆メンバーに入っていたが、その後、諸事情によりメンバーから外れることになった。木更津や相模原といった郊外エリアについて単に記述するのではなく、国道十六号線という道そのものにフォーカスを当てた本書の企画は、加藤さんのアイデアなしには成り立たなかった。

その後、横須賀や福生などをフィールドとした研究をしている塚田に全面的に関わってもらって企画が本格化して、鈴木智之と私が編著者になった『失われざる十年の記憶――一九九〇年代の社会学』（青弓社、二〇一二年）の続篇とでもいう位置づけで青弓社に企画を持ち込んだ。そして、青弓社からの本企画の快諾を経て、二〇一五年の年末に執筆者による研究会を開始した。一六年三月には執筆予定者全員が参加して、一泊二日で横須賀の走水から富津までを車で一周した。研究会を重ねながら、一六年の年末には青弓社のウェブサイトでリレーエッセー「国道16号線スタディーズ」(https://yomimono.seikyusha.co.jp/category/kokudou16gou) をスタートさせた。本書に収録された二つのコラム（松下優一「相模原市緑区巡礼」、塚田修一「「国境」としての国道十六号線――福生・基地の街のリアリティ」）はこのリレーエッセーを初出としている。またほかの回のエッセーも本書のもとになったものや、そこから派生したものである。本書とあわせて読んでいただきたい。

本書の企画に合わせて、二〇一七年六月のカルチュラル・スタディーズ学会（パネルセッション「国道16号線スタディーズ」、場所：早稲田大学）と十一月の日本社会学会（テーマセッション「ロードサイドの文化社会学――「国道16号線的郊外」をめぐって」、場所：東京大学）でテーマセッションをおこなった。二つのセッションでは参加者から多くの示唆的なサジェスチョンをいただいた。記してお礼を申し上げる。

最後に『失われざる十年の記憶』に引き続き、本書の担当をしていただいた青弓社の矢野未知生さんには、研究会などで適切な助言をいただき、執筆が遅れたことも辛抱強く待っていただいた。ここには多分に編者の怠慢も含まれている。心からのお詫びとお礼を申し上げたい。

執筆者を代表して

注

(1)小田光雄『〈郊外〉の誕生と死』青弓社、一九九七年、新装版：論創社、二〇一七年

(2)アンソニー・ギデンズ『モダニティと自己アイデンティティ――後期近代における自己と社会』秋吉美都/安藤太郎/筒井淳也訳、ハーベスト社、二〇〇五年

(3)平山洋介『東京の果てに』(日本の〈現代〉)、NTT出版、二〇〇六年

［著者略歴］

丸山友美（まるやま・ともみ）
神奈川県生まれ
福山大学人間文化学部メディア・映像学科講師
専攻はメディア史研究、メディア論、プロダクション・スタディーズ
論文に「ドキュメンタリーの〈偶然性〉」（「マス・コミュニケーション研究」第83号）など

近森高明（ちかもり・たかあき）
愛媛県生まれ
慶應義塾大学文学部教授
専攻は文化社会学、都市空間論
著書に『ベンヤミンの迷宮都市』（世界思想社）、共編著に『無印都市の社会学』（法律文化社）、『都市のリアル』（有斐閣）など

後藤美緒（ごとう・みお）
広島県生まれ
日本大学人文科学研究所研究員
専攻は知識人論、大衆文化論、歴史社会学
論文に「戦間期における学生の読書実践」（「社会学評論」第62巻第1号）、「戦間期日本における「社会医学」の理念と「社会事業」の構想」（「年報社会学論集」第27号）など

松下優一（まつした・ゆういち）
長野県生まれ
神奈川工科大学ほか非常勤講師
専攻は文化社会学
共著に『失われざる十年の記憶』（青弓社）、共訳にジゼル・サピロ『文学社会学とはなにか』（世界思想社）、論文に「作家・大城立裕の立場決定」（「三田社会学」第16号）など

鈴木智之（すずき・ともゆき）
東京都生まれ
法政大学社会学部教授
専攻は理論社会学、文化社会学
著書に『村上春樹と物語の条件』『「心の闇」と動機の語彙』『顔の剝奪』（いずれも青弓社）、訳書にアーサー・W・フランク『傷ついた物語の語り手』（ゆみる出版）など

佐幸信介（さこう・しんすけ）
長野県生まれ
日本大学法学部新聞学科教授
専攻は社会学、メディア論、住居論
共著に『失われざる十年の記憶』（青弓社）、『触発する社会学』（法政大学出版局）、『空間管理社会』（新曜社）など

［編著者略歴］
塚田修一（つかだ・しゅういち）
東京都生まれ
相模女子大学学芸学部講師
専攻はメディア社会学、文化研究
共著に『アイドル論の教科書』『失われざる十年の記憶』、共訳書にジョゼ・ジョンストン／シャイヨン・バウマン『フーディー』（いずれも青弓社）など

西田善行（にしだ・よしゆき）
千葉県生まれ
流通経済大学社会学部社会学科准教授
専攻はメディア文化論、ポピュラー文化論
共編著に『失われざる十年の記憶』（青弓社）、共著に『原発震災のテレビアーカイブ』（法政大学出版局）、共訳書にブライアン・マクネア『ジャーナリズムの社会学』（リベルタ出版）など

国道《こくどう》16号線《ごうせん》スタディーズ　二〇〇〇年代の郊外とロードサイドを読む

発行——2018年5月25日　第1刷
　　　　2021年9月13日　第3刷
定価——2000円＋税
編著者——塚田修一／西田善行
発行者——矢野恵二
発行所——株式会社青弓社
〒162-0801 東京都新宿区山吹町337
電話 03-3268-0381（代）
http://www.seikyusha.co.jp
印刷所——三松堂
製本所——三松堂

ISBN978-4-7872-3435-3 C0036